U0021500

# My Mother, Your Mother

Embracing "Slow Medicine," the Compassionate Approach to Caring for Your Aging Loved Ones

# 哈佛醫學專家的老年慢療八階段

用三十年照顧老大人的經驗告訴你，如何以個人化的照護與支持，陪伴父母長者的晚年旅程。

丹尼斯·麥卡洛—著
Dennis McCullough, M.D.
林資香—譯

獻給我的母親柏莎・麥卡洛（Bertha McCullough）

以及我的妻子潘蜜拉・哈里森（Pamela Harrison）

# 目錄

【推薦序一】

# 慢療，讓老年父母更自在

丘引

老年學專家，著有《四捨五入：讓50歲後的歲月更健康美好！》、《後青春：優雅的老》、《與快樂共老：15個後青春提案》等二十三本書。

在慢食、慢活和慢城的風潮席捲全球後，慢療也如雨後春筍的在醫療體系冒出來。本書的作者丹尼斯·麥卡洛醫生（Dennis McCullough, M.D.）更針對老年醫學的領域進行慢療，讓身心老化的年長者得以擁有更人性化的醫療，在人生最後一段旅程更加舒適自在，以劃下完美的人生句點。

在二十一世紀的工業化時代，一切都是快、快、快，就像Google一樣，在幾秒鐘之間，就能提供非常多的訊息，但瞬間要分辨其眞僞，就算底子厚，也不易。也由於快慣了，人們要慢下來，要回歸到農業化時代的一切都慢慢來，都綠化、有機，都可資源回收，都很人情味，似乎是往事只能回味，很不可能了，得顚覆想像才行。但很多證明顯示，不論是慢食、慢活、慢城或慢療，都讓人活得更健康自在。

慢療的重點在於過程，就像慢食和慢活一樣，是在地的、個別的與關係的，說穿了，就是人與人的關係，人與環境的關係，以及人與自然的關係。一切都急不來，就像燉鍋煮東西，也像交朋友一樣，都需要時間。書中提到，「『慢療』可減少三成急診案例：那是醫療不足所引起的。」、「不被過度熱心的外科醫生或媒體廣告的快速療法動搖了你的決心。」即是麥卡洛醫生為什麼要以慢療方式用在老年醫療上的緣故。

麥卡洛醫生在義大利村莊的廣場上看到當地的老者和人家閒聊，也有人會幫老者買東西；就像台灣早期的廟埕和雜貨店，是人們聚集聊天的地方，也是老者們如今相聚打發時間之處——這些都是作者麥卡洛醫生心目中慢療的方式。麥卡洛醫生說著，住在加勒比海地區的人在媽媽老了後，把媽媽送到她的一個女兒家，讓媽媽睡在鋪在地板上的床墊，以降低睡在床上跌倒的機率——這是麥卡洛醫生另一個慢療的智慧源頭。「許多醫生並不甚了解社交模式強大的力量與可貴的價值，然而，社交模式正是家庭實行『慢療』的基石。」這是麥卡洛醫生自己從義大利和加勒比海的實際經驗中得來的慢療智慧，也正是我們所能參與的老年父母慢療的基礎，亦即回歸到人和社交的價值上。因此，麥卡洛醫生說，「慢療的第一個階段往往並非利用藥物或醫療程序，而是動員所有的照護者，包括家人、朋友、鄰居、當地與非專業的照護提供者，因為熟悉的面孔可以幫助老年人保持個人的身分認同感。」

我建議讀者在閱讀本書時，採取以「慢讀」的方式，原因如下：

一、這本書寫得非常精彩，若以速讀的方式，將消化不良。

二、這本書的讀者群設定在其父母已進入老年、甚至是老老年的中年人士或輕老族上，由於此讀者群的身心靈尚未老化到那種程度，很難體悟老年父母的需求或實際所需。因此，「慢讀」對你了解老年父母或將本書的一些過程、方法應用到自己父母身上裨益良多。

三、慢療的其中一個關鍵是「承諾」。如作者所言，「我們承諾會以更加愼重的過程來做出醫療的決定……，考慮到老年人已磨損不堪的健康網絡，展開考慮欠周的檢驗、藥物或是醫療程序，都可能比完全不採取任何行動所產生的威脅更大。」要做出這樣的承諾，雖然需要很大的勇氣去面對醫療權威，卻能保護老年父母不被過度醫療所傷害。

四、如果您本身就是年長讀者，您更需要慢讀本書，因爲攸關到您自己的健康和舒適度，以及人性或人權（甚至是人道權益），您當然希望自己是被以「人」的方式和態度處理，而非醫療專業的固有思維訓練。您要的無非就是「按照自己意願行事的權利：

治療的選擇取決於你。」也就是秉持「自己的人生，自己作主」，而非任「醫」或任「商」宰割。

五、透過本書了解父母及付諸行動時，也為你自己的下一個人生旅程拉開了序幕，擁有一個更早的老年教育，對你的老年該如何進行，你的內心將有一個底。

六、慢讀本書的其中一個原因是，讀，不只是讀；讀，還得思考；讀，甚至得付諸行動——結合了閱讀、思考與行動，過程中不斷的和自己討論甚至是辯論，透過慢讀所能獲得的，會是過去讀書時未曾得到的收穫。

七、慢讀本書，並且和老年父母的團隊，包括你的兄弟姐妹、父母的外籍看護、醫生護士……等商榷討論，再問問父母他們的決定。

老，不是病，是人生的過程之一。但在中文世界裡，「老病」常常被連在一起，甚至被劃等號，只因為老了，一些疾病就在那時候到來，然而實際上並非如此。某日我和一百零一歲的美國朋友瑞士客（Cappy Risks）聊天，他除了行走時有一根拐杖同行，其他方面都和你我一樣，不顯老態。「我愛吃什麼就吃什麼。我每天閱讀，我的家裡有個很大的圖書館。我服用的藥物只有保護心臟的藥，以及一種維他命。我的房間在二樓，所以，我每天上下樓梯走很多次。還有，我有一隻狗，是我的最佳夥伴。」也許，你會認為瑞士客是幸運的老人，但你該了解的是，瑞士客和我聊天時，全程都是站著，而非坐著，這也印證了本書所說的，「久坐不動使我們變慢，不是衰老使我們變慢。」瑞士客是退休的醫生，他本身就沒有許多老年人每天服用很多藥物的習慣。會產生服藥過多的情況，是因為每個專科的醫生都給藥，卻沒有一個醫生負責檢視所有的藥物是否重複或者衝突，「在美國，一個老年人拿到的藥有十四到二十六種，但若檢視後，其實只需要四、五種藥物。」由此可見，老年人過度使用藥物本身，常常就是危機之一。

書中將老年分成八站，有如搭火車一樣，每一站有各自的風景與特色。慢慢的讀，細細的咀嚼，想想看，你的老年父母是否也如此？也許是文化的關係，或是保險體系不同，平均而言，台灣人住院的時間比美國還長很多，因為美國的醫療非常昂貴，美國的保險公司不會讓客戶住在醫院很久，而且美國有許多復健中心，讓出院的人立即轉往復健中心，並且住在那兒一段時間做復健的工作，療癒的成效往往比住在醫院還高，因為復健中心更具人性、也更舒適。我的一個九十五歲朋友瑞內因摔倒住院手術兩天就出院，接著在復健中心住了三星期，每天復健，就痊癒了，之後還是一如往常，健步如飛。我去復健中心探視瑞內的經驗，讓我看到美國復健中心的積極作用，是花錢比醫院少、效果比醫院好，又更人性的一種過程。

慢療不是萬靈丹，卻是一種選擇。生命有其侷限，老人的限制更多，「慢療」無疑是家有長者的人可以考慮的方向，給自己一個更安心或心安的未來。書中則提供了不同面向的思考，以及作者麥卡洛醫生不只是站在醫生的立場與分享他從醫的經驗而已，每一站都有他的老年媽媽作引子，在親情的牽引下，麥卡洛醫生得拋棄醫生的角度，重新從「人」的角度出發，陪著自己的老年媽媽走過每一步，直到終點。這本書說的不只是「我的媽媽，你的媽媽」（即原文書名 *My Mother, Your Mother*），也是你我未來人生的選擇，不是等到老了那刻才著手，而是從現在起，幫助老年父母度過他們的晚年時光，也開啓我們未來的無限可能。

【推薦序二】

# 老後的陪伴藝術

鄭栗兒
文學作家&靈氣導師

隨著年輕人的離開，位於基隆後火車站的罾仔寮山已逐漸凋零了，只剩下許多的老人待在舊厝中等待此生終點的一刻，我母親也是。周圍的鄰居老阿姨們一個個都離開了，房子也賣掉了，只剩我母親這最後一盞燈照亮這條山巷的起點。

我母親今年九十，她的丈夫、連同她的兄弟姊妹們，都在這十幾年內一一告別，甚至連看護她十五年的越南外勞也在今年初約滿和她說再見了，現在她的生活起居由我們五個兄弟姊妹們輪流打理，我們每人一個月要排出六天時間照料母親。

說來，是我母親的幸運，她生了五個孩子，都很健康，經濟狀況也都可以；而我們的孩子們也獨立了，所以現在有時間可以照顧她。加上我母親已厭煩被外勞綁手綁腳，且始終有一層隔閡的感覺，她覺得目前這樣輪班很好，但我們知道，終於有一天，她還是會來到一個臨界點。當然，我們隨時都在準備，從我父親帕金森氏症到往生，我們已經有十多年的老後陪伴經驗。

話說回來，也是我們的幸運，我們有五個兄弟姊妹，而且感情都不錯，可以理解溝通，也能夠彼此包容，建立一個支持系統。在我們周圍有太多獨身子女照顧老父母的案例，也有因家人之間無法分擔聘僱外勞費用，只好接老人家一起同住，造成彼此間的衝突和生活品質的降低。

儘管現代的老年人慢慢已擺脫過去三代同堂的觀念，設法讓自己不依賴孩子而獨立生活，但除非車禍意外或重大疾病，否則我們每一個人都將面臨老後的到來，而我們絕不可能像我母親這麼幸運，有五個孩子可以輪班照顧，還能保有自己的生活空間。因爲生育率逐年下降，我們平均最多只有一兩個孩子，有的連孩子都不生，連婚也不結，二十年後，我們即將迎接什麼樣的老年歲月？我們準備好了嗎？我們的政府準備好了嗎？

目前台灣老年人口（六十五歲以上）已佔總人口的百分之十四以上，在亞洲僅次日本、南韓，而且將在二〇二六年超過四成，成爲超高齡社會，我們不能再輕忽人口老化以及老年照顧等社會問題。

本書爲我們帶來很好的省思與啓發，如果人生是一場漫長的馬拉松賽，老後則是一場艱難地慢慢走向死亡的障礙賽，各人遇見的考驗與難題不一，但若能建立一套完整的慢療照護系統，一個看似無用，對社會、家庭不再有貢獻的老年人，還是能擁有理想的「老有所終」的對待。

書中談的是如何看護年老的父母與長輩，並訴求以理解、支持、療癒、照顧等「慢療」方式，積極改善老年的生活品質，而非用緊急的醫療去干預或延長原該結束的生命。在某方面而言，也提供我們未來可以選擇的老後人生。

「慢療」的概念源於義大利「慢」的觀念，義大利經典名言：La dolce far niente，在中文意思即是：無所事事的甜美。誠如《享受吧！一個人的旅行》作者伊莉莎白・吉兒伯特所言：「無所事事是眾所抱持的一個義大利夢想，你愈是閒暇舒適地無所事事，你的生活成就愈高，而且不需要有錢才能體驗。」

「無所事事」帶領著義大利的慢食、慢城、慢活風潮，本書作者丹尼斯・麥卡洛也將之延伸爲「慢療」陪伴晚年旅程的主軸，因爲老年人已無法迅速行動、思考，身體及感官的退化及康復，需要更長久而緩慢的療癒時間。

堪稱老年醫學權威的丹尼斯，從他陪伴母親晚年過程，以及三十多年臨床經驗的累積，以他獨特的觀點，寫成這部深具「慢療」風的晚年之書，他也特別提出老年人生的八個站點，每一站點他都給予案例及見解，做爲我們了解年邁父母的情況，同時讓我們能協調出最合適的看護方式並從容以對。

如何建立「關懷圈」是我覺得非常重要的支持系統，書中提到醫生、護士、其他醫療專業人員，以及老年病患、家人、親密朋友、鄰居等都是關懷圈的一分子，這些群體間的平衡、互相尊重及支持，正是慢療的核心。同時彼此間的正向溝通是非常重要的，正向溝通不僅有助於協助照顧者與被照顧者負面情緒的轉換，也讓各人都能提升內在的愛與信心，彼此肯定是在完成一項有意義的使命，而非只是無奈且滿腹牢騷地送行最後一哩路而已。

作者更提出長者照顧的差異性，這是非常可貴的一個論點。每一個初生的孩子像是張白紙，你對他都願意付出愛心去照顧，讓他發展成自己的樣貌；而每位老人卻是寫滿各種生命故事的稿紙，他們花了一輩子養成自己的世界觀、人生觀和價值觀，而往往許多看顧者會忽略老人們的靈魂差異，一律視之爲吃喝拉撒的退化老人而已。即使是他們正處於包尿布或者插管等醜陋不堪的晚年處境，我們都不能忘記這位長者的智慧與閱歷，作者提到：「爲一個退休女服務生所量身訂製的長期個人化照護，截然不同於一位退休學院院長所適合的照護。」在此沒有階級之分，重點在於「量身打造」，因爲「兩者都不僅僅是一位白髮蒼蒼的老太太而已」。

尊重與同理心，是我多年來傳授心靈及靈氣能量療癒的首要秘訣。我們每一個人都有獨一無二的身體、心靈和靈魂，療癒有其需要的時間，有時我們播下一個療癒的種子，可能這一世都還看不到預期的開花結果，我們只能學習放下的藝術，讓療癒自己去發生。我們不預期療癒的結果，但願意持續給予愛和祝福。對於老年來講，最完美的療癒結果並非毫無意義地延長壽命，身體卻是插滿各種的管子，全身器官和皮膚逐漸潰爛，也無法進食；而是能夠在家人耐心陪伴下，細細回顧一生的風景，明白此生存在的意義，理解生命所教導的智慧——「平靜地死亡」本身即是一份來自無限的愛與祝福的贈禮。

優雅地老去、死去，不僅是你我的權利，也是一份認知。期待您翻閱本書時，能夠更深入「慢療」領域，也能支持、提倡「慢療」的建立。有一天當我們關閉生命迴圈時，我們並不是孤獨等死，而是能繼續享受人間的關愛，發光發熱。

# 寫在閱讀之前

本書內容僅可作為資訊來源，書中所包含的資訊絕不可被視為合格醫療專業人員所建議之替代方案；在開始任何新的飲食、運動或其他健康計畫之前，都應該先諮詢醫療專業人員。截至出版日期為止，本書資訊已盡一切努力確保準確性；作者和出版商明確表示，因使用本書所包含的資訊而產生任何不利的影響，皆不承擔任何責任。

# 關於本書用語

作者盡力地設法在書中囊括所有的性別與關係，但考量到本書的易讀性，仍傾向於使用「母親」、「父親」以及「父母」。誠然，晚年的旅程對男性與女性來說是一樣地複雜，有些人與家人同住，有些人倚靠朋友與社區的照護，還有些人必須完全依賴專業的看護者。謹以本書向所有的男女長者以及他們的守護者致敬，無論他們採取了何種路徑與方式邁向最後的人生旅程。

# 序言

於今，我身為一位在美國執業的老年醫學專家，常常想到一部多年前看過的日本電影，其中畫面仍然歷歷在目。電影講述的是發生在日本偏遠北方島嶼上的故事，一個生活在赤貧中的三代同堂家庭，既負擔不起看醫生的費用、也負擔不起除了最簡單的民俗療法之外的任何事物；生活艱難、食物稀缺，當年邁的祖母明白該是她離開人世的時候，她便用石頭打斷自己的牙齒，如此一來，她是否該吃家裡食物這一點，就沒什麼好爭論的了。隨著老祖母日漸虛弱，深愛著她的孝順兒子儘管不情願，也被迫必須無情地承擔起社區裡的艱鉅傳統：背負著母親爬上陡峭的聖山山頂，在那裡，他的母親必須像過去世世代代的做法一樣，跟其他虛弱的老人一起躺好，在冰雪中睡著、平靜地死去。

攀爬上山頂的路程漫長而艱辛，兒子不時會失去平衡、腳步打滑、筋疲力竭。母子倆為了達成這項共同的儀式，除了表達他們彼此的信任、確認任務的艱鉅，或是鼓勵彼此振奮起來、完成該做的事之外，他們鮮少交談。沿路上，他們有時會看到其他也在路邊休息的疲累夫妻、父子、母女；甚至有一度，他們聽見了令人驚恐的哀號，然後看見一個模糊的身影從他們身邊墜落——是某個母親或父親，在抵達山頂之前，被某個已失去耐性的子女狠狠地扔下山去了……。

於今，照顧年邁父母的人們會發現，即使受益於現代醫學大量的優勢與奇蹟，他們攀爬上那座山峰的路程同樣漫長而艱辛；這項現代悖論的矛盾之處，讓我花了一輩子的行醫與個人經驗才得以理解。我所發現的某些結論著實出人意外，其他的結果則令人深感不安。

在美國偏遠密西根州上半島一個貧困的斯堪地那維亞裔美國人採礦社區裡，我被依靠社會福利金維生的母親與祖父撫養長大，也因此始終對於醫療資源匱乏的族群有股強烈而深切的忠誠感。在我們那安靜而穩定的家庭裡，身為沒有父親的男孩，我被賦予的特權是可以在週六晚間的蒸汽浴中，與我的祖父和他的朋友們坐在一起，傾聽他們的工作、受傷經驗，以及得來不易的智慧故事，這教會我尊重他們以及他們身為社區長者的角色。在我還是哈佛醫學院的學生時，我很喜愛一位慈愛老院長赫曼的指導，當我的選擇與其他想成為專科醫師的同學們背道而馳時，他從不吝於給予我友誼與未來發展的建議，鼓勵我堅持自己的興趣、聽從自己的心聲。與其他特立獨行者一樣，我逐漸被吸引往全科醫師（general practice, GP）的方向發展，並尋找輪流實習的機會，為未來患者的廣泛需求做好準備。後來，我接受了一份加拿大的全科醫療

（family practice）住院醫師實習工作。在加拿大，專科醫師（百分之二十五）與全科醫師（百分之七十五）的比例剛好與美國的情況相反，而且出診亦是全科醫師例行工作中的一部分。

在我全科醫療的多年行醫生涯中，我幫忙將「自然分娩」帶到新英格蘭北部的農村地區，以及無數次出診拜訪過於虛弱而無法到我的診間來看診的老年人，同時在我們的社區醫院與附近的大型教學中心之間建立起穩固的合作關係、也在我的辦公室指導醫科學生，並帶領學生們參加第三世界診所的志工計畫。

有一年的時間，我在加勒比海的一座小島上爲世界健康基金會（Project HOPE）工作，攀爬狹窄的羊腸小徑去照料困居家中的年長者；漸漸地，因爲我對這份工作特性的執迷與投入，以及我的年長病患們在臨床上的複雜性，使我在新英格蘭北部一處全國首屈一指的長期照護退休社區裡，成爲服務特殊年長者的老年醫學專家。

如果我自己不曾意外地罹患了某種傷害性極大的疾病（將我瞬間從有能力、經驗豐富的照顧者變成虛弱而脆弱的受照顧者），而使我偏離了原來的軌道，我或許會把爲醫療資源匱乏族群努力的更重要使命置諸一旁，安於與我那訓練有素的醫療團隊在溫暖、文明的環境下度過我的職業餘生。

## 「背上山頂」的艱鉅挑戰

在我身上突然轉變的狀況，讓我在情感上對「失能」與「依賴」有了新的洞察。儘管我多年來始終致力於爭取弱者與障礙者的權利，然而，這次深受限制的經驗又在我心頭激發出新的迫切性。在我自己從疾病中復原的漫長數月之間，我想到數以百萬計的家庭必須在缺乏充足資源或專業支持的情況下，設法面對迫在眉睫、如海嘯般席捲而來的老年照護需求狂潮；我開始想到，這些家庭或許可以從來自我本身經驗的故事、成功案例以及學習課題之中受益。

常見的軼聞趣事與臨床的研究案例證實：儘管我們往往如此希望，但八十歲之後的生命鮮少突然而意外地結束於安眠之中。也即便所有前景看好的最新醫藥療法與實驗藥物有著讓人興奮不已的新聞價值，但醫生與家庭仍無法逃避得承擔起經年累月的照護責任，不論是照顧逐漸衰老的年邁親人，或是擔負他們臨終的實際工作——這著實是一項「背上山頂」的艱鉅挑戰。在不放棄希望去改善或是尋找方法來提高父母日常生活品質與舒適度的前提下，我們必須認知並接受年邁親人的加速凋零是我們凡人都得面對的事實，並且要克服我們拒絕承認死亡的心態。這項基本的意識會改變我們身爲成年子女在照護角色中所做的一切，也會改變我們在自己家中的角色。

然而，今日普遍可見的現象是，儘管我們設法盡一己所能做到最好，我們面對的醫療照護

體系似乎往往與我們父母所表達的願望——「在家中離世」、「時間到的時候就自然放手」、「看到朋友們所經歷的痛苦我想避免」等等大相逕庭，年長者與其家庭的悲痛故事仍然不斷上演。

當鄰居發現八十三歲的麥克納利太太在家中陷入昏迷後，她的女兒梅根從中西部飛來，跟哥哥一起在母親醫院的病榻前待了兩個星期。由於麥克納利太太的腎功能衰竭（因為關節炎與高血壓的藥物併發症所引起），醫生診斷判定她必須永久洗腎，且建議她不能再獨自生活了。於是，梅根迅速地在附近尋找適合年長者的住所，也真的找到一間還不錯的生活協助機構，可以為她的母親提供更多的社會支持。但她的哥哥並未深入了解，以為生活協助機構就是養老院；且因為哥哥長久以來未能近距離照顧母親而深感內疚，所以希望能把母親帶回自己家中（位於該州的另一頭），以便「好好照顧她」。隨著麥克納利太太出院的時間不斷逼近，這對兄妹也無法再從工作中撥出更多的空檔來處理母親的事，於是他們花了三天時間瘋狂地「整理、打掃、清空」母親的房子準備出售，而麥克納利太太從此再也沒能見到她的家了。

接下來的兩年，麥克納利太太就待在兒子的家中，由她的兒媳負責照看她，而她的兒子事實上並未承擔起實際的照顧工作。一週兩次，麥克納利太太會由廂型車載去洗腎中心，進行全天的洗腎治療；她失去了她原來全科醫師的支持，也十分懷念老家跟老朋友，她「一週中只有兩天」感覺良好，過著非常「封閉而受限」的生活。由於麥克納利太太沮喪憂鬱的狀態以及家人之間的衝突，似乎從來沒有適合的時機可以討論她的預立醫囑。接著有一天，當她在洗腎中心的機器上突然癱倒在地（據推測是心搏停止），急救小組慢半拍的反應使她的大腦缺氧了數分鐘之久。當她終於被急救回來，抬上救護車並送往最近的醫院，在運送途中，她的心搏第二次停止，然後又被救活。在醫院的加護病房中，這位飽受折騰的老人立刻被接上呼吸器並繼續洗腎。這時，梅根也來到了加護病房與她的哥哥一起，梅根感覺「媽媽已經走了」，但她的哥哥拒絕去聽這樣的話，甚至指控他的妹妹「放棄」了媽媽……。在缺乏正式的預先指示以引導後續決策的情況下，他們無所適從。於是，在麥克納利太太躺在加護病房裡，以機器爲她已衰竭的腎臟進行透析並爲她呼吸之際，家庭的衝突持續了三天；而當梅根的醫生朋友告知她「腎功能衰竭是一種平和的死亡方式」時，她質疑了醫院對一個完全沒有反應的病人進行積極治療的政策。但是，醫院仍堅持繼續爲麥克納利太太接上所有的維生系統，因爲正如某位醫生所說，「如果不這麼做的話，可能會被憤

怒的家屬**控告**。」

最後，梅根的丈夫來了，他與醫院協調逐漸降低呼吸器的氧氣含量，以便評估麥克納利太太自行呼吸的能力。因爲這項作法與醫院所關心的不利後果相違，因此，這家人每天都必須主動要求醫院降低氧氣量。經過沒什麼顯著變化的五天，醫院也讓步了，讓麥克納利太太住進一間距離加護病房較遠的病房，並停止了洗腎。又過了漫長的五天，麥克納利太太才被眞正宣告死亡；但在這段時間中，家人們逐漸感覺他們「只是來看望一具屍體」。在這一切結束之後，這對兄妹只留下滿滿無可言喻的忿怒與怨懟：對醫院未能以深富同情的照護來幫助他們與他們的母親而滿懷怒氣；對無法使他們的母親免於一場拖拖拉拉的死亡而充滿內疚；更對母親那艱辛萬分、以醫療方法處理的離世方式深感痛苦。

## 煤礦裡的金絲雀❶

這類不幸的情況變得如此普遍而令人痛心。如今，醫學期刊也刊出了由知名醫師撰寫的長者「照護失敗」的聳動個人經歷，連醫生們也無法擺脫脫節之醫療照護體系的噩夢，以回應他們自己父母的需求。身體虛弱的長者來回往返醫院，在醫院、養老院以及其他地方的照護服務往往未受到良好監督，而且無法與長者及家庭的期望一致。甚至有時候，年邁長者們待在一間醫院的時間已超過了他們付費治療的期間，遂在被送往另一間照護機構途中的救護車上死亡。「本店已客滿」。

**工業化、不人性化、以疾病爲中心、以科技爲導向、在雪崩般湧至的需求下運作、處於危機不斷的模式下——現代美國醫學已深陷失去核心精神的危險之中**；而要求效率的壓力與賠償計畫則傾向於醫療技術的干預，也因此經常否決對個人需求的更深入關懷與更周全回應。身爲一位老年醫學專家，我知道老弱者與其家庭目前的困境，正是我們失敗醫療照護體系的「煤礦裡的金絲雀」❶，現代醫學的龐大機器可以被英雄般地運用在拯救早產兒上，但若對象換成同樣脆弱、日薄西山的曾祖母時，卻可能無法拯救她的生命，反而充滿折磨且不人道地複雜了情況。

奈特・斯提爾博士（Dr. Knight Steel）與富蘭克林・威廉姆斯（T. Franklin Williams）這兩位專業的資深政治家，在《美國老年病學會期刊》（*Journal of the American Geriatric Society*）

---

編按：○為編註；●為譯註。

❶比喻不祥之兆。源於金絲雀對有害氣體的敏感度超過人類，所以在美國，金絲雀就成了礦工們的警報器，礦工下井時會帶著金絲雀，如果金絲雀暴斃，就說明井下有危險氣體，需要立即逃生。

所發表的意見評論「遊行的時間到了」中，敦促老齡化領域的專科醫師——既然在廣大醫學專業領域中的改革已失敗，就應該要跟公眾一起走上街頭抗議。「快速醫學」（Fast Medicine）正以密集連鎖、危險飛快的步伐前進，而似乎沒有任何在此體制之內或之外的人知道如何踩煞車。為了使效率最大化，醫生與護士的日程一向安排得過滿；而花時間去傾聽與理解病患並不會帶來實際的金錢回報（更別提花時間與病患的家人互動），因此新的企業組織不會去做這件事。不論人們多麼富有，沒有人能夠享受到「奢侈」的深思熟慮；根據美國目前基於保險計畫所做的診斷，投入時間在預防醫學上，會被認為是一種欺詐、行騙的行為①。病患被迅速地分配去做各式各樣昂貴但保險計畫可「涵蓋」的技術性檢驗，或是根據不斷加速的決定與標準化的流程，飛快地開始進行藥物治療。急診室則被沒有保險的民眾淹沒，因為他們會一直拖到危急關頭才去尋求醫療協助。而動作遲緩的老年病患與他們的家人只能無能為力地待在陌生環境中，無人聞問；老年人與他們的家人對這些無法控制的情況深感困惑，知道事情「不對勁」，但是在一片忙亂之中，沒有幾個專業的醫護人員可以讓他們求助，於是這些家庭必須承擔的責任愈來愈大，必須獨力將自己的親人背負上陡峭的山巔。

在美國，醫學與醫藥領域如今已是龐大的生意營收來源，甚至可與美國國防部在國民生產毛額上分庭抗禮。曾經主要為非營利性的醫學機構，如今看的卻是「投資報酬率」；因此當他們在規劃專案時，偏好的是可帶來高收益的技術，而非需「親力親為」的人性化照護——雖然後者才是慢性病症的病患眞正需要的服務。同時，以病患爲中心的醫學核心精神正被商業限制所摧毀，唯有能與現代醫學接軌的部分，才會在媒體中佔有主導地位。市面上充斥著雪片般的藥物、藥物廣告，以及草率而倉促的「突破性發現」報導，可神奇阻止老化（以及許多疾病）的治療方法也氾濫成災。無怪乎我們「煤礦裡的金絲雀」的警戒工作表現得如此不濟，沒有人能在一片喧囂嘈雜聲中聽見牠們顫抖的鳴叫。

然而，在現代醫學的科技與全人關懷的古老作法之間，那道南轅北轍的鴻溝是可以跨越的。我曾經多次見證這個事實。

快九十歲的羅勃與妻子兩人居住在新英格蘭的海岸區，他有這個年齡常見的心臟毛病，數年來歷經手術與藥物的治療（現代醫學發揮了最佳的功效），讓他的情況得以保持穩定。但是後來，他心臟中的另一條動脈又發生堵塞，於是情況急轉直下，他被送進了該地區醫院的加護病房。羅勃的狀況十分危急，他自己、全家人以及醫生們

①此指原文書籍出版時二〇〇九年時當地現況，於今若有改變，則依美國當地政策為準。

都有共識，認爲他的生命快走到盡頭了，他們已經討論了好一段時間，並準備好面對這樣的狀況。身爲父親的羅勃選擇平靜地接受自己的死亡，而且要求「只採取舒適治療」的醫療措施，亦即不做任何手術，只使用可緩解疼痛的藥物。他的醫生與醫護人員都能理解並支持此做法，他的妻子與六個孩子也都守護在他身邊，提供他們能集結的所有情感、心理以及精神上的支持，不僅是爲了羅勃，也是爲了彼此。這一家人都是歌手，他們唱著歌，陪伴他走向生命的終點（預計會在幾個小時或最多幾天之內發生）。於是，羅勃身邊圍繞著他的摯愛們，他安詳地離開了人世。

我爲長者的晚年提供更佳照護的願景，並非出於某種懷舊、感傷之情，然後大聲疾呼我們要回歸到想像中的浪漫往昔——孤孤單單的家庭醫生坐在病榻前，藉著微弱的燭光照料著病人；相反地，我嚴峻而熱切地呼籲社會與大眾提供必要的幫助給掙扎於照護老弱長者的家庭，讓他們即便在面對艱難困境與眾多疾病的情況下，仍可保有生活的品質，同時彌補他們被現代醫療照護「體系」漠視之憾。我的願景與哈佛大學醫師法蘭西斯．帕博迪博士（Dr. Francis Peabody）長久以來經常被引用的陳述不謀而合，他說：「照護病人的秘訣就在於眞心爲病人付出關懷。」美國醫療體制的做法已經讓我見證到，至關緊要的「人性關懷」是如何被腐蝕殆盡。但由於我自己的醫療團隊已經可以成功克服這一點，所以我知道醫療機構可以同時支持腦袋（照護科技）與心靈（情感、心理以及精神的支持）——前提是，如果這些機構能夠將優先順位設定在眞正「照護並關懷」每一位老年人。於是現在，「找出方法賦予老年人及其家人力量、從而實現創造高品質照護」的極其重要工作，就成了我的使命。

## 放慢腳步

現今的美國人，一方面被獲得巨大醫學進展的公開報導轟炸，一方面又會聽到許多耳語相傳的私人故事，關於家庭的壓力、日益加劇的身體與實質負擔、甚至瀕臨絕望的財務狀況。而今在美國，導致個人破產的最大部分是來自無能力支付的醫療帳單；然而光是統計數據尙無法精準描繪出僅有固定收入的老年人所面對的困境，他們必須挖東牆去補西牆：削減某些生活必需品以支付愈來愈花錢的藥物、極其昂貴的療程（指保險未涵蓋的部分），或是慢性病症的長期治療中保險完全未涵蓋的費用。

在本書，我的重點放在一群數量成長最快的老年人身上，也就是八十歲以上的年長者。這個群體特別重要，是因爲此年齡群體與醫療體系的互動以及平均每人所使用的資源，比任何其他年齡層都來得多；而且這個群體的數量即將倍增，對醫療服務的需求也會隨之暴增。過去相

當快速奪取性命的疾病，如今已變成慢性疾病、慢性衰弱以及延長多年的衰老過程，人數的壓力爲家庭與社會帶來了前所未有的負擔。像我這樣在臨床戰壕中打滾多年的老年病學專家，早已了解到**這群特別的年長者最有可能受益於更經過深思熟慮的照護服務，即放慢腳步、避免醫院干預措施的倉促作法，以考慮周全的方式與晚年個別衆多而複雜的問題取得平衡**。

就在我擔任老年醫學顧問的達特茅斯醫學院不遠處，傑克・溫堡（Jack Wennberg）、艾略特・費雪（Elliott Fisher），以及其他人在美國對醫療服務的突破性研究，證明了**更多不一定更好**；事實證明，在邁阿密或紐約市的高科技醫療照護機構花上大筆金錢，並無法保證你的母親會比在南達科他州或緬因州的照護中心得到更多的關注。那麼，一個家庭要如何決定什麼對他們的奶奶（以及對所有人）最好？我在書頁中所傳達的專業觀點是基於傳統科學醫學的臨床經驗，不僅仰賴人道主義的價值觀，同時也樂於接受補充與替代療法的主張與發展；這項觀點反映了我三十年來在社區行醫以及十年來在漢諾威肯德爾社區服務老年人，所形塑的醫療保健理念與施行經驗。

在新罕布夏長期照護退休社區的成員（平均年齡是八十四歲），明智地利用資源去創造出他們想要的醫療照護體系。這兒正是我的老年醫學臨床行醫之所在，也正好鄰近美國評價最高的學術醫療中心之一：達特茅斯希區考克醫學中心；如此一來，我們的老年社區不但易於取得卓越的高科技醫療照護服務，更可隨時得知醫學科學的最新進展。然而，社區的退休者（包括了前羅德島學者、大學校長，以及諸多具備學術與專業背景者，其中還有許多是退休的醫師。）所集結的智慧，是建基於美國北部新英格蘭地區的保守主義之上，他們拒絕全權接受所有的高科技主張。而且，在並未犧牲任何人的滿意度前提下，此種謹慎的保守主義，受到我們這個與家庭密切合作的肯德爾醫療照護團隊的穩定關注與支持，成功創造出異乎尋常且永續發展的高品質醫療照護體系。事實上，就最近臨終關懷的研究顯示，我們的病患所支出的醫療費用，**遠低於**我們學術醫療中心裡另一組年長對照者在「標準照護」上所支出的費用。

年長者的家人們也必須明白：「以醫療方法處理」的照護，在性質及花費上，與個人醫療支持及親力親爲的照護（這對你的父母來說至關重要）截然不同。事實上，美國的醫療體系最擅長的就是管理嚴重的危機，並提供卓越的專科選擇程序：關節置換、器官移植、眼睛改善、整容手術……等所有現代科技的奇蹟；至於對必須面對老化與進程緩慢疾病等長期問題的老年人與其家庭來說，我們的醫療照護體系對這類較爲尋常、一般性的管理與支持，表現並不佳。有些老年病患只能徒勞地受到某些評論家稱爲「密集照護至死」的擺布，像是服用鎮靜劑而無法與人溝通、在使人迷惘的陌生環境中忍受非人的標準醫療流程、在維生機器上陷入被遺忘的困境……。而在此之際，家人們只能在候診室徘徊，不確定能如何幫上忙。

慢療老後時光

極度戲劇化的情節或許會發生在某些人身上，但根據我的經驗，更常見的情況是年長者承受著疾病累積的重擔以及令人筋疲力竭的療法、被榨取可用的能量與時間，除了「以醫療方法處理」的生命之外，一無所有。然而，還有另外一種方式，一種以家庭爲中心、較不那麼昂貴的方式，由合作、協調的習慣以及保存有限資源所構成，也就是我所說的「慢療」——你、你的家人，以及所有參與你父母「上山旅程」之人，都可以實踐之。

慢療，是一項由家庭與醫療專業人員共同承擔的特別承諾，以期對年老親人以及他們不斷變化的複雜需求有**最完整的理解**；而「慢療」的作法，反過頭來，除了可使人們在正式醫療干預措施上做出更明智的決策，還有具體的策略與方法，能讓老年人及其家人的生活得到改善。在與我們的親人共度他們生命最後幾十年的旅程之中，不該浪費任何機會，也不該因爲錯誤的醫療方式而變得複雜化。

與醫院急診室的電影劇情有著天壤之別的是，**慢療擁抱的是關注日常的無名工作，而這也是爲達最長壽命與生活品質的目的，所最爲必要且最堅實的基礎**。最佳的長期照護致力於病患日復一日的需求與狀況，包括提供情感支持與社會刺激，供應更好的營養，緩解慢性的皮膚與指甲狀況，使病患的睡眠、移動、沐浴、著衣、排泄變得更輕鬆容易等等。「慢療」是一種謹慎周全的作法，能以最可靠而確實的方式去維繫脆弱且需協助者的健康模式；「慢療」是爲老年人提供更佳照護的基礎，可強化（而非取代）高科技照護服務的選擇性使用。

在撰寫本書之際，我在截然不同的環境中經歷了我母親日益衰退的健康狀況。密西根上半島的農村與達特茅斯希區考克醫學中心周圍地區有一項共同的特徵：人口之中的老年人比例極高！然而，達特茅斯對富裕的退休者深具吸引力，密西根上半島則是貧窮老年人的聚集之地。對一個在達特茅斯周圍地區行醫的醫生來說，可用的資源是如此充足；但對於一個回到密西根農村地區的兒子來說，可用的資源卻是如此貧乏。儘管如此，保守持平的做法，在我母親的環境中就如在我達特茅斯病患的環境中一樣行得通。晚年是一段特定而特殊的衰老時期，老年人與其家人必須更全面性、更有意識、更實際、更平順地共同參與此時期。**這並不是準備好赴死的計畫，而是在所剩不多的時日中相互理解、照護關心、好好生活的安排**。

我在此確定晚年旅程中八個獨特而明確的站點，描述老年人與其家人在每個站點往往會體驗到的生命情感，並預先爲每個家庭準備好在旅程中將會遭遇到的特別問題與新的機會，以及建議他們可詢問什麼樣的問題、展開什麼樣的對話，同時於每個站點列出了實際任務的詳盡清單，爲每個家庭在建設性工作與變革上提供明確具體的忠告。

利用本書，你與家人們將會學習到爲年邁親人提供更好、更個人化、更能激發被照顧者回

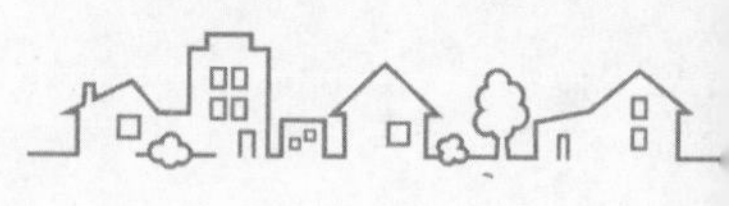

應的照護與支持。在這一路上，你可以更有信心地在情感、物質以及經濟資源上引導父母與家人；你可以採取措施，使這趟共同的旅程更爲體貼周全、更容易管理、具備更優質的生活品質。同時，正如我身爲醫師以及爲人子女所學到的，藉由擁抱「面對親人晚年」的重要任務，你可以變得更堅強，並深獲安慰、滿足，甚至喜悅之情。我有信心，「慢療」將爲你的此趟家庭旅程奠定最堅實的基礎。

# 慢療的智慧與實踐

義大利是「慢」的現代觀念誕生之處。這個以家庭為中心的國家最先孕育出「慢食」運動以對抗美國速食的入侵與無節制的工業行為。藉著推廣地方風味與當地生產的多樣化作物，並花時間進行對話與消化，義大利人不但重新提振了人類基本經驗「飲食」的品質，還為其國民們挽救回更健康的營養。而後，義大利人更將「慢」的概念延伸至城市環境，將某些城市指定為「慢城」，規定汽車不得行駛於中央廣場上，藉此保障老奶奶們可以安全而愉快地上街。

我也採取了「慢」的概念，使晚年長者的特別群體得以從中受益，因為他們無法迅速地移動或思考、清楚地看見或聽見，他們的健康問題與解決方法更形複雜、儲存的能量與恢復能力不若以往，同時，他們的康復時間要比中年的我們來得更久。「慢療」的最終目標是藉由更全面地尊重與更完整地了解每位晚年長者的特殊性，從而促成照護的實質與品質之改變。

「慢療」的作法呼籲我們**以不同方式去運用醫療專業人員（以及家人）與我們年邁父母共度的時光，讓我們擁有一段較長的時間，以更從容地做出更好、更妥善的決定**。要做好這項工作，就不能將之簡化成下意識的慣例與程序，而需要投注以更細心、周全的評估與反思，留神傾聽、注意、親身參與；同時，「慢療」也需要我們去要求不一樣的醫療照護，那是截然不同於大多數老年人目前被提供的（例如從醫院打來更新處方的十五分鐘電話、電話那一頭的醫師卻一邊盯著電腦螢幕，或者是電話答錄機中要老年人去急診室的建議）。沒有任何人工電子訊號所記錄的音檔信息能理解老年人需求的複雜性、未說出口的擔憂，以及高齡患者在疾病上的細微差別。只專注於控制血壓而未能深入了解病患，或是未能與患者談得夠久以識別出他們在認知與力量上的細微損失，都無法深入病患（或家庭）的眞正問題核心；然而，了解自己的母親在她公寓中的日常負擔、情感需求以及錯綜複雜的心理因素，這項工作亦無法由她的醫生單獨承擔。「慢療」需要許多人願意盡一己之力，去建立起親密感與承諾。當醫療照護專業人員、家庭成員、照顧者願意分享信息時，才能造就最好的護理成果；他們的對話讓臨床醫師的直覺與潛意識中，逐漸融入適時的發現與正確的反應，因此能夠更深入了解老年人的現況與未來。

在醫生、護士、其他醫療專業人員，以及老年病患、他們的家人、親密朋友、鄰居與任何選擇成爲我所謂「關懷圈」一分子的人，這兩個群體之間的平衡、相互尊重與支持的夥伴關係，正是慢療的核心。這一群人自然而然地與某個陷入困境的人產生連結，並提供穩定的支持與深刻的理解。雖然我們在中年時可能會因遭遇突如其來的危機而接受此一團體的幫助，但對於日益衰弱的老年人來說，關懷圈的集結是一項長久之計；這類積極擴展、長期支持的夥伴關係，可藉由同時關注科技與人的需求，並在專業人員與機構所提供的正式照護，以及特定對象的體能、情感能力、經濟能力、家庭價值觀、個人哲學或心靈觀點之間取得平衡進而改善長者所受到的照護。爲退休女服務生所量身訂製的長期個人化照護，將截然不同於退休學院院長所適合的照護；然而，兩者都不僅僅是「白髮蒼蒼的老太太」而已。

「慢療」在醫學史上並不是新鮮事，但需要重新找回並加以重視。許多位於第一線的醫生哀悼「慢療」這種深刻關注被照顧者、並眞正「加以照護」的古老做法，已經被科技卻又複雜且支離破碎的醫療體系壓榨殆盡。爲晚年長者施行的慢療體現了「急事緩辦」的古老西藏智慧，也就是說——以耐心與共同的人道情感專注於人性關懷的核心問題，同時原諒彼此無法改變的事實，在需要的時候展現靈活彈性，並在其他時候堅持共同的價值觀與忠誠度。「慢療」是一項承諾，以一種我們希望自己也能被這樣照顧的方式，去理解、支持、療癒、照顧我們之中的弱者。

從多年的行醫經驗當中，我確定了五項基本原則，能夠引導家庭、醫療專業人員、照護者以及其他關心的人，致力於豐富並支持老年人的生命直到盡頭。

**I. 我們必須努力深入了解父母與其他年長者，儘管他們各有自己的複雜性；同時，承認隨著衰老而來的損失以及重新發現的優勢。**

艾格妮絲在九十二歲去世。她在南方一個典型喬治亞州的家庭長大，她了解並熱愛她的家族史。對艾格妮絲來說，「去世」只是一個人的必經過程——你必得離開自己的這一世，將你在家庭中擔任的角色傳遞給後來的家庭成員。她對於自己的個人生命是如何契合、融入長期記錄與記憶中的家族史，享有非常透徹的感受！在她去世之後被講述的多彩多姿故事，更清楚地凸顯出她的特質。

隨著我們逐漸成長，我們的文化鼓勵我們充分做自己、去實現我們的個人潛能，並逐步發展成為獨特的個體。然而，我們也逐漸認知到，儘管我們的個體生命像雪花般神奇，是精緻、複雜而獨特的，卻也很容易掩沒於眾人所颳起的暴風雪之中。從出生到死亡，我們所體驗的是高度個人化的生命歷程，但同樣可以肯定的是，我們的壽命必得符合人類物種的限制與可能性。高度個人化的經驗是一項事實，但根據統計而呈現的又是另一項截然不同的事實——家庭與醫學科學對衰老、疾病以及死亡所採取的觀點迥然不同，我們不須過度驚訝。一位心臟專科醫師所接受的訓練，是為了關注你母親心肌力量的耗損（由於她的「充血性心臟衰竭」）；但另一方面，你的家庭必須關注的則是，這樣的改變對於老母親每天獨自在家生活來說代表著什麼，以及發生在她身體上的新侷限，將為家人在情感、心智、心靈方面帶來了什麼樣的擔憂。

隨著年齡漸增，我們的個人化色彩也會變得愈來愈鮮明而獨特。生物與遺傳因素決定了我們的特徵、個性特質與類型、性格發展以及生命經驗，而這些全都會影響你成為特別之人的複雜過程。藝術家剛開始時會在學校課本上胡亂塗鴉，隨著時間與經驗的增長，他會變得愈來愈獨特而熟練；教師、銷售員、秘書也是如此。多年來，我們所運作的不同方式以及我們所發展出來的習慣，全都參與建立起我們獨特的模式——不僅是行為與習慣的模式，還有我們大腦中被設定的神經元模式與實際的功能差異性。因此，我們也不該驚訝於每個人會有多麼獨一無二的晚年生活。

當父母或朋友年歲漸增並遭遇疾病、失能以及各方面的衰退，家人與照護者在考慮醫療照護需求與決定時，必須先盡力親自求證，因為，年長運動員膝蓋手術後的復健經驗，與退休的公車司機是截然不同的。我們也必須從更廣大、更一般性的「關上迴圈」之觀點來看待每個獨特的生命，到頭來，對我們所有人來說，死亡都是勝利的一方。我們必須理解父母所有複雜的面向，同時在他們晚年路上的每個站點都努力做到最好。對每一位父母與長者來說，隨著損失的累積，往往優勢也會一一浮現——特別是情感與心靈的力量。而隨著我們一路結伴同行，找

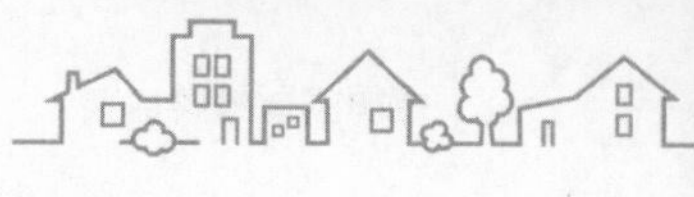

出父母的新能力並與之合作無間，譬如新近發現的幽默感、接受度、決心或是耐性，都是醫療護理與家庭照護的挑戰。

## II. 我們必須接受相互依存的需要，同時促進相互信任的增長。

卡洛塔對她六十五歲的兒子說，「瑪麗亞嬸嬸就住在隔壁，如果我需要她，她隨時都會過來。」這場對話又如同往常般地結束。他從小就知道母親有多麼地固執，也知道她會如何戰勝理性的勸說；雖然她已經皺縮到剩下一百四十五公分高，但她的氣勢與力量仍然不減。「幾次」跌倒以及躺在地板上一個晚上，怎麼嚇得了她呢？救護車把她送回她住了一輩子的家中，根據她自己揣度，她「還行」呢，因此這一回她又贏了。所以，家人與鄰居們都輸了嗎？他不確定這是正確的決定。下個月，瑪麗亞嬸嬸過八十九歲生日時，他們得從頭再討論一次。

「固執」通常是一種單獨的、或是與順從的配偶一起的行爲，是許多人對變老的常見反應，不論他們的社會地位或經濟階層如何。「我們完全可以照顧好我們自己」、「我需要你的時候會告訴你」、「我不會離開這間房子」……，固執的根源或許源自頑固的美國個人主義——不喜歡承認自己需要幫助，依賴讓我們感到痛苦，而我們的父母也希望保持他們習慣的自由與自主。或許是就財務面向的考量，父母不希望成爲子女的負擔；又或許抵制改變的心態是源自於了解當地養老院後所產生的恐懼。老年人的家人與朋友必須將「固執」視爲老年人對晚年生活環境的一種合理反應，因爲在晚年時期，他們的心智、身體以及情感能力都在逐漸地衰退當中。

同時，「固執」在沒事的狀況下，可能讓人感覺合理正當、甚至令人欽佩；然而「固執」的心態，卻在許多方面助長了突然而迅速、完全相反的轉向。逐漸年邁的父母（往往被視爲「冥頑不靈」）可能會抵制任何干預，直到事情終於四分五裂、一發不可收拾；而他們幾乎無一例外，總是如此。接著，成年子女（或是親近的朋友、鄰居、社工人員、醫療專業人員等）就必須搬進來接管一切。**「固執」的態度，鮮少有助於共享自主權、互相忍讓與遷就的生活規律，以及實行慢療；然而，「慢療」一方面可保持個人最佳的獨立性，一方面也可滿足無可避免且不斷變化的需求。**

不過，貿然跳進去處理也是錯誤的策略。因爲父母出現了問題而求助於本書的成年子女，必須先做好自己的準備功課。正處於人生黃金時期的你具備了卓越的理解與實踐能力，你可能會覺得自己已經準備好參與你父母所面對的許多問題，而且可以用比他們更有效率的方式來

解決。沒錯，你可能認爲如果自己不這麼做的話，就成了漠不關心又不負責任的子女；但是別急，你得先站在他們的立場爲他們著想，許多老年人得承擔不請自來的侵擾所帶來的意外後果。**事實上，子女一手包攬照護工作的解決方案，可能會摧毀彼此的互信，也就是未來照護工作的最重要基礎**。

對大多數成年人來說，依賴別人是很困難的；事發突然時，尤其是最強悍、最有成就的人更會深感羞愧。雖然變老是生命的一項基本事實，但是，再多的心理準備，也無法眞的幫助我們理解在失能與衰老中所要面臨的問題，以及明瞭在多年來理所當然的自主之後，被迫要依靠家人與陌生人幫助的感受。同樣地，成年子女在幾十年獨立自主的成年生活之後，才剛脫離養育自己子女的艱辛，或許會震驚於必須再度進入一段與年邁父母積極互動、相互依賴的關係。

在自主性與支持性的干預作法之間取得平衡，是相當複雜的一個難題。就像青少年必須學習自主，父母也必須學習去信任並支持子女的判斷；當有狀況發生以及父母的責任感使然時，「信任」必須與某種程度的「干預」取得平衡。這是很難學好的互動，而且可能得經歷好些失敗的經驗，但在此之際，所有牽涉其中的人都在磨練、改進自己的技巧。而在生命週期遠端的人際關係同樣不易，無論是父母或成年子女，都得付出沉重的代價，去學習管理這些關係的技巧。一個人不會天生就擅長互相忍讓與遷就，必須加以學習才行。

「慢療」教會我，放慢腳步、減輕做決定的迫切壓力，才是明智之舉，因為社會、醫療人員、憂心忡忡的家人朋友們，往往會貿然地催促年長者做出不成熟的決策——儘管我們的立意良好，希望為自己與所愛之人做出最人道的選擇；且如果我們等待太久才去行動，會因漠視他們而深感內疚。只是在不斷改變的新關係當中，我們往往會對自己能否勝任這項任務而深感懷疑，因為我們活在一個時程愈來愈緊迫、壓力愈來愈大，還要求擁有生產線效率的社會；我們被制約成要求資源可達到最大化的利用，我們被最新的科技（而非低微、緩慢、老式、勞力密集、親力親為的工作）所吸引，我們被要求選擇在父母家中安裝錄影監控而捨棄定期的電話與訪視、選擇監控體重與血壓的遠距醫療而捨棄鄰里間的友誼陪伴。

我說得再多仍不足以強調，晚年的生活鮮少能藉助人們年輕時候相同的成功做法，加以俐落地或甚至充分地管理。堅持效率、提倡多工（而非仔細傾聽）、處於「當下」，或者在父母生活發生變化的時候忽視了他們緩慢過渡的需求，對於父母或是子女來說都毫無助益。我們會希望父母在任何時候都覺得自己是受到充分理解的，但在他們有時被認為是失去洞察力與溝通能力的生命階段，並不容易做到；在相互依賴性極高的特別時期，我們需要的是從已建立的既有關係、費力達成的共識以及成熟的理解之中，找到解決方案。達成相互信任的重要性，並不下於任何早期的成家、育兒工作，也是減輕失去的痛苦與悲傷的最可靠希望之一。

## III. 我們必須學習以耐心去進行良好的溝通。

不論莎拉的六個子女、甚至孫子們何時去養老院探訪她，他們都會在她的「日記」中留下紀錄，記下他們每個人在訪視期間跟祖母一起做的簡單活動；同時，每位家庭成員也會寫下注意事項，詳述他們與督導該樓層的護士以及祖母的「眞正護士」所做的討論，後者特別指的是護理助手潔思敏，她是祖母最喜歡的護士，也是最了解祖母的護士。在莎拉緩慢的衰老過程中，詳述了注意事項的筆記有助於引導她的家人，每項紀錄都能修正他們的方向，顯示她的生命風向如何日復一日地產生變化。之後，這些保存下來的筆記更有助於維持她生命的回憶以及家人們的承諾，並緩和他們的悲傷。

語言，不論是否形諸言語，都能增強或者扭曲現實。良好的溝通是任何合作關係得以成功的基礎，尤其是必須面對改變與突發危機等意外挑戰的關係，更是如此。不論你與家人準備了多少資源，等著你所愛之人去運用，如果你或你正在交涉的組織只能以零散欠佳的溝通方法去傳達不甚精準的後勤、實質、情感等細節，你的父母將無法獲得他或她應得的照護。在不同照護環境間的溝通可能完全不存在，對於不諳此道的門外漢來說，醫療與機構的術語可能相當令人費解。所謂的「良好溝通」是：不同的團體要能使用相同的話語來表示不同的事物；而錯誤的行動可能會使最佳的言語功虧一簣。

「良好溝通」還包括了願意去傾聽他人實際所說的話語、作筆記、問問題，同時還要認知到，可能還有許多出於恐懼、困惑、匆忙或是不確定而沒有說出來的事。就像所有外交官與已婚夫婦所知，溝通是一門困難的藝術，需要圓滑得體、耐性、反覆澄清以及不斷的練習。想要成功實踐「慢療」，磨練溝通技巧是絕對不可或缺的一項工作。

## IV. 我們需要爲堅定不移的主張建立協同之約。

伊蓮的兒子從加州飛來，他到達醫院的時候，剛好其他早已聚集的家庭成員正要返家，並因終於達成共識（藉由家人之間以及與伊蓮的醫生之間時而艱難的長時間對話）而鬆了一口氣。對於伊蓮成效不彰的化療結果，儘管家中的其他成員都同意採取較不積極的治療方式，但他們的浪子兄弟卻驚慌失措，以西岸的朋友與同事所提供的故事激烈爭辯，並且急於彌補他的缺席；因此，他堅持要對整個情況再做一次詳盡的評估。儘管筋疲力竭，其他的家庭成員與伊蓮的私人醫生仍莫可奈何地同意第二天再度會合，以完成重新審視的工作。

「人口流動」已成為定義美國生活的一項明確特徵，並導致了家庭與社區的崩解，以及與過去截然不同生活方式的發展。退休者離開他們較大的社區，搬進有年齡限制、有地理區隔的所在；孩子們則居住在與原來家庭有相當距離的地方，使家庭照護的工作更形複雜。「穩定性」曾經是社區與家庭健康的保障，如今也不得不讓步給速度與變化。

在此之際，訴訟的盛行雖緩解了不良醫療後果對經濟的影響，以及醫療專業人員不斷承擔照護工作的惡化狀況，但也逐漸將日常決策的責任從醫療專業人員轉移到家人身上。醫療照護方法的區域性差異、院外支持服務可用性的地方性差異，以及各個社區對老年照護的不同態度，全都使目前就「正確的作法」達成共識的過程愈形複雜。

我們的醫療照護體系正如其目前的結構所致，回應危機的能力更甚於發展（並支付）可靠的支持系統去幫助家庭與個人解決慢性病症的長期負擔。對於身處晚年階段的老年人來說，醫院—康復—養老院的危機循環不但可以預測，而且往往多次重複。

回顧我擔任臨床醫師的幾十年工作，我認為自己的主要角色最適合被描述為「醫生朋友」。倫理學家威廉．梅（William May）對於「協同關係」的概念，是另一個思考「醫病結盟」的方式。在這類夥伴關係中，醫生明確地成為病患與其家庭所指定的「代理人」，維持一種未說出口的不成文結盟協定關係，並在需要時出席。這在任何時候都是一項巨大無比的責任，儘管我認爲，在過去或許較容易履行這項責任，因爲當時社會的流動性較低、醫療照護的組織與交付也沒那麼複雜而專科化。

我發現就像是一種常規的做法，任何協同關係通常都會發展成雙向的承諾。如同多年來固定的臨床護理工作，使我對於病患的心理、情感和身體狀況等有了多層面的理解；因此，隨著時間推移，我的病患也會愈來愈適應而認知到自己眼前的需求，以及需要我成爲服務他們的「醫生夥伴」。這種個人與專業的雙向、互信關係，爲老年人在晚年道路上所需要的照護提供了堅實的基礎。

今日，複雜精細的醫療技術，需要大量來自醫師的專業知識與協調而及時的團隊合作，才能提供病患最佳的照護服務。在全國的許多社區中，初級保健護理醫師普遍短缺；這些醫師可以跟隨他們的病患進入醫院，並可靠地承擔起個人指導者的角色。儘管大部分專科醫師與醫院醫師、護士以及工作人員（包括在醫療照護領域從事最卑微卻最重要工作的人）是出於善意與本能的期望，希望能幫上病患的忙，並爲他們提供支持與療癒，然而現今這些醫護工作人員都因強調工業效率與高生產率的醫療體系而備感壓力，使得他們難以或甚至不可能去履行協同關係中的角色。在沒有專業友人（亦即其權威性與職權，足以讓他在病患晚年經常遭遇到的各種情況與地點範圍中採取行動）指導的情況下，病患與其家人往往張皇失措、舉步維艱。我們

的醫療體系根據複雜的機構協議與流程而運作，同時，關注特定疾病與身體不同部位的專科醫師，他們的各式搪塞文件也加重了這套體系的負擔；沒有人能可靠地為病患擔任知識淵博的支持者角色，沒有人能整合並解讀院內的信息與服務，也沒有人能協調院外的照護服務。

如果你父母的醫師無法承擔這項重責大任，請在你社區裡的家人與朋友中尋找，是否有你可以籲請的護士、社工人員或是照護經理？找出正式或非正式的支持者，或是讓你自己成為一位支持者，或是創造出一個支持者的團隊來改變一切。

## V. 無論如何，我們都必須保持善意的態度。

組成晚年照護的良好工作，在我所有假設之下的最根本、最重要考量與需求，就是「善意」。雖然某些家庭與照護者確實展現出長期的關愛（或者只是忠誠、得體、尊敬以及感激），然而「善意」是做好此項工作最可靠的道德與實用指南。由於老年人與體弱者的絕對脆弱，「善意」是照護者必須維持的基本立場。這並不總是容易做到。

照護老年人的日子漫長又艱辛，照護者與接受照護者之間的每一項互動，都需要耐心與寬容，而這看似是永無休止的家務循環的一部分。再者，不論是在家中或是在機構中，虐待的風險層出不窮，所以與老年人共處的家庭成員或工作人員倘若無法展現善意的態度，會是（或應該是）參與這項工作的任何組織或家人的顧慮與擔憂——包括了每一個人，一路擴及我們的醫院與養老院中的醫生、工作人員以及管理人員。

＊＊＊

即將邁向九十歲的山姆與葛拉蒂斯仍然一起住在原本的公寓，雖然現在他們外出採買雜貨或是上館子時，他必須用輪椅推她前往。她因小中風而減弱了說話與判斷能力，他們兩人都知道，獨立自主與公寓生活的時日所剩無多，也考量到他們兩人曾經有過三段婚姻，有許多互相並不熟悉的子女與孫子女們必須涉及這項決定。儘管如此，他們還是一起展開了建立互信的旅程，在一年當中，他們妥善規劃了計畫，兩組子女循序運作，拆除、清空了房子。兩組子女都派出代表參加養老院的會議，因山姆與葛拉蒂斯仍在分房居住的想法上爭執不休：葛拉蒂斯贊成，而山姆反對。經過小組討論後，葛拉蒂斯獲勝了。於是一天兩次，山姆會去接葛拉蒂斯，再用輪椅推她一起去飯廳用餐。他們相互陪伴的旅程又過了三年，直到山姆無預期地先離開了人世，接著過了六個月，葛拉蒂斯也走了。至終，兩個家庭都學會了如何同心齊力地提供支持。

在進入後續章節的整個過程中，我們將會一起踏上晚年的艱難道路、度過漫長的旅程。現在，我們將以一個平靜的時期來展開這趟路程；日後，你或許會回顧這段期間，並將其視爲一段幸福的穩定期。

# 老年人生的八個站點

第一站

# 穩定

「親愛的，一切都很好。」——媽媽

我八十五歲的母親柏莎想什麼時候展開自己的一天，都隨她高興，因爲她不用急著起床或出門。她會繼續穿著睡衣，或是慢慢地穿好衣服（衣櫃裡有那麼多衣服，但眞正穿到的卻很少）。她會記得把小牌子掛在公寓外頭的門把上，讓她這棟老年住宅中心的管理員知道她已經安然無恙地起床並開始活動了。《每日採礦報》就放在門邊，等著她坐在窗邊的綠色椅子上、就著一杯即溶咖啡閱讀。或許等等吃點冷麥片……。接著穿好衣服出去吃午餐，下樓散個步，檢查有沒有郵件——當信箱是空的時，她會說那是「空氣郵件」。她跟朋友與「住戶」同伴一起吃頓熱騰騰的午餐，一邊閒聊，同時外帶一盒餐點，可以晚點吃。然後，她回到房間小睡一會兒，醒來之後，如果天氣許可的話，就去戶外散步久些，或是搭電車去購物中心，在室內走走路，為她四個曾孫之一選張生日卡片。在玩報紙的填字遊戲之前，她會再打個盹；今天傍晚有賓果遊戲，再晚一點還有底特律活塞隊的比賽。下個月，她要跟我一起去夏威夷，這是她畢生的夢想，她的朋友們羨慕極了。看起來像是十分美好的一天。

我母親早年生活過得相當艱難。她十一歲時母親去世了，於是身為大女兒的她不得不從村裡的學校輟學，以便養家餬口及照顧四個弟弟妹妹。她在學校的成績優異而且熱愛閱讀，因此，失去受教育的機會成了她畢生的遺憾。在二次大戰期間，一段短暫的婚姻使她必須單獨撫養兩個年幼子女，回到家庭的防護（以及限制）中，同時照料她年邁的父親。柏莎結實健壯的體格、幽默感與良好個人習慣、穩定的生活條件，以及漸入佳境的人生（她是門票抽獎與皮納克爾紙牌遊戲的固定贏家），讓她有幸擁有絕佳的健康狀況；但是當她從幫人料理家務以及在當地肉品工廠填塞香腸的工作上退休時，這些工作卻沒給她留下多少可用的財力與資源。柏莎除了在六十五歲時，因為沒有錢維護家族故居而不得不搬離，導致她患上了一些憂鬱症狀；其他時候，她都憑藉著一股愉快的堅忍與一概的否認，度過了各式各樣的危機，包括青光眼、高血壓、脊椎側彎、骨質疏鬆、輕度關節炎、子宮脫垂，以及兩次短期的住院治療（一次是為了心率問題，一次是為期兩天的膽囊手術）等輕微的慢性醫療問題。我們以為她可能會像這樣繼續地活下去，永遠。

**保持穩定是我們的希望**，宛如在七月的藍天白雲下平順地航行。對於老年人生活圈中的長者本人、伴侶、家人以及每一個人來說，我們都渴望生命可以就這樣繼續下去……，直到永遠。誰不希望自己的母親能夠一直過著像現在舒適而美好的生活，八十五歲、住在自己的家中、繼續做她自己呢？對於像柏莎這樣的老年人來說，發愁、擔憂或是衡量一個人在生命自然週期的位置，有何價值呢？自我反省是一種她沒有過的奢侈與自尋煩惱之舉。現在，一切都很好。她有一個關心她、喜愛她陪伴的家庭；有朋友；有一間她住了十八年的熟悉公寓；有一個認識她臉孔與姓名的社區，裡頭有著對老年人提供先進照護、備受讚譽的悠久傳統；還有一位固定的私人醫生，可以為她的高血壓問題（以及其他疑難雜症——萬一發生的話）提供諮詢。她的四種用藥（或者其實是六種？）（其中有青光眼的眼藥水以及阿斯匹靈與維生素B12，但她認為後面的兩種只是「營養補充品」，而不是藥物）是一天一次的例行公事，她完全能夠掌控。這些就是她生活中重要的特點。

然而，至關緊要的正是這些詳盡的特點。舉例來說，你的母親可能有一位伴侶，那麼她的日常慣例就會有些不同。母親與父親之間會有些來來回回的相互提醒，或多或少是友好的——或許多為友好的提醒（「別忘了你明天有眼科的預約」、「你又忘了關爐子」、「你裙子的拉鍊還沒拉起來」……)。有些事情或許不如以往,像是父親不像以前那麼敏銳了。現在,你的父母親或許還會公然地開彼此的玩笑,例如當他們在電話中與你談到他們開車出遊的情況時會說,「沒關係,親愛的,你爸負責掌控方向盤、看好左邊,我負責看好右邊。他負責看,我負責聽;你知道,他還是拒絕戴上助聽器,花大筆錢也買不到什麼。」兩個人仍然一起上路,證明了你的父母仍然合作無間;他們在艱難時候互相扶持,在某些方面來說,他們晚年的日子似乎比過去要來得更輕鬆自在、無憂無慮。

至於你、你的兄弟姐妹以及你的家人,你知道有哪個人不忙碌、而且不會時而操勞過度嗎?隨著更緊湊的日程表、更長的工時、對績效與獎勵愈來愈高的要求,生活似乎不斷地加速,壓力也愈來愈大。此外,雖然我們可能分散到全國各地的遙遠角落,被距離與不同地方的文化所分隔,然而我們的大家庭在時間允許之下,仍定期保持著聯絡——藉由電話、偶爾的信件或明信片,以及每年短時間的拜訪;電子郵件也可以幫助我們許多人保持定期聯絡。一切都很好,我們是幸運的一群,何苦在絕對必要之前杞人憂天,把每個人的生活搞得更複雜呢?

## 何必驚動睡著的狗?

安靜地讓事情保持原狀是無價的,我們從經驗中(特別是在我們這樣的大家庭中)學到了

這一點。有些話題像是不得進入的禁區，例如金錢、性、政治以及宗教，或許也被列在你家庭的清單上，正如它們被列在我妻子的清單上。而我的父母親還可以一起生活的時間不多了，所以任何有關於此的討論，都是我與我姐妹們的禁忌話題。從我父母那一代的斯多葛學派觀點來看，許多問題還是繞過別提的好，對於育兒、金錢、工作的選擇也最好保持沉默。然而，我們一路上遭遇的危機，或許需要我們與家人跨越「避而不談」或「保持沉默」的界線；不過大部分時候，我們是，或說始終是，謹慎而寬容的。在我們的文化中，我們學會尊重獨立、隱私、不同的意見以及行使自主權，所以大多數情況下，我們會避免將自己的想法與信念強加於他人身上。

當然，教養子女是個例外。在我們還是孩子時，每當父母對我們施加控制力，我們並不會爭辯（直到我們必須這麼做時）。等到我們有了自己的孩子，我們尊重這種家庭的等級制度，並視其爲生命週期的特殊養成期中自然而必要的風險與責任。現在，我們的孩子也即將展開他們的人生了，我們發現，我們可以開始更自在、更公開地與他們談話，並以恰當的幽默感，分享他們青春期的恐怖故事。或許你屬於較爲年輕的世代，較晚成家、並且尚未具備教養子女的豐富經驗，如果是這種情況，你肯定會被夾在你孩子的需求以及你父母的需求之間。

嬰兒潮世代的第一波，也就是「大三明治世代」的成員，現在才開始意識到人類生命週期後段的部分很快就會來到。隨著嬰兒潮的第一波大浪潮逐漸成熟，國家對社會學與心理學的實際興趣也隨著他們的老化逐漸增長；關於中年危機（最初針對男性）與女性更年期的流行自助書大量出現，爲嬰兒潮世代在生命中這些時期的自身體驗預作了準備。正如所有未竟之業，接下來的幾個世代也會不斷地改進他們自己在大生命週期問題上的特別版本。理論起起伏伏、來來去去，但一般而言，我們仍然上演著莎士比亞在《皆大歡喜》（*As You Like It*）中提到的人生七個階段（嬰兒、童年、青春期、青年期、中年、老年、高齡），這些是不可避免的自然階段，但是運氣與好奇可能會使我們從中反省、理解以及改進。莎士比亞是這麼形容從中年到瀕臨死亡的最後三個階段——

之後是法官，
渾圓的肚皮襯著美味的閹雞肉，
眼神嚴厲，蓄鬚工整，
引經據典，通曉時事；
這就是他的戲碼。第六階段，搖身變爲
穿著拖鞋、又瘦又傻的老頭，

鼻上架著眼鏡，腰間掛著錢囊；
穿著保存完好的昔日長褲，褲管裡的世界
對縮皺的雙腿來說已然過於寬大；而原本雄厚的嗓音
變回稚幼尖細的童音，在他言談時
尖聲哨鳴。最後一幕
結束了這齣怪誕多舛的歷史劇，
重演了孩子氣的幼童期，內容唯有遺忘；
沒有了牙齒、沒有了視覺、沒有了味覺、沒有了一切。

莎翁對於「人生七階段」的生動論述寫於四個世紀之前，鮮活地概括了許多我們對人類生命週期的現代思維。請記住，你、介於四十歲到六十五歲之間的「法官成人」，在此階段被賦予極大的力量；但是值此之際，你的父母可能正在為他們即將失去的力量而苦苦掙扎。這就是晚年時會發生的一種典型差異（也往往是衝突的來源）。

藉由仔細觀看與傾聽，我們或許會發現影響、支配我們父母的衰老模式。我們往往將年長者的沉默詮釋為拒絕與否認，但是在我的臨床經驗中，年長者對於生活條件與理由有清楚的理解與認知，即使他們不認同顯而易見的公開分析。斯波克醫生（Dr. Spock）撰述的育兒書籍銷售量極佳，我的母親想念所有他的書籍，但若是沒有這些書的內容介紹，她同樣非常清楚什麼是構成良好育兒與適當照護的條件，因為她日復一日、年復一年地實踐著。她這一代有些先驅可能確實遵循了人類生命週期高齡階段的文章內容建議，但整體而言，已屆高齡的世代，並未展現出跟我們這個深陷於心理學的世代一樣的好奇心或自助動力，亦未分享我們強迫自己以言語表達出所經歷一切的那股衝動。

因此，何不讓睡著的狗繼續沉睡呢？當我們的父母告訴我們，「一切都很好，親愛的。」我們為何要昂起頭來、豎起耳朵多加留意？我們又該對什麼保持警覺呢？

在老年人因疾病、不適、意外、衰老而日益衰退之前，「穩定」這一站，是相對平靜的時期，不論時間長短，個人、家庭、醫療照護體系以及醫療專業人員，都應該以未雨綢繆的方式，主動積極地觀察、評估、準備，以期降低即將到來之危機的影響。藉著準備好面對不可避免的最終結果，我們就能使自己以及父母免於遭受在實質、情感以及身體層面的困境與痛苦。趁著還有時間採取行動的時候，個人與其家庭都必須意識到顛覆性的改變（亦即寧靜之後的暴風雨）是勢不可擋的，這也是醫療專業人員在病患的晚年生活中已經屢見不鮮的現象。即使是最好的醫生，也無法知道這段相對平靜、平順航行的時期何時會結束；因此，即使事情進展順

利，我們最好還是能立即並主動地展開準備工作。

連續三年的檢視與檢查結果都一樣。如今八十多歲的艾倫，向來很期待聽到我的結論。

「在你這個年紀，你眞是健康得不得了。我還眞找不出任何令人擔憂的事呢。」

「眞是太棒了，醫生，」他回答時眼中閃過一絲光芒。「你認爲，這對明天來說意味著什麼？」

「慢療」的年度檢視包括了什麼？不像電池的實驗室測試以及醫生爲中年的你所安排的篩選檢查，在晚年時，這種檢視比較像是一項細心傾聽的活動。我的問題當然會專注於醫療問題上，但也包括詢問老年人如何安排他的時間（舉例來說）；尋找關於他情緒狀態的蛛絲馬跡；觀察他的心智如何運作；並邀請他分享對於成功老齡化重要面向的見解（包括稍後會加入這項檢視的家庭成員，幾乎都會補充重要的、新的理解面向）。幫助你的父母提前做好準備，將可提升「總覽綜述」的訪視價值。雖然有設計來篩檢憂鬱症、喪失認知、功能變化的問卷，但此類的篩選工具對於最早發生的變化（人們自己與其家人所注意到的）往往不怎麼靈敏。如果你能參與這類的訪視，不僅能更了解父母的醫療問題，還更能觀察到他們的醫病關係——有時令人欣慰、有時令人擔憂，但始終深具啓發性。

## 在「穩定」這一站的實際任務

### 設身處地為他們著想

- 回顧你家庭「成長」與「變老」的大事記

還記得我們在開始養育孩子時所詢問的問題嗎？

這是正常的嗎？

我們應該要在下個階段尋找什麼樣的新行為？

我們共度時光的最佳方式是什麼？

我們應該跟老師談談嗎？

當我們維持一個家並從事所選擇的工作時，往往會爲了工作而遷居。我們會逐漸意識到隨著時間的流逝，我們變成了「我們的父母」。

我從來沒想到我真的會買一套西裝。

把音樂關小聲點！

你不能穿那樣出去！

接著，我們發現自己步入了中年。

我胖了五公斤！

我找不到眼鏡。

我忘了我來這裡幹嘛。

突然之間，每個人都需要使用矯正的輔具！

請注意，同樣的變化也適用於家庭的生命週期階段。

孩子們不回家過聖誕節嗎？

你的口吻就跟你媽一模一樣。

兒子啊，可以請你解釋一下這個東西怎麼用嗎？

我們發現自己活在世代的陳腔濫調中，而且這是在我們回顧時才看得清楚或願意承認的事實。不同之處在於，更長壽的父母與較晚出生的子女使我們成了被夾在中間的「三明治世代」，而且時間並不算短。突然之間，我們的能量與資源必須同時流向「子女」（我們或許認為或希望對他們的支持，可以在支付他們最後一次的大學學費之後告終）以及「父母」（我們必須迅速而提心吊膽地重新認識他們）。皮尤研究中心（Pew Research Center）最近的研究報告指出，四十一歲到五十九歲的嬰兒潮世代，在過去的一年中有百分之二十九的人為父母提供財務上的援助，也有百分之五十七的人為成年子女提供財務上的援助。

**• 改變是單獨發生的，還是尋常老化過程的一部分？**

正如我們從年輕時的活力充沛與快速復原能力階段，開始邁入中年所經歷之令人不安的轉變，我們的父母也是如此，他們正邁進充滿限制與能力下降的新領域。母親的新（令人困擾

的）行爲，其中有多少成分只是出於「她一如既往」的表現？又有多少成分是隨著晚年而發展出來的？查看附錄II與附錄III中所建議的書籍與電影，其中引人入勝的故事與反思帶我們回到幾個世紀前，揭示了晚年人類情感與感情反應的共通性。舉例來說，公元前三世紀中國哲學家莊子曾說：「適來，夫子時也；適去，夫子順也。」意思是要安於命運時勢之所趨，不拘泥、不執著，則生活常安適無憂；電影《老當益壯》（*Wrestling Ernest Hemingway*，一九九三年）探討了佛羅里達州一個小社區裡，老年人的友情與複雜情感；電影《心的方向》（*About Schmidt*，二〇〇二年）以及《回首念眞情》（*Innocence*，二〇〇〇年）則審視了寂寞與愛的力量。比起我們這個以年輕人爲中心的文化所製作的老年相關電影，你可能會在外國電影的架上發現更多；切記，人類共同的主題是跨越文化、沒有界線的。

## ・學習如何變老

除了我們常常開玩笑的體重增加與下垂鬆垮之外，身體到底發生了什麼事？一個人的骨骼如何隨著年齡增長而改變？男人的耳朵會變得毛茸茸的，頭也禿了；爸的眉毛有了自己的生命，而媽的眉毛到哪去了？她看不出來自己的皺紋在染成紅色的頭髮下，看起來有多奇怪嗎？我們的步態在晚年時會有什麼樣的改變？我們的平衡呢？我們可以看到什麼？聽到什麼？反應與思維會在哪些方面變慢？這些改變會對開車造成什麼樣的影響？什麼時候我們該要求父母把車鑰匙交給我們？哪些州要求老年人要重新取得駕駛執照？你父母的社區有駕駛者安全計劃可以幫助他們評估並重溫開車技巧嗎？這是媽的開車速度、還是技巧退步的問題？爸仍然擅長的心智運作活動是什麼？你可以找到大量的資源，開始閱讀吧（參見附錄II）。

## •討論如何決定

身為美國人，我們都重視按照自己意願行事的權利。「治療的選擇取決於你」，在你母親被分配到的看診時間最後三十秒，醫生這麼對她說。但是，這項選擇眞的取決於她嗎？她有藉由「慢療」的實行而獲得充足的時間，去仔細衡量或尋求其他的建議？還是她太快被「引導」去展開一連串過於倉促的做法？對於一個思考、談話、理解都變慢的老年人來說，如此匆促的判斷到底有什麼價值可言？在許多情況下，或許大量的指導是正確的，又或許並非如此。在這件事上，你自己、你的父母以及你兄弟姐妹的立場是什麼？當你們在討論進行手術或服用抗憂鬱藥物時，你有陪在她身邊充分參與討論嗎？是時候開始討論如何決定了，是時候開始要求自己與家人撥出更多的時間了。危機尚未到來，不須操之過急，你們可以花上幾週的時間做選擇，而不必在幾天之內就要下決定。

• 評估「否認」

三十年前，一位明智的心理醫師曾經指點我，「否認」對許多身處危機中的人來說是非常有用的——只要不是出自圍繞在遭逢危機者身邊的家人與支持者。「否認」可以是一個人應對的力量，然而有時也可能是一種詛咒。記住，並非所有的抵抗都是眞正的否認；眞正的否認是一種長期毫不退讓、不可動搖、不參與交涉的立場，且無視他人的關切與憂心。你的家庭成員如何看待並利用「否認」？當你父母親的否認習慣阻礙了討論、制止了周全的計畫（以因應其生命中不可避免的改變）時，家庭就必須扮演好現實生活中沉靜而安定的支柱。你正值人生中「最有力量的階段」，而你父母的有力地位正日益蝕損，兩者之間的不平衡，或許只是需要更多的時間與平和對待，才能以公平、互信的方式逐漸消融。

## 開始主動參與你的新角色

• 以一趟「七十二小時」的探訪，評估你父母的健康習慣

在整整三天的過程中，勇往直前跟你的父母待在一起，別逃進你自己喜愛的活動中。這意味著沒有網際網路、沒有高爾夫球、沒有空跟老朋友一起找樂子，也沒有給公寓大掃除的時

間；這意味著你得當一位好客人，不嘮叨、不催促、也不發表自己的意見。觀察你母親的時間安排有什麼特性；觀察她固定的個人運動、營養、衛生習慣；觀察她身處其中的社會關係。這種贊同而支持、客觀無偏見的收集事實態度，是未來展開關於健康習慣之對話的起點。

並非所有的「每況愈下」都是不可逆轉的現象——不管你幾歲，許多關於運動的研究顯示，即使是老年人，都能恢復肌力並改善體能。如果你的母親尚未將一些日常運動納入她的日程表中，在「穩定」這一站就是最好時機——鼓勵她走出戶外、跟朋友一起在晚飯後散散步，而不只是打開電視坐在前面；而當你探訪她時，陪著她並觀察她相對的耐力與平衡感，找出附近是否有瑜伽教室或低衝擊的運動課程可以參加，她或許能在那兒認識其他活力充沛、動作靈活的老年人。

改善一個人的飲食，的確會讓人感覺更好，這不只是跟減重有關。她是個常下廚的好廚師嗎？超市的冰櫃裡可以找到豐富多樣、便宜而現成的餐點，教她學會看標籤、購買優質的食物，是保持健康最簡單的方法之一。

確定你的父母可獲得適當的休息。劇烈的運動後可能會需要更多的休息，老年人或許需要小睡，但白天打太多盹，晚上就會難以入眠。「正確」的休息模式常因人而異，幫助你的父母了解這一點。鼓勵他們花時間冥想——禱告也算，或是關掉電視，坐下來注意即時發生在身邊的事件，像是鳥兒啦、天氣啦。改造健康與飲食的習慣永遠不嫌太晚，即便是在人生的這個階段。

## • 承認你自己的每況愈下

你是否可藉由承認你自己的每況愈下，讓你的父母在承認自己能力不復以往時，感覺自在一些呢？跟你的子女談談，要求他們描述察覺到你身上發生了什麼樣的改變，並且詢問他們對你的擔憂是什麼？如此能幫助你設想出你跟父母進行討論的一個框架。描繪出你個人的改變過程，可以使你更易於感受到他們所面對的問題與狀況；而承認自己的極限，可以使我們變得更堅強。順帶一提，表現優異的「年長運動員」，其巔峰表現在七十五歲之前並未眞正下降，說明了久坐不動的生活才是「使我們變慢」的原因，而非衰老。或許現在正是把你自己的層級拉高以塑造行爲的好時機，畢竟，這不就是你要求父母去做的事嗎？

## • 認識父母社區中的成員

你的父母到了八十歲時，可能已經漂離他們的社區了，因爲許多老朋友不是過世、就是搬走，鄰居都不一樣了。你認得出誰還留在這裡、可以重新連繫上嗎？你的父母本身，也是造成他們與世隔絕的部分原因嗎？他們是否不再上教堂或參與其他的社區活動？他們的視野是否已窄化、縮小到電視機前的那把椅子？改變社區甚至比改變住所更讓老年人感到焦慮不安，並且會花上他們大量的精力；而且即便改變了社區，也不一定能使他們願意邁步向前，因爲不論他們去到哪裡，他們都得重新建立起自己的身分認同。投資在他們已經建立起來的成果上，不是更好嗎？但另一方面，也有許多原本不願意離開舊家園的人，會驚訝於他們在其他人陪伴的老年住宅設施之中，感到多麼地煥然一新。

### •克服世代隔閡

不論父母決定留在原來的住處或是去到某個新的所在，別忘了他們可以從身邊不同年齡層的人身上獲取激勵。你能否吸引孫子女或曾孫子女偶爾來探視他們？試著爲父母規劃遠足郊遊，或是帶他們拜訪可以看到許多兒童和年輕人並與之互動的音樂會、動物園、博物館等地。對你的父母來說，被比自己更有活力的人們圍繞或許會讓他們感覺更加疲累，他們或許會想在中場休息時離開，或是關起房門、在晚餐前小睡一會兒；但從另一方面來說，他們也可能吸收若干活力與刺激，並引導這些能量來支持自己心智與情感的健康。

• **認真擬定預立醫囑**

長時間的討論，有助於建立生前遺囑以及具備持久效力的醫療照護授權書——它們不只是法律文件。開始讓父母說出並寫下在他們失去自行決定能力的情況時（他們的反應可能跟彼此以及跟你自己的反應截然不同），想被對待的方式。直截了當地談論這些願望，有助於家人們更能理解並支持未來的決定，每個人都必須學習去談論並且坦然面對決策的過程；一起在醫療照護之外的實際範疇中練習，比方說，討論你父母親或許正在考慮的大筆採購或是旅行計畫。過程中，去辨識出每位家庭成員不同的決策風格，要求家人及朋友描述他們過去曾看到彼此是如何地做出決定，以及此方式又是如何成功運作。結果可能是「有其父必有其子」，但另一方面，有些孩子最終不一定看起來（或做起事來）像他們的父母。你也可以做好準備，各州政府與老齡化組織都提供了許多不同的預立醫囑表格，可以從中加以選擇並分享。

• **創造傳統**

你的母親是忠實的委員會成員或志工嗎？你的父親有一群週六會一起吃早餐的同伴嗎？你家庭中以及社區中的活動，反映出你的父母是怎樣的人以及他們的生活樣貌，同時是吸引人們關注你父母在家庭與社區中持續扮演角色的一種方式，也讓老年人有更多的事情可以做。讓你的孩子也進來參與，讓他們記錄若干口述的歷史訪談；而這項思考刺激性問題的過程，也可以成爲你與孩子分享並參與的絕佳機會，他們可能會提出截然不同、饒富趣味的新問題。同時要求再聽一次你父母的故事，不只是熟悉的片段，而是尋找出其他的記憶——在他們的聲音仍然有力、話鋒仍然風趣銳利的時候。之後，當你的父母表達能力與記憶力愈來愈衰退而不完整時，你可以把這些挽救回來的記憶帶回給他們，並與孫子女、曾孫子女們分享家庭的故事財富。挖掘出舊照片、製作專輯、收集姓名與日期，或許甚至學習媒體製作的技巧，或者與擅長製作影片、電腦幻燈片程式的人合作，都能幫助你的父母創造出世代連結的精神財富。何妨讓孫子女們去探索車庫或閣樓，重新發現可能已被遺忘的傳統；也可以與在地的歷史學會聯繫。多動手去做。

## • 推行一項道德遺囑（Ethical Will）計畫

如果你父母中的任何一方想去進行一項更大、更持久的個人專案，就爲他們介紹如何撰寫道德遺囑。長者在書面陳述中總結其經驗、信念、價値觀、智慧以及建議的古老傳統，是一項値得發揚並推廣的絕佳專案。藉由對話（或許錄音）幫助你的父母踏出第一步，這個過程將爲他們提供思考的食糧，刺激他們對實際撰寫的胃口。將「撰寫道德遺囑」當成是一個爲期數年

的專案，在「作者」的士氣低落時，你便化身爲加油打氣的啦啦隊；而這個專案將使你們的關係在未來幾年中，有著持續不斷的話題可聊。

## 建立你的支持團隊

### •讓家人重新參與

家人們經過多年來各過各的日子之後，得準備好開始更緊密的聯繫了……，沒錯，是更親密的接觸！社會仍然期待著「家人會出現」（當年長者需要時，醫療照護體系也是如此），年長者也很快就發現，當情況變得難以處理時，有了解他們的人在身邊是很有價值的。集合並整頓起這支忠誠的軍隊，重新認識彼此吧。根據我的觀察，自青春期以來，父母與孩子們之間從未有過如此緊密的連結。

代際差異性（generational difference）可能只是世代不同的處事風格，掩蓋了價值觀的基本和諧度，但也可能是看法與需求的顯著差異。要求你的父母分享「老年人領域」中流傳的故事。老年人往往會在與朋友聚會的午餐時談論自己的成年子女，而成年子女則是在喝咖啡的休息時間或晚餐時對朋友描述自己的父母。如今，在你們必須於危機時期確實發揮作用之前，是時候與家人一起分享這些故事並比較彼此的紀錄了。

### •爲展開相互依賴的未來預做準備

「如果媽媽不快樂，沒有人會快樂。」當脆弱的老年人面臨危機時，漣漪會不斷往外擴散開來。家庭中的每個人（在某種程度上也包括朋友與鄰居）都得付出代價，才會認知到「努力不讓問題失控甚而膨脹成危機」對每個人都有好處。當救護車（或是警察）出現一、兩次之後，一個家庭就會深刻體會到，每個人都能團結一心、共度危機，是多麼地難能可貴。別估低了可避免的危機，那將影響你的工作時間、家庭計畫、假期，以及對學齡子女和已上大學子女的承諾。查看你的雇主以「老年醫療照護」稅前帳戶方式所提供的福利，或許類似你可能使用過的兒童照護計畫產品。如果你現在能讓父母跟你一起建立起「慢療」的合作關係，你不僅能幫助他們，還能避免大約百分之三十的急診案例（純粹是因爲基本醫療照護不足而導致的疏失）。

- 與忙碌的醫生對話

家中老年人的醫生可以是很好的資源，然而，倘若你來自很遠的地方並且才剛進入一個新的醫療體系，或許無法在一群醫生中辨識出照護你父母的主要醫生。要找出方法與你父母的醫生建立起「深入」合作的密切關係，你需要精明機靈、有耐心、堅定而自信。與不同組合的家庭成員一起拜訪醫師的辦公室，擴大醫生所偏好的一對一、不公開的方式；多認識辦公室的員工，這或許不會被列入病歷中，但讓員工知道「有人在關心」，即可有效提升病患的能見度。找出與該辦公室溝通的最佳方式，理想情況下，你們全都致力於相同的長期目標，務必詢問情況是否正如你們所想。如今，許多醫生較不常在辦公室以外的環境工作了，他們會將例行辦公室拜訪之外的照護工作留給不認識你或你父母的醫生去做，查明你們的情況是否如此。

- 熟悉「健康保險可攜性與責任制」（Health Insurance Portability and Accountability, HIPAA）

某些時候，得到錯誤訊息或是缺乏經驗的（可能最近才接受訓練的）醫療照護工作者會提及「健康保險可攜性與責任制」，並指出你無權取得有關你父母或祖父母的醫療信息。雖然所有的醫療專業人員皆認可保密與隱私的重要性，然而此時正是明確向你的父母與他們的醫生表達你渴望支持他們的好時機。完成此舉之後，如果你遇到這種情況，你可以溫和地向用意良善的工作人員說明，「國會從未試圖去阻止關愛的家人參與照護年老的成員，而晚年的長者需要得到所能獲得的所有支持，這正是我之所以在此的目的。」有禮貌且堅持不懈地讓每個人知道，你會一直守護著他們。

你或許會認爲，上述所有的建議其實並不緊急——你是對的，機率肯定對你有利，短期來說。但是，跟父母一起進行調適的過程，可說是相當艱鉅的任務，「或許我會這麼做，但我現在沒有時間去做。」年邁的長者可能待在「穩定」這一站數年之久，有時甚至長達十年或者更久，你當然可以往後延遲、冒險一試。

許多家庭抗拒這類早期的討論，包括他們在老化週期第一站所扮演的角色，並把跟年邁父母有關的討論歸類爲「爲時過早」。「我的父母都還能處理大小事，我尊重他們的獨立，因此對於侵入他們的生活會感到猶豫、或許還有些內疚。」、「你是在說，我必須再次跟我的兄弟姐妹們打交道，但我不想再經歷一次——跟他們一起長大就夠困難的了，不管怎樣，他們會把所有的工作都推給我。」或者是，「對我來說，他們離婚之後就各走各的路了……，他們的再婚使得這件事更棘手了——必須應付那麼多額外的人。」

你或許要自問的是，這個方法是否眞的有其價値——光是顧著穩定你自己的關係，可能就讓你忙不過來了；又或者，隨著孩子們一個個離家，你才剛享受到新發現的自由所帶來的美好

感受。這麼做對你有什麼好處呢？這麼做的歡愉感或滿足感在哪裡？你可以保證這麼做值得你付出時間與精力、並忍受壓力嗎？如果你表現得「太咄咄逼人」，或許你的父母還會因此而更改他們的遺囑呢。

會有這種感受很正常，你的父母或許也很遲疑呢。但是，對於「關係議程」（relationship agenda）的需求並不會就此消失，如果你現在延後了你的參與，那麼切記一定要定期回過頭來，審視你延遲的決定是否爲一項明智之舉。

「就連提到預立醫囑的話題，都會讓他們感到緊張不安，」我們在走廊討論時，珍說著，「他們會變得非常疑神疑鬼。」我們團隊中的執業護士回答，「慢慢來吧，讓這個想法在他們的腦海中發酵個幾週或幾個月。但是別忘了，這件事仍然非常重要。」

# 第二站

# 妥協

「媽媽有點小毛病。」——爸爸

在密西根州上半島、大雪仍然又深又冷的二月，八十六歲的柏莎跟我一起踏上她期待已久的夏威夷之旅。她有限的精力剛開始使我們的計畫只限於一天從事一項主要的活動，但是在第三天之後，我們就可以在威基基海灘散步半公里、搭乘巴士繞行城鎮、開著我們租來的車子遊覽島上的珍珠港與恐龍灣。柏莎回到密西根後，她的家庭醫師爲她做了一次後續的追蹤訪視，結果顯示她的血壓上升了些，因此在她的藥物治療中添加了一種新的「水劑」。她並沒想到要告訴我這項改變，那不過是小事一件。隨著春天來臨、白天變長、天氣逐漸變暖，柏莎覺得她的平衡感比以往差了些，有時發生在這兒、有時發生在那兒，但還沒有嚴重到要告訴我們的地步；如果情況變得更嚴重，她會把這點觀察讓她的醫生知道。此外，她很期待家人在初夏去探訪她時可以團聚在一起，她不想冒險去打亂計畫。

在隨後的探訪期間，一個關鍵時刻萬分遺憾地烙印在我的回憶當中。柏莎當時已服用了新開的「水劑」四個月，導致她緩慢地出現脫水症狀，體內流失了相當可觀的鉀含量；這種常見的「水劑」會使有些人出現棘手的胰島素與糖的代謝紊亂現象，並導致輕微的糖尿病爆發成全面性的危機，而她正好是其中之一。初夏一如以往地到來，某日柏莎想把一些書籍歸還當地村裡的圖書館。她這一生始終是個強壯且固定的步行者，往往輕輕鬆鬆就可以走完進城的半公里路程；而我的妻子深知活動能力對老年人健康的重要性，以及柏莎一向對自己每天的短途旅程感到多麼自豪，因此，她並未堅持要開車送柏莎去。然而當天下午的氣溫變得異常溫暖，等到柏莎回到家時，已經步履蹣跚、搖搖欲墜，虛弱到幾乎無法靠著階梯扶手把自己拉上前門的臺階。我們從未見過她疲憊到如此滿臉通紅、痛苦不堪的程度。

北方冬天接近尾聲時會有一段時間，在池塘、湖泊、河流上厚實而能承重的結冰開始融化並「瓦解」；但是，這種自然的消融現象鮮少是可預測的。常見的情況是，白天時冰層的表面變暖了，卻在某種程度上又被夜晚的寒冷給抵消了，從而生成難以評估強度的覆蓋層。水流會在冰層表面切割出溝渠，海岸線區域所產生的反射熱能，也會在岸邊看似安全的堅實地面上製造出變幻莫測的危險地點。精力充沛的夥伴們冒險外出享受冰釣季節時，雖然希望能延長這項樂趣稍久一些，也必須根據過去的經驗，才能在跌落冰層的風險大增時，做出正確的決定。

**對老年人來說，「妥協」這一站是指他們在變化莫測環境中的脆弱性**。我們察覺了季節的逝去，但同時，我們又渴望它能停留下來。我們不應輕易地放棄熟悉的模式、習慣、存在方式的持久感，而且大部分的老年人也不願意……，即使在「冰層既薄又危險」的時候。

在我們家老年人的生活當中，往往會因出現了某個事件，而迫使我們不得不改變對老年家人能力極限的認識。隨著時間推移以及後見之明，家人們可能會將一個小決定或不顯眼的偶然事件，視為摯愛之人與整個家庭生命中的某種分水嶺。不論老年人如何謹慎關注於自己的治療方案，還是會有疏漏之處。「這不像他會做的事」、「這些旅行比以往更具挑戰」、「如果我們意識到天氣有多熱就好了」通常要等到醫生評論或診斷了，或是隨後一連串導致危機、如瀑布般出現的事件發生，才能證實改變，最初的洞察也才會被訴諸言語或分享出來。不過即便到了那時，家庭中以及朋友間的充分認知以及信息傳遞，也還是非常有限。

「對我來說，這些上山的小徑顯然變得愈來愈陡峭了。」史丹在上次健行時對他的兒子承認。這位活躍的七十八歲老人體認到了變化，不得不罕有地前往拜訪他的醫生，並檢驗出一項血液異常的疾病——一種緩慢發展的白血病。雖然醫生的建議是「保持密切聯繫並盯緊檢驗數據」（意思是，別急著展開治療），但是「達摩克

里斯」①那把搖搖欲墜的劍，現在已經懸掛在這位擁有豐富戶外活動經驗的男人身上（暗喻著隨時會爆發的潛在危機）；至少，在他的家人眼中是如此。「你可能會摔倒並流血至死，或是讓自己處於可能導致心臟病發作的情況下。」他們憂心忡忡地勸告他。他花了一年多的時間證明他的體力，才讓他的家人放下心中大石，並接受他持續從事戶外活動。儘管如此，診斷之前的那次健行，已爲這位老人與他的家人標示出象徵著分水嶺的時刻了。

在老年人晚年旅程的關鍵時刻裡，身爲家人的我們所面對的首要問題是，我們的理解已被生活中正在發生的其他許多事物所蒙蔽，包括工作、孩子、我們自己的健康以及對社區所承諾的義務。想在這個「過渡時期」幫助你的父母，必須暗地且持續地密切關注他們日常生活中產生重大改變的領域，也需要投入精力與耐性去婉轉地協調你不斷改變的角色，因爲根據不同的需求，你所需的努力在強度與持續時間上會有極大的差異。設法指導你的母親在了解自己的檢驗測試結果時，成爲一位更明智、更肯定而自信的病患，這意味著要跟她一輩子的習慣背道而馳。在長者的注意力被眾多事物分散的情況下，要對抗這些被動與否認的習慣，就需要每個參與者付出有意識的努力以進行評估、開始對不斷改變的「軟化冰層」領域做出回應。凡是關心這位老年人的健康與幸福的人，必須保持耐心與積極心態，並堅持不懈地穿越充滿不確定性的濃厚迷霧。

**對家人來說，「妥協」這一站是保持警覺與準備參與的最主要時期**。不管這個時期持續多久（或許可持續數年之久），都需要家人們將可利用的能量穩定運用於觀察、分析、解讀、溝通，並代表年長者去了解與選擇各種醫療以及／或者社會資源。設法圓融地加入父母與他們醫生之間的對話，這需要機智得體的應對、時間以及信念——相信你會爲他們所得到的照護增添價值。這種謹慎而持久的參與以及警覺的作法，旨在避免及預防即將來臨的危機，也就是有可能從你父母身上已被診斷出來的六、七種正在醞釀的疾病之中，所爆發出來的嚴重病症。在家人共同實行「慢療」的關鍵時期，目標是去確認並觀察父母所面對問題的範疇；這些問題通常不需要你立刻採取行動，然而一旦意識到了問題，你在潛意識中所進行的一切思考，都將有助於解決它們。因此，許多家庭成員都會告訴我，光是意識到這些問題，就能讓他們在晚上睡得更好。

① Damocles，是古希臘文化中獨立道德軼事裡出現的人物形象。現常用「達摩克里斯之劍」來形容藏在安逸祥和背後的殺機和危險。

## 老年醫學專家知道的事

在我擔任漢諾威肯德爾主要老年醫學專家時，所監督與管理的全面綜合性老人照護體系中，最重要的社區照護資源被導向維持住戶獨立生活的能力，目標是盡可能推遲老人身上任何功能性的衰退，延緩需要老人院「制度化的收容」介入的時程。一旦某位住戶進入了正式的長期照護，整個體系的財務負擔就會急遽加重。

老年醫學專家跟疾病或器官的專科醫師不同的是，老年醫學專家在疾病的多種面向與層次組合，以及疾病的診斷上擁有豐富的經驗；正因如此，老年病患的病歷變得愈來愈厚。我們會敏銳地察覺到在取捨選擇之間不斷改變的動態，以及協調病患的多種療法所需要的細心評估；我們也習慣與照護人員的團隊合作，盡可能提供明智而全面性的需求回應，並同時保持與家庭成員的固定溝通。如果問題是協調癌症的照護，我們的主要團隊成員可能是醫生；如果問題是恢復受傷後的活動能力，主要團隊成員可能會變成物理治療師；如果問題是一場憂鬱症的發作，主要團隊成員則可能會是社工人員。

由於老年病學專家深切了解生命中這段特殊時期的複雜性，我們建立了能描述並評分老年病患生活狀況要素的系統，這與關注於疾病狀態的統計數據截然不同。你或許聽過你的醫生或其他醫療照護者提到你母親的日常生活活動、中級日常生活活動或是進階日常生活活動。正如所有的測量方式，這類的評估必須在個人的背景環境下進行，而特定的描述將可精確標示出「妥協」站點開始的位置；事實上，聯邦政府會用這些描述性的類別來決定，一位老年人是否有資格獲得家庭支持計畫或是進入養老院。

「妥協」這一站是評估父母所有活動水平的好時機。根據你稍早在「穩定」那一站的期間探訪你父母時所做的仔細觀察，你可以精準判斷出哪些活動以往是他們日常生活中輕而易舉的一部分，如今卻已經無法負荷、力有未逮；這些判斷將有助於整個家庭去評估，了解被妥協的到底是哪些部分。

「進階日常生活活動」指的是需要一些計畫來完成的活動，也是作爲積極參與社區的成員，必須能夠爲自己完成的活動：

- 有能力擔任某個活動小組的成員，例如縫被比賽、合唱團或唱詩班、志工專案等等。
- 離家外出以滿足社交的需求，例如上教堂、出席會議、拜訪朋友的家、參加活動與表演等等。
- 有能力利用大眾運輸交通工具、開車、旅行。

- 除了簡單日常食品雜貨採買之外的購物行為。
- 享受例行的户外運動。
- 評估並協調居家與汽車的維護與修繕。

「中級日常生活活動」指的是獨立居住在公寓的老年人必須能夠自理的活動。有人會遞送給他們日常食品雜貨與其他服務，外出時也有人陪伴。這些活動包括：

- 在公寓裡適當而安全地移動，如果需要的話可以上下臺階；可以下樓去收取郵件，搭乘電梯。
- 整理床鋪、清潔打掃、做輕鬆的家務。
- 簡單的烹飪。
- 打電話。
- 記錄帳單、寫支票。

「基本日常生活活動」則是老年人在獨立居住於有著臥室與浴室的套房，還有一個細心照料的家庭住在附近的情況下，其本身必須具備的能力。毋須離開住處，就能照料好自己的下列日常事務：

- 沐浴。
- 著衣。
- 如廁。
- 從床鋪移動到椅子，從椅子移動到廁所，也就是基本的活動能力。
- 不須協助即可進食。

（這些活動按照基本能力通常會流失的順序列出）

在美國大多數的州，老年人若需依賴他人才能從事兩、三項日常生活活動的話，就已經有資格進入養老院接受照護了。然而研究顯示，相對於每一個依賴養老院照護的老年人，就有兩個同樣的老年人待在家中由家庭成員來照顧。所有老年人都必須面對類似的問題：日益衰退的心智能力，以及心臟衰竭、糖尿病、骨質疏鬆、慢性肺病等使人衰弱的慢性疾病。

## 駕駛的難題

逐漸變老與變弱，使老年人必須蒙受活動水平與個人能力的喪失，以及隨其而來的，各種備受珍視的自主權被「剝奪」。作爲在「妥協」這一站初期必須完成的工作之例，我鼓勵家人們可以開始討論「駕駛」，因爲駕駛對大多數老年人的生活仍然至關重要。如果沒有準備就貿然開始討論這個主題，你會發現自己將遭受這些年長駕駛的（適當）挑戰，他們會極度強烈地保護自己的生活方式。在我們的文化中，失去駕駛的權利被視爲是一場大災難，因爲「駕駛」對於滿足一個人日常實際需求的期望，會帶來極爲巨大的影響……，更別提在我們這個以汽車爲中心的世界，那對於一個人逐漸被削弱、貶低的身分認同會帶來的心理影響有多大。

然而，讓我們來看看現實狀況。當我誠實地檢視我自己的經驗，我知道在醫學院畢業之後，我自願放棄了我橫越全國馬拉松式的駕駛方式（輪流駕駛十五到二十四小時不間斷）；當我組成了自己的小家庭，我放棄了在惡劣天氣開車；過去十年當中，不論距離長短，我寧可選擇晚上別開車；過了一段時間，隨著我的視力與注意力範圍不復以往，我進一步縮減了長途旅行的白天開車時間，同時放棄了所有長途的夜間開車機會；又過了一段時間，我放棄了在波士頓、在學校放學時段於高中區域開車。接著，我放棄了在我自己社區之外所有夜間的開車機會，遠離城市的高速公路，最後也遠離了所有的州際公路與購物中心的停車場；接下來，我只在白天時候開車去當地的雜貨店與郵局；最後，我在冬天完全不開車，只在春天、夏天、秋天的下午六點到七點半之間開車，因為在這個時段，我的社區中車流量很少，大多數人都回家吃晚飯了。

換句話說，我在自己生命中所重複的，正是我年邁父母所告訴我的，有關他們逐步放棄駕駛的階段。但即便到那時候，我猜想，我也不情願就此拱手交出我的駕駛執照，因為我「在某個緊急時刻可能會需要用上它」。但是到最後，我對於不得不參加另一項駕照考試（包括路考）的恐懼，將使得我的駕照過期；如此一來，我希望我的孩子或警察就不必因我的違法行為而與我當面對質。與家人分享這些考量，是體現同情與理解的好做法。

老年醫學專家知道，仔細而重複地分析病患的功能性「進階日常生活活動」、「中級日常生活活動」以及「日常生活活動」能力，會凸顯出「老年人的身體、情感、心理健康的功能性」與「家庭可提供身體及社交上的支持」此兩者之間的相互作用。延長老年人待在「妥協」這一站的工作，需要以「慢療」方式來維持家庭內的平衡計畫。這得花上數週或數月時間來討論，別只是給出最後通牒，所有參與者都必須花時間仔細考量，才能促使每個人認可並接受「改變」的現實，這意味著要談到讓人不舒服的事。注意，要強調老年人仍然保有的技術與

能力，避免驚慌地或過早地終結他們的獨立性。父母與支持者都需要時間並放慢腳步來適應、習慣新的限制，同時，家庭新近共享的「改變」意識，能鼓勵對話與實際探索，從而增加家庭中的社會支持度；更好的計畫還可以爲日常照護與監督事務提供更多的支持，譬如藉由浴室扶手、助行器以及使用更佳照明來改善居家的安全。

「妥協」也是接受教育與諮詢的一站，學習何時該避免不恰當、咄咄逼人或是不成熟的照護方式，而代之以保守的選擇；與家庭成員一起設想並滿足這些決定的實際需求，對於平順圓滿的結果至關緊要。現在，請承諾會以更加慎重的過程來做出醫療的決定，不被過度熱心的外科醫生或媒體廣告的快速療法而動搖決心；考慮到老年人已磨損不堪的健康網絡，展開考慮欠周的檢驗、藥物或是醫療程序，都可能比完全不採取任何行動所產生的威脅更大。睡眠不佳、消化不良、大小便失禁、便秘及滲屎以及憂鬱症，這些狀況鮮少能被單一種藥物所「治癒」。危及老年人活動性的相關問題（即一個人整體福祉的最敏感指標之一，從消化、循環、平衡到整體情緒），經過妥協後，可藉由例如定期帶父母去看足科醫師治療長進肉裡的指甲、不合腳的鞋子、姆囊炎來解決。如果老年人與其家人有妥善而充足的準備，可藉由謹慎選擇的手術（譬如白內障摘除、適時的關節置換）來延遲需要長期照護的肢體依賴性，以改善生活的品質。

## 兩種照護的模式

現在，是時候讓有老年人的家庭開始熟悉兩種截然不同的老年照護模式在實際上與理念上的差異。在我們的醫院/醫療行業變得如此成功與普及之前，老年家人會在家庭裡被照顧——如此的社交模式是一種親自動手照護的延伸方式，可能由住在附近的許多子女，或更為常見的是由一個女兒或兒子在他們自己家中提供這樣的照護。這種照護方式並不強調專業人員的運用，反而更類似傳統的「火爐旁的椅子」方式：老年人受到照顧並保持溫暖、安全，參與各式各樣的活動。或許正如我以往在義大利的觀察，老祖父會坐在村中廣場屋子前門旁的椅子，這個或那個孩子、或是某個朋友或表親，每隔一段時間就會來陪他去採買日常生活用品。在加勒比海地區，當老祖母已無法照顧自己、無法獨自安全行走時，她會被帶到某個女兒的家中。他們會為她在地板上鋪一張床墊，防止她從床上跌落而造成髖部骨折；每天會有人幫她洗澡、餵她吃飯；她的床單會保持一塵不染；小寶寶們會在她身旁的地板上玩耍；在她清醒的時候，訪客與家庭成員都會來看她、向她致意。即便在她的氣力隨著食欲逐漸衰退之際，她在這個大家庭中仍然保有地位。這種社交模式強調的是親力親為、以家庭為中心的照護，並把重心放在日常居家照護的人性化組成上。

許多醫生並不甚了解社交模式強大的力量與可貴的價值，然而，社交模式正是家庭實行

「慢療」的基石。我曾看過家庭在初期階段出於直覺而成功地依靠社會與情感的支持，來處理（舉例來說）新近發現、令人不安的狀況，譬如記憶力受損、憂鬱症，或甚至新診斷出輕微心絞痛之類的身體問題。個人的支持，長期以來即是一種可抵消新壓力的方式，也是慢療最強大有力的形式。

事實上，慢療的第一個階段往往並非利用藥物或醫療程序，而是動員所有的照護者，包括家人、朋友、鄰居、當地與非專業的照護提供者，因爲熟悉的面孔可以幫助老年人保持個人的身分認同感。在妥協與新需求剛開始出現時，老年人不會被重新安置到他們不熟悉的環境；因此，他們個人化的空間、喜愛的椅子與腳凳等物，仍可繼續提振他們的精神與情緒。如此的休息更能恢復精神，貓咪也仍然令人安心地睡在床上；而食物偏好與用餐時間，更是根據他們的終身習慣來量身定制。家庭是一個可以輕鬆引進替代性與輔助性醫療做法的環境，像是放鬆療法、觸覺治療、按摩，或許還有新的草藥茶、靜心的想像技巧。一旦正規醫療照護的威脅解除了，老年人可能會更容易接受其他的方式；而當意識到自己有所選擇時，新的選項也會更讓人感到愉快。

如今，這般極爲美好的場景只有在最佳情況下才會出現。「社交模式」何時會崩解、失效？我們可能沒有那麼容易獲取幫助與支持，負擔較沉重的人肩頭上的壓力一天天增長，他們可能會隨著時間過去而「逐漸枯竭」；對於「照護者終究會筋疲力竭」的恐懼陰影，始終籠罩著「社交模式」，尤其是在支持的基礎過於侷限之時。這是極爲常見的問題。而財務成本也可能會增加，由於聯邦醫療保險或醫療補助幾乎或根本不涵蓋眞正「維持健康」活動的保險，倘若老年人需要採取更進一步的醫療方式，他們很有可能會被遷離原來的住處（有時還會伴隨著引發內疚感的「我早就告訴你了」這類來自親戚或專業人員的評論）。我的家庭中也有一些唱反調的人，當我母親的慢療做法必須加入醫療干預措施來保持平衡時，他們只會在旁邊說風涼話。

## 老年住宅社區的社交模式

今日，處於標竿地位的老年住宅社區審愼而明智地試圖協調並結合其社會與醫療計畫，也敏銳地意識到一旦住戶需要長期的養老院照護時，社區必須承擔多少額外的費用；因此，這些社區在情況轉變成危機之前，即以「社交模式」與「醫療照護模式」的平衡運用來迅速介入。

老年住宅社區的「底線支持」計畫，在獨立公寓、生活協助套房以及養老院中，提供了宛如自家般的舒適環境，社會支持隨時可由有償的工作人員以及隨著時間逐漸成長的相關朋友圈來提供。營養學家會提供各式各樣的菜單。還有許多娛樂消遣活動，以及許多用以鼓勵老年人

多步行的設施。這些組織社區之中的佼佼者，藉由實地照護兒童以及老年照護計畫來促使社區與外界及各個世代保持接觸。充滿生氣的藝術與學習計畫、電腦指導，以及電影之夜、才藝表演等共享社交活動，不但可豐富老年人的生活，更可使他們的心思遠離不適、痛苦、孤立以及侷限。否則，他們最後可能只得在醫生的診間解決問題。

整體而言，關注於家庭與社區的社交模式，仍然運用於全世界大多數地方。在歐洲較富裕的國家與日本，許多為老年人提供的社交服務，基本上都是由政府支持的慢療品牌所協調與支付。

## 醫療模式

我們都認可急診室及醫院所提供刻不容緩、絕佳醫療照護的價值。極為成功的電視影集像是《急診室的春天》與《實習醫生》，便大力宣傳大型醫療中心所施行的急症治療。急症醫療照護產業所創造的經濟效益，使得說客與政策制定者並不樂見這種獲利豐厚、不斷成長的方向產生改變。

的確，這種照護的方式有許多正面的特色與優點。對老年人來說，許多危機確實需要緊急與住院治療。舉個例，心臟病與肺病都是老年人常見的疾病，有時亟需迅速的醫療干預。當我們需要緊急治療時，我們知道可以求助於擁有高度訓練水平、試圖運用可測量標準與醫療流程的專業人員。致力於創造一致性與效率、學習如何積極控制發生於老年病患身上的疾病等新近的努力，的確值得加以讚揚；我們的醫院也有能力迅速處理複雜（而且昂貴）的治療，許多像這樣的院內醫療是快速醫學的巔峰之作，跟星巴克最暢銷的拿鐵咖啡一樣——品質一致、隨時可享用、生產順暢，而且令人愉悅。

那麼，對老年人來說，這種高科技、快速醫學的方式有什麼問題？老年人進入急症治療醫院的首要擔憂，就是下列這些已有充分證據證明的危險之區：老年人在醫院環境中更容易感染疾病；他們所接受的醫療標準流程與方案原本是爲更年輕、更能迅速恢復的病患所設計；他們更常在住院期間跌倒；他們更可能因爲醫院治療引發的併發症而再度入院。像醫院這樣的大型「工業規模」環境，往往關注在疾病上而忽視了老年人的複雜性。速度異常珍貴，但是移動緩慢、反應緩慢的老年人卻無法適應「快速醫療照護」這種充滿壓力的環境。同樣重要的是，以快速醫療照護老年人的方法，已透過醫生、藥物、科技公司與他們所創造的文化，悄悄蔓延至養老院、居家照護、輔助生活和日間護理的環境之中。用於社會支持的預算中刪除了可得資源，取而代之的是愈來愈多的處方與醫療程序，使得個人照護人員資金短缺、報酬過低。

當老年人（他們逐漸消逝的氣力可能會因爲經歷複雜的醫療程序而更元氣大傷）被快速地

推出醫院大門（根據爲年輕與中年病患所制定的快速出院時程）而展開數月的康復與治療時，第二個大問題出現了。美國保險計畫傾向於資助精密複雜的院內醫療干預措施，因此，在福利機構的保險涵蓋範圍到期時，支付昂貴藥物、親力親爲的日常照護、往返治療場所的交通工具、雇用到宅服務的治療師、吸收成年子女因而無法工作的時間成本，這些財務與實際責任全落在家人的肩頭上，而這一大堆問題，醫院的工作人員僅能隱約意識到而已。

最後，在快速醫療環境中的決策截然不同，尤其對家人與照護者的角色而言。在我們現代醫院的複雜科技環境中，家人有時被視爲一種「妨礙」——不但需要耗費時間對家人說明解釋，家人有時還會干預病患的選擇，迫使醫療專業人員不得不「保護」他們的病患遠離家人的糾纏。相形之下，當病患在家中時（處於社交的照護模式之下），醫生較可能鼓勵家人共同參與決策的制定。

現代醫學藉著提供延長人類生命更精良的技術與手段（但不必然能大幅提升其品質），結果使得老年人晚年的狀況更複雜化。這往往意味著將老年人以往短暫、劇烈、危及生命的疾病，變成某種拖延得更久的衰退現象，或是奄奄一息的垂死狀態。對老年人所進行的癌症化療試驗（急症護理的醫院在這方面的獲利豐厚），成功的機會可能很渺茫，但是當化療的副作用對他們造成傷害時，他們的負擔可能會加倍沉重。即使是在美國、在最頂尖醫院的幻象之下，我們都必須記住，邁入晚年的老年人倘若未能蒙受猝死之福，「失能」會無可避免地在其生命逐漸衰退的某個時間點到來並支配一切，接著就是死亡。老年人在上個世紀中葉見證到生命因醫療照護的改善而延長了一小段時間；但在今日，他們面對的往往是一段依賴與艱辛的漫長過程，而非生命品質的改善。

她的臥室改造自舊的餐廳，緊挨著廚房，讓她可以更接近熱源以及前來拜訪的訪客；她的兩個女兒也都七十多歲了。她側臥著，蜷曲得像個逗號，必須讓她放鬆，我才看得到從她下腹部突出的塑膠管；自從她被估計預後「只要幾個月時間」（根據她的高齡以及阻塞的膽囊），出院以來，已經過了三年；她被認爲不適合進行手術，她的肺部非常脆弱，軀幹也因爲骨頭軟化以及多處脊椎骨折而過於彎駝；「她被摒棄在醫療的關注與照護範圍之外，」她的女兒解釋，「我們根本無法把她搬移到車子裡，只能等著面對危機——而那是外科醫生向我們說明一定會到來的。」接下來的兩年，我將她安排在我的出診路線上，得知了許多她的教師生涯以及她在廚房餐桌與床邊討論的教學方法。兩個女兒跟她們的母親都早已做好道別的準備了。

隨著醫療科學與做法的進步，原本該結束的生命被延長了，醫學界與我們的社會愈來愈依賴醫療模式來照護老年人。這種吞噬資源的快速醫療方式（由數量愈來愈多的醫學專科醫師與愈來愈少的全科醫師發起，並由實驗研究、不斷升級的醫療技術以及製藥廠商推動），超越了早先在預防與慢性照護上的補貼，並創造了一種依賴醫院緊急介入的文化，也就是我們現在主要的照護模式。隨著醫院變得愈來愈擁擠，充滿愈來愈多的科技干預措施，爲了讓醫院可以更平順、更有效率、更有利可圖地運作，而摒棄了對老年患者所提供的基本長期照護；於是，養老院、復健中心、生活協助機構等，隨著醫療模式的興起而激增，成爲無法獲得家庭支持的老年人與慢性病患者的主要住所。

## 客廳裡的大象——失智症

我們活在一個資訊時代以及高度複雜的科技社會中，極度重視心智敏捷度與認知能力。在所有令我們戰戰競競的晚年狀況中，心智能力的喪失似乎是其中最令人關切的一項。目睹另一個人的心智逐日衰退時，我們自己常有的反應是「我無法這樣活下去」；但是比之成年子女，老年人本身的生活更爲大量的老年同伴所圍繞，他們的反應反而可能較爲樂觀。

老年人能立刻回想起已經遺忘了數十年的人名與事物，但變得狹窄的視野與喪失聽力範圍，則降低了他們的感知意識；判斷失誤與若干不當的行爲，也開始在不知不覺中潛入。對老年人來說，源源不絕的笑話可以緩解尷尬的情況。在社交聚會上戴名牌則是一種常見的協助。現在，雖然他們的同伴較常見的應對方式是接受，不過有些抗拒者仍然傾向於否認，而他們的家人也往往傾向於採取否認的態度。

比起老年人做出社會禁止的行爲或變得具有言語攻擊性，家庭通常是在涉及老年人人身安全的情況下，才會較爲迅速地反應。如果老爺爺在開車前往他光顧了數十年的五金店路上突然迷路了，這種情況著實令人擔憂；但如果感恩節時，他在孩子們面前無情地斥責默默忍耐的妻子，基於尊重和禮貌，大家會假裝沒看見這回事。害怕去承認這些行爲上的改變，對任何人都沒有幫助；在失智發展的過程中及早提出這個問題，可以讓每個人更加了解什麼情況是失智、什麼不是，以及那可能意味著什麼、或者不一定意味著什麼。「恐懼」與其好夥伴「否認」，都會拖延我們重新適應自己以及與他人關係的時間，讓我們無法爲年長者提供幫助，也無法爲他們的照護者提供支持。承認問題的存在並提供相互的支持，往往可以大幅抵消因問題而引發的壓力。

保持密切的關注，就是晚年這一站的重點所在。去觀察老年人在行爲上的改變，他們在處理新資訊時是否會發生重複的失誤；也要意識到失智症可能會是一條漫漫長路，緩慢的衰退可

能會花上幾十年時間，最早期的階段也可能持續多年。要愼重考慮的一點是，過早或強行確認他們的狀況，對認知逐漸退化的老年人來說不一定會有幫助——當然對有些人來說或許會。你對於家中老年人性格與個性的認識，在此將可成爲你的指引。跟你的兄弟姐妹一起討論吧，而跟你父母的朋友談談也很重要。他們如何因應這些改變？要知道，你家中老年人的伴侶或照護者可能了解所發生的事，但或許在認知這些改變的危險性以及公開尋求協助等方面的反應上沒有那麼迅速；而要從只是觀察到失憶與怪異的行爲，轉變成直呼並接受失智症之名，也可能沒那麼容易。

「否認」的確可以幫助身爲配偶的照護者一天天地撐過去，尤其是在早期階段；但是，成年子女是最不可能從否認之舉受益的人。如果你年邁的雙親十分長壽，他們與你的家庭極有可能必須面對損壞或患病的大腦所帶來的問題。隨著一個人逐漸變老，失智症或「老糊塗」的可能性就像「客廳裡的大象」般顯而易見、無法忽視，儘早接受已知的事實將有助於我們因應未來的一切；也要把這樣的認知當成是盡可能提早且持久地尋找積極作法的動機。要知道，儘管創造新的記憶是一種妥協，但某些人可能要到失智症的末期，才會喪失他們在制定決策、提供建議時，「出於本能」做出適當反應的能力。同時，我們必須認知到大腦脆弱受損的跡象，也是往後生活中身體可能隨之脆弱受損的前兆——兩者在晚年時可能會各自發生，但往往在某些時候也會同時發生。根據對社區所進行的研究調查顯示，四分之一八十五歲以上以及半數九十歲以上的老年人，都有某種程度的失智現象。

伯妮絲跟醫生討論了很久她那罹患關節炎的髖關節，以尋求運動與藥物等可加以緩解的方法。但最後，伯妮絲的疼痛與挫折感占了上風，她在並未知會家人的情況下，強烈要求與骨科醫生對話，於是醫院爲她安排了諮詢協商。一切似乎都按照她所期望的進行，直到醫院建議的髖關節置換手術日期，對她來說似乎還不夠快；於是，伯妮絲無視於或是並未意識到老年人在考慮選擇性手術前，必須「把身心準備好」的重要建議，焦躁地（而且私下地）與另一位醫生聯絡，打聽他可以進行手術的日期；結果，眞的讓她訂下了另一個早得多的手術日期。

伯妮絲偷偷地找了一個新的醫生來幫她進行手術，而除了閱讀一張住院前的清單（關於常規的注意事項），她沒有爲這場手術做好任何的身心準備。在她的術後期間，曾有的焦慮與急躁傾向轉變成極度的困惑與慌亂；改變的環境讓她迷失了方向，手術也使得她筋疲力竭。伯妮絲從未充分理解正確的復健需要什麼，週復一週，她仍然留在出院後被送去復健的養老院，始終無法獨力行走或是返回自己的家中生活。

她是頑固任性？沒有耐性？還是認知受損？又或者是這三種現象的組合呢？身爲消費者，她從體制中得到了她想要的事物……，眞是如此嗎？

每當一位老年人陷入危機（尤其是一些或可藉由及時關注細節而加以避免的危機），每個人都必須付出情感、身體、財務方面的代價。陷入危機會嚴重危及老年人的自信，特別是認爲自己可以復原到足以返回原本生活軌道的信心；此外，能否度過危機並重新恢復、振作起來，對老年人來說極爲艱難且充滿了不確定性。在「妥協」這一站時，盡你所能保持警惕並預先做好準備，阻止這種情況的發生。

## 在「妥協」這一站的實際任務

別因我在「妥協」這一站的「待辦事項」裡，所提供之建議的長度與細節而感到驚慌。我的建議會涵蓋這麼多的篇幅，是因爲**在這一站，審慎照料與及時干預可以創造出最大、最持久的改變。**

## 設身處地為他們著想

• **擴大行動策略**

企業廣告以及來自媒體、謠言、朋友的故事，促使我們全都爲共同的問題尋求藥物治療方法；但是，藥物治療有多重的後果。別老是先求助於藥物，就像調整飲食對便秘最有幫助，對消化不良也是；睡眠問題則需要經過分析並留意不良的習慣（例如晚餐吃太多、電視看太久、在床上閱讀、過晚攝取咖啡因以及喝酒等等）；憂鬱症可因多方面的作法而改善，包括運動、社會支持以及關懷傾聽。與衰老有關的問題，往往可以用有效的方案來替代醫療處方，共享交通工具、有償的兼職看護、按摩放鬆……，充滿人情味的接觸，或許正是舒緩老年人的孤立與焦慮之良方。今日，各式各樣的輔助、替代醫療或整體醫學，或許是最先浮現於我們腦海中的想法；但是切記，常規社會裡所支持的人際網絡始終存在，也是減輕老年負擔的一項傳統方法。你的家人是否願意參與個人化的社會投資呢？

• **學習醫生對相關疾病所使用的專業詞彙**

當醫生對你的父親做出另一項診斷時，請務必詢問任何你所聽到的新術語。不論老少，大

多數人都會出於禮貌（或者害怕被認爲無知）而不願意打斷時間匆促的醫生，以要求他們用易於理解的平常用語來說明清楚。**顱骨的**（cranio-）、**胃的**（gastro-）、**神經的**（neuro-）以及**心臟的**（cardio-），都不是眾所周知的用語，尤其對老年人來說。看診時能有第二人陪同聽取，或是利用錄音機錄下醫生的診斷，都是極大幫助；但仍舊要記得補充一點，就是你希望醫生能用「簡單的話」爲你說明。就拿我自己來說，即使經過多年努力去練習「慢療」所需的清楚溝通方式，我還是會發現自己有時不自覺地用上讓病患聽來一頭霧水的專業術語。

## • 對中年人研究調查數據的侷限性有所理解

眾多研究調查（包括許多藥物研究在內）基本上都不包含年紀較大的對象，因爲很難找到合適的老年病患來進行研究：他們自然而然會有點不情願；他們需要更多時間才能接受並理解新的細節；他們通常會有許多狀況同時發生，因此產生副作用的風險更大；此外，他們服用可能干擾結果的藥物也更多。缺乏對老年人適當的研究，轉變成醫學界中愈來愈多相關的爭議，亦即，運用「可能不適用於老年人的研究結果，卻向他們提出建議」是否適當。舉例來說，對八十歲以上的老年人進行前列腺癌、甚至乳癌的積極篩選與治療，實際上導致的問題可能比解決的問題還多；初期檢測到的極其微小、危險性不確定的癌症，往往需要更多的測試來確定，但這些測試會帶來風險、不適以及成本，卻沒有顯而易見的好處。而在醫生診間中進行的簡單乳房檢查或前列腺檢查，以及在家中即可進行的糞便潛血檢測卡，都是非常適合檢測癌症的低技術替代方式，這對八十歲以上老年人的健康會帶來截然不同的影響。你可能會發現，質疑醫生的建議相當困難，但不妨一試，醫生或許會相當樂見於你意識到他們每天都得面對的這類難題。

## • 評估你父母的「每況愈下」：身體、心智以及情緒各方面能力的流失

如果你與某位年邁的家庭成員除了通通電話，但尚未花時間陪伴過對方，或是你的探訪往往是匆忙而短暫的，那麼你可能很難觀察到在八十歲之後開始影響生活的微小損失。現在，開始與年邁的家人聚在一起幾天，或者更好的是定期一起來趟短程旅行，如此一來，可能會讓你發現很容易被掩蓋的改變以及他們喪失的能力——爸不再吃任何新鮮水果與蔬菜了，是因為他的假牙會痛？食物太貴？還是因為要花太多時間去準備呢？媽是否不再花時間打扮了呢？恐懼與否認可能還是會拖延對這些改變所帶來的公開討論，但這類基礎知識對於預防可避免的危機來說相當重要。

## •意識到來自「資訊社會」的壓力

現代文化是否使你的父母愈來愈困惑慌亂？許多當代文化中急迫而嘈雜的「嗡嗡聲」，都是出於商業性質的誘導話題，幾乎毫無持久的價值可言；對老年人來說，這些噪音往往只會創造出焦慮與恐懼。媽跟爸是不是成了電話推銷員與詐騙集團的受害者？「我應該更換電話公司嗎？保單？信用卡公司？」我們的消費飽和時代，用來自電視、電話、雜誌、報紙的資訊轟炸我們，尤其是關於所有老化的問題。新的「疾病」被放到市場上宣傳以推銷並提升藥物的使用，例如最輕微的認知能力受損、不寧腿症候群（restless legs syndrome）、胃食道逆流。在醫療報導與公共教育的掩護下，商業利益集團公布了不完整、未加分析判斷的研究與資訊，加速宣傳了快速醫療。對老年人來說，這場如洪水般來襲的數據與信息，著實讓人深感困惑與混亂。

鍛鍊大腦是必需的，然而對老年人來說，接受多重任務卻更爲困難——年長者所面臨的難題就在此兩者之間。如果老年人開始變得不那麼敏銳機警，或者更加擔憂不安，何妨關上這些靜電的干擾，提供他們電視以外的娛樂，從而轉移或消除令人困惑的信息來源，而用更多的實質刺激與培養感情的時光來取代。幫助老年人轉向紙牌遊戲或朗讀等共同活動，引導他們遠離來自電波大軍所引發的憂心以及令人恐懼的信息；把重心放在老年人個人現有的優勢與樂趣，正面地關注他們可以做到什麼，而不是他們丟失了什麼。可遵循的主要原則是：「更多的活動，而非更多的資訊。」

## •掌握「成本」與「價值」之間的差異

也許有新的東西正在上市：醫院的某項複雜檢測，可以「排除」某種可能但罕見的診斷結果；或是要價三千元的一系列物理療法，可以治療長期疼痛的膝蓋；或是某種新的抗關節炎藥物，每年要花四萬五千元；或是某個自然療法的醫生所推薦的營養補充品，他的診間就有賣，一年只要一萬八；或是，某個朋友最近從佛羅里達打電話來問我的一種好得不得了的「四合一綜合療法」，可以同時篩檢骨頭的軟化（骨質疏鬆）與動脈的硬化，只要三千八百元。每個人都在賣東西。身處在內飽受壓力、對外施加壓力的醫療照護體系中，被焦慮推著走的我們鮮少能冷靜地接受建議，從而能多花時間深思熟慮地選擇，並決定我們被推薦去採用的照護或治療的真正效用或價值何在；事實上，一旦決定某項建議之後，通常沒有多少時間可以讓我們進行討論或尋求其他人的意見。病患往往會因質疑或表達異議而被迫感到羞愧。可悲的是，在目前的市場情況下，我們對眞實價值的正確評價只能在事後回顧。切記，大多數主流商品與替代商品的提供者，都能從他們的推銷中獲得某種程度的金錢利益；這正是快速醫療所潛藏的一項特性。

## •重建健康的基礎

**重獲並保持健康的基礎，正是抵禦未來危機的最佳保障。**回到之前「穩定」的第一站，一切都進行得很順利，你也仔細地評估了家中老年人的健康習慣；當時，並沒有立即的動機去做出任何改變。但是，現在情況不同了，或許你的母親面對著逐漸升高的血壓，她的腳踝開始有點腫脹；或許她會有些頭暈目眩或是更頻繁的腸胃不適。好在你與母親已達成共識——改善她照顧自己的方法（飲食、休息、運動、社交活動、深沉思考、靈性實踐），藉由緩慢而耐心地強化她的體質，幫助她安然度過晚年旅程上「妥協」的站點。她的醫生也會同意這個做法，但出於習慣使然，他們還是會關注在問題與虛弱的部位上，並提供醫藥作爲首要的解決方案。這是他們的職責所在。不必拒絕處方藥物的選項，但一方面也要鼓勵你的母親努力建立起她全面性的強健基礎。事實上，你們可以一起努力，你可以學習如何陪伴她、如何爲她加油打氣；你或許會發現，她可能根本不需要那項藥物，或者她根本不需要長期服用。

當你母親的身體隨著年齡增長（以及疏於自我照護）而逐漸衰弱，新發現的問題遂被轉換成「診斷」，然後寫入她的病歷之中；因此，到她八十多歲的時候，她病歷表中的「問題清單」往往已經有一長串了（八到十二個項目是很常見的）。即使你的母親每天都感覺相當良好，她可能還是得聽命於這份問題清單，服用固定的藥物；因此，你當前的工作就是要在朋友與家人的協助下，將你母親的個人長處逐項列出：「還可以走上三公里」、幽默、不屈不撓、頑強固執以及各種性格特質都算在內，並設法努力與專注在如何恢復她可能失去的其他能力。我們的醫療照護體系並未關注於「健康」面向，聯邦醫療保險也不會支付有助於恢復健康的一般性服務（不妨嘗試雇用整體醫療照護的從業人員〔他們往往在找出積極優點方面做得更好〕，作為讓她關注的一個方法）。

## • 尊重你父母的自主權

「爸一直都是這麼與眾不同。」那麼，給他機會去仔細思索最新的問題，看看他會想出什麼解決方法。隨著年齡的增長，統計的鐘形曲線（bell curve）不僅變寬、也變平了許多，人們在身體上、生理上、尤其是心理上，都變得更加獨特。老年人在晚年時，彼此之間是如此地截然不同，以致於每個人對不適、壓力以及疾病的反應都不一樣；因此，不妨讓你的父親花上一段時間去尋找解決問題的方法。愈來愈多忙碌、效率導向的醫生幾乎沒有時間反思，只會治療疾病；但從另一方面來說，家庭直接面對的「高度複雜個體」，也正是膽量、決心以及韌性

的驚人（有時是隱藏的）泉源。給你的父親一些時間，讓他有機會找出眞實自我與個人化的方法去面對自己的改變；他可能會讓你大吃一驚呢。

## • 在大型的照護與保險體系相關事務上建立起信心

新的健康問題帶來了五花八門的帳單，與來自聯邦醫療保險及其他保險業者的通知單。在「妥協」這一站，你可以預期看到新的（而且往往是互相衝突的）賠償代碼、不熟悉的縮寫、大量的數字、驚人的高昂費用——有些可能還不涵蓋在保險範圍內。**對六十五歲以上的人來說，大約有百分之三十的醫療費用必須自費支付**。定額手續費（copayment）增加了，新的藥物成本也提升了；一個家庭除了要考慮保證用了會有所突破的最新療法，還必須考量各種選擇將如何影響他們的可用資源——包括金錢、情感、實體各方面。昂貴的藥物療法是否會花光這筆錢？或許這筆錢可以做更好的運用，爲老年人與他們的照護者提供更多、更好的社會支持？隨著愈來愈多的妥協不斷產生，爲未來的工作奠定基礎顯然是必要之舉；在出現「新的定額手續費」或是「保險未給付」的危機前，家庭中的每個成員都應該開始準備好去面對、理解複雜的醫療保險文書。也由於這個問題幾乎不可避免地會隨著時間的推移而涉及成年子女，現在就開始參與這項艱苦的工作是十分合情合理之舉。

**• 練習在相互依存的關係中進行決策與運作**

除了危機之外，還有什麼突然出現的機會，可使家人為往後的艱難時期一起練習與發展技巧與習慣？像是較複雜的牙科護理、常規的白內障手術、選擇性的關節置換手術以及後續的復健治療方案等等（或許甚至是結腸鏡的檢查），都可以成為一連串練習逐漸參與的好時機。許多的醫療程序，醫生都用「別擔心，我們做過很多次了」的說詞來加以介紹，以一種可理解的努力去減輕每個人的焦慮。事實上，許多老年人的確在沒有任何家人關注或參與的情況下，經歷了這些醫療手術；但既然身為成年子女，你可以順勢深化你對父母的認識，並且理解醫療照護體系如何運作，同時也磨練你的個人技巧。

**• 練習觀察而非干涉**

當你跟父母一起去看診時，記住觀察的概念（亦即，專心觀看、傾聽以及感受，但不接手掌控）。雖然在你自己家中與生活中，你可能已經習慣掌控活動的進度與形式，但在此，你並無掌控權，至少還沒有。當你在教你青春期的孩子開車時，你或許已經有過這種克制自己、忍住不說的經驗。現在，你的任務就是觀看與學習。

觀察一下，當你簡單與及時的關注小事時，對於維持你父母脆弱的幸福生活來說是多麼地

重要。在你父母變薄脆弱的皮膚破裂及出血而容易受傷感染之前，可以先解決他們皮疹、搔癢、皮膚刺激與不適等問題；牙醫可以發現他們是否有發炎的牙齦、疼痛的假牙，或甚至潛伏的膿瘡妨礙了咀嚼，進而干擾攝取營養。大部分的問題都不需要緊急處理，你們一起共度的時光將可爲未來的理解與信任建立起堅實的基礎；之後，你可以一次提出一個你所擔憂的問題，看看你的父母是否會去關注與處理。

## • 以溫和態度面對老化、接受疾病、挑戰不適

若能在你的腦海中區別出**老化**、**疾病**以及**不適**這幾個概念，那麼，你就能準備好以更佳的理解與深度來討論「健康」了。但要注意：醫學界並非往往能夠很適當地區分這些用語，**老化**指的是身體會隨著時間而逐漸衰弱、不可避免的自然過程，通常可以藉由跟同儕比較紀錄而準確地識別出老化的改變；**疾病**指的是由醫生與醫學所定義的身體異常現象，有可能隨著時間推移而導致問題出現；**不適**的最佳定義就是「生病」，身體失去功能或感覺不舒服的狀態。身體不適通常是由疾病所造成，雖然某些潛在的疾病或許不易被辨識出來。

要留意的是，隨著**老化**而自然發生的改變，現在愈來愈常（或許並不恰當）被認定爲**疾病**，即使這些改變並不必然會導致身體確實的**不適**。每隔十年，就會調降高血壓數值的定義

（愈來愈低），以至於到現在，在八十歲以上的老年人裡，大約有百分之五十都被貼上了「高血壓」的標籤；數值稍高一些、輕微的血糖升高，便從「適齡症狀」變成了正式的「糖尿病」。而自然會隨著年齡與使用而磨損退化的關節，也在這樣的過程中（通常是在X光出現之後）不知不覺被命名爲「骨關節炎」。隨著年齡增長的輕微記憶力衰退，也與時並進地成了「阿茲海默症」。這類的例子層出不窮。**我們不過度恐慌地接受年邁親人必然會被貼上「疾病」的標籤，而是把注意力放在對老年人健康的眞正威脅上，也就是健康的崩潰與衰竭（實際發生且往往是可預防的不適症狀）**。在任何不適症狀突然產生之後，你當然應該關注於治療導致不適的明確疾病，但同樣重要的是讓你的父母回過頭來，在基礎的健康習慣上多花心思，進而強化他們本身的體質。

### • 當個警覺的照護者，了解你父母的反應風格

對你的父母跟你來說，這是一場多麼微妙而棘手的雙人舞——你得知道如何對他們每天所感受到的改變作出正確的反應，然而這對他們自己來說是愈加困難的，因爲隨著年歲漸增，他們會更容易感受到各式各樣的身體不適。你的母親跟她的另一半、她的朋友、她的家人、她的藥劑師以及她的醫生說了什麼？久而久之，病患與家人都能藉由特別關注新出現的感覺或知

覺，來調整他們的意識與覺察。讓她談談長期以來的輕微眩暈發生時的狀況、手腳冰冷、午餐後的睏倦感，以及現在跟「以前我可以走上一整天的時候」比起來的疲勞倦怠感。如果你希望能幫助她理解新的感覺或症狀，或許需要撥通電話到她的醫生診間以便緩解她的憂心。

我們要牢記的一點是，其他韌性更強的人或許可以整天對某些突然出現的新症狀置之不理，但有相同輕微症狀的老年人發病的時間可能會更快，諸如溫度的改變、有些噁心的感覺、食欲不振、頭暈目眩……等等，都不能等閒視之。從我的老年醫學行醫經驗中，我學到了細心留意永不嫌多，往往與十位剛開始「感覺不太舒服」的患者簡短地通了電話，結果只是為了解決其中一個的狀況；但如果沒有迅速地發現、確認嚴重的不適症狀，並加以治療，真正爆發的可能性就會大幅提升。**這正是照護者的警覺性所發揮的重要作用，也對「妥協」這一站的成功與否至關緊要。迅速而熟練地掌握不適的情況並尋求幫助，掌握時效可以改變一切。**如果你能對症狀與不適保持警惕，及早發現、評估並且快速地回應，你的家庭或可藉著保護家中長者晚年孱弱的體質，並引導他們日漸消退的能量與鬥志，成功地延緩他們更進一步的衰退。心臟病發作或是未經治療的早期肺炎，都可能會讓老年人在醫院裡躺上數週，還得承受再次發作的風險。然而，透過早期反應與治療，甚至可以讓老年人留在家裡休養就好。因此，在令人擔憂的新症狀出現時，應及時尋求醫療的協助。

• 觀察心智衰退的模式

說到我們的關節時，我們知道什麼叫好日子跟壞日子；我們的心智運作也是如此，我們往往會在心裡保有一份非正式的清單，記錄下我們每天有什麼樣的感受。我們的世代比較習慣的說法是生物節律。發生在老年人身上的認知能力衰退（處理新信息的能力）也可能是由於短暫疲勞、情緒變化、壓力、憂鬱、早期病症、藥物以及許許多多其他的原因所引起的。媽的聲音是否變得較爲虛弱？她在傍晚的電話中是否聽起來有點困惑？這是因爲她傍晚喝的雞尾酒，或者她只是累了的緣故？許多（即使不是大多數）記憶與思考上的日常變化似乎深具威脅性，但是當親人與照護者了解改變是何時與爲何發生時，就不那麼令人擔憂了。

## 建立你的支持團隊

• 認識老年人的朋友，並贏得他們的信任

當我的岳父生了重病（在最終的末期時）躺在加護病房、等待家人從距離遙遠的城市紛紛趕來時，是他多年的好友們提供了協助，引導全家人進行對他的照護事宜；我的岳父組成了他的支持團隊（雖然他並未這麼稱呼），團隊的成員在需要時適時地出現了。當我的母親需要若

干居家協助與照料時，她的兩個年紀較輕的朋友也義不容辭地介入幫忙。事先確認你家中的老年人在日常生活中會求助的支持者，培養並珍視這些往往被低估且未被充分利用的關係。

## •與一位醫生朋友建立起信任且對等的關係

多年前，個人家庭醫生的故事很常見——他通常被描述爲一位善良或是硬梆梆的老紳士，照看著身體虛弱的祖母，或是病得太重、無法被帶去診間看診的孩子；他知道這些服務家庭的好些事（即使不是每一件事），而且在這些家庭需要他時，他都會在。年復一年，他成了這些家庭的朋友。這種全科醫師的日子，基本上已不復存在，但許多老一輩的人都十分懷念家庭醫生可靠的存在。

今日，在我們分崩離析的醫療體系中，要得到任何明智建議的唯一方法，似乎只有朋友或家庭成員在醫療業界才有辦法。而通常家庭所尋求的也並非最先進、市面上可得的科技照護選項（像是某些可以在網際網路上輕鬆找到的東西），而是如何與體系中的正確部門互動、在採取特定行動方案之前該問什麼問題，以及（或許是最重要的）對家庭可能面臨的狀況提供客觀而平衡的看法。

如今，在私人醫師與老年病學專家匱乏不足的情況下，「醫生朋友」的角色已然擴展至只要有熟人是護士、護理從業人員、專科醫生、替代療法的從業人員，都可以並且都會擔任這些角色。在有需要時，不妨環顧周遭、看看有誰可以幫助你的家庭，由一位知識淵博的專業朋友來解決問題，在初期來說是相當不錯的策略。如果你碰巧是經由另一區的電話而獲得建議，你也會更能理解所謂「正確作法」的差異程度有多大。

## • 找到對的醫生並建立起協同關係

在你支持團隊裡的下一位成員（如果你可以找到），是確實參與你家中老年人照護工作的醫生，他同意在你的摯愛之人有需要時，無論何時何地都會伸出援手——這個承諾並非意味著他一定會實際到場，但是的確意味著他認同以部分的行醫精神，訂定了一項協同關係（也就是深刻而持久的個人承諾），在你摯愛之人的生命變得複雜而醫療照護變得非人性化時，他成為你們的「首選」醫生。許多醫生承擔了超越其職責範圍的角色，不論是在診間之內或之外；其他醫生也希望這麼做，但由於雇主或行醫環境不接受此做法，因而承受了負擔與約束。**詢問醫生，「是否有空與病患及家屬談話？」，是絕不會錯的，即使問題超出了他們最專業領域的範圍**。詢問醫生，「在緊急狀況之下、隨叫隨到的處理範圍中，他們的例行事務為何（尤其針對老年病患）。」；詢問醫生，「當病患有照護需求時，醫生是否有意願與『探訪護士服務』合

作，或是到養老院提供服務？」醫者們則要多加體諒並願意妥協，因爲這些日子以來，每個人都捉襟見肘、疲於奔命。如果你可以找到這類慢療的醫生，並可以跟你爲家中老年人所組成的支持團隊合作，你無疑已朝著提升照護的正確方向邁進了。

### • 考慮與兄弟姐妹共同照護的未來機制

雖然成年子女不需要有年長的父母在場仲裁才能進行對話，但在早期階段即展開一些未來需求的非正式對話，也不會有任何損失（「成年子女」包括了所有的女婿與兒媳；當情感紐帶夠強大時，也可以把前兒媳與女朋友都考慮在內）；溫和地試著去呈現個人在未來觀點與承諾上的差異性。要留意的是，許多問題都會導致衝突，且這些衝突也不會立刻被解決而對照護工作有幫助；不妨關注於家庭成員思考與爭論的方式，因爲你將會在壓力更大的情況下面對這些模式。有時，並不是家庭中所有的成年子女都適合成爲支持團隊的成員，盡可能明確劃分責任與決策，並徵得每個人的同意。

### • 讓孫子女意識到未來的挑戰

以下是令人驚訝的事實：在這個生命階段，年長的孫子女儘管與祖父母之間有著隔代分離，但他們的成熟度與洞察力卻可能是最佳組合，可從旁對家中主要成員提供實用與關愛的建議。此外，他們也習慣於邊做邊學，而不是爲做而做。姪子、姪女、外甥、外甥女等，都可以成爲團隊中的忠實成員。

### •展開感謝的對話

當支持團隊中的成員藉由履行與完成工作來展現他們的承諾時，不妨讓他們知道你們是多麼地感激；團隊成員也包括了醫療專業人員，他們會因爲獲得良好回饋而備受鼓舞。你要知道，許多對老年人來說至關緊要的照護，並不符合聯邦醫療保險的支付條件；因此，這些照護可能是付出時間與關懷的禮物，要心懷感激。

### •找時間更頻繁地探視與打電話

別忘了「八十歲之後開始倒數計時了」的事實，現在就多找時間並培養習慣，與你的父母更頻繁地聯絡。再沒有比現在更好的時機了，因爲一眨眼之間，每一件事都可能出錯。開始與你的父母說說話、打電話，或者固定寫字條、明信片給他們；聯繫的時間不一定要很長，只要讓你的父母知道你是可以信賴且在乎他們的。

（給老年父母的訊息：這種聯繫往雙向發展都行得通，別介意進入你成年子女的忙碌生活之中，他們將非常感謝你的分享。現在就開始聯繫吧，如此一來，日後你的孩子會有更充足的準備，能夠更有信心地說，他們完全知道你希望獲得什麼樣的照護方式。）

• **記錄基本的故事與記憶**

如果你的家族中沒有任何人是抄寫員或檔案管理員，現在就是創建一個的時候了。同時，也是時候讓成年子女加入他們的母親了，她可能還在幫其他人製作剪貼簿呢。日後，當你在養老院中坐在她的輪椅旁時，拿出集結起來的回憶將對她大有幫助——這些照片與故事會是少數她有反應的事情。在晚年旅程的每個站點，被回想起來的往事將提供許多附加價值；在許多家庭中，如果沒有最初開始的人，這會是一份難以輪流擔任的工作，所以，堅持下去吧！

## 醫療照護的參與

• **把「慢療」帶進醫生的診間**

我的意思並不是說，因爲採行了「慢療」，你就得在醫生的診間花上更多的時間（對大多數老年人來說，這件事是可望而不可求的）；而是指，在給定的看診時間中充分吸收醫生提供的診斷等資訊，之後再花更多時間去消化、整理醫生的建議。最近的研究發現，孤身前往看診的病患從醫院診間離開時，對於才剛聽完的複雜資訊，所記得的內容十分有限；而當這名病患又是老年人時，離開診間時能帶走的清晰理解，更是少之又少。利用錄音機錄下對話，也是與家人和照護者分享資訊的一個方法，但醫生可能會對這種錄音設備感到不安，覺得有威脅感。因此，若是有家庭成員或朋友陪同前往看診，將有助於強化整體的理解與記憶；當傾聽者不止一人時，醫生也會傾向於說明得更清楚、解釋得更徹底而仔細。

寫下對特定問題的觀察、逐項列出擔憂的重點，並讓你母親帶著這份筆記前往看診，藉此你可以幫助母親先做好看診的準備。專注在對你跟母親都很重要的事項上，別只湊合著接受血壓、體重、用藥等的快速複診；如果醫生在這次看診時沒有辦法提供你們足夠的時間，也別見怪，把你所擔憂的問題清單留給醫生，請他或她想想這些問題。在這一站，你最想爭取的就是醫生所提供的意見與支持（慢療的要素），而非亦步亦趨、密集的連鎖反應，否則到頭來只是照著醫療標準流程，讓你的母親來回奔波於不同的疾病檢測之間。醫生極可能很希望在病人身上多花些時間，然而充滿壓力、時間就是金錢的快速醫療體系，卻剝奪了我們的時間與品質。

## • 留意四分五裂的醫療照護體系

在你面對這種情況之前，你可能不會相信，大部分的醫療照護都是單獨分離的「孤立單位」，單位與單位之間幾乎沒什麼溝通。醫生的診間紀錄不會送到急診室，醫院與養老院在病患的用藥上也沒有良好的溝通；測試報告被誤置或是只能在醫院的電腦上取得，養老院無法取得或檢視。病患與家屬會覺得自己從這一站被彈射到下一站，身後則拖曳著一堆病歷紀錄。你會遇上不同的專業行話與術語，以及各式各樣的書面作業、規則、保險代碼、供應商與「文化」。設法找到習於一起運作的組織與專業人員，舉例來說，在生活協助住宅中，「醫院」、「居家照護」和「長期照護」之間有著正式的聯繫與合作關係；即便如此，也不是每一次能夠有完美的協調結果，但仍會有幫助。

## • 要求協調一致的照護

老年醫學專家知道，要對老年人提供良好照護，需要採取團隊的方式。別對提出問題感到遲疑，詢問你父母的醫生、其他醫生們或照護團隊，到底如何以及何時打算彼此協商、協調想法、討論內容與計畫。當牙醫想要對你父母的牙膿腫動手術時，請你具體地向牙醫說：「這是我母親腫瘤科醫生的電話號碼，可以請你打電話詢問他的意見，然後如果有與你推薦的作法不同的意見，可與我們討論嗎？」拒絕或無法溝通的醫生會使風險大增。

## •開始監控藥物的使用

許多藥物往往是由不同醫生開的處方，你的母親得每天、早晚，或甚至更頻繁地服用。「早餐之前服用」、「空腹時服用」、「跟食物一起服用」、「進食之後立即服用」……，光是應付這些藥丸跟不同的劑量，對每個人來說就是一項挑戰了。「她上次看診時，眞的停了粉紅色的藥丸嗎？綠色藥的藥劑量不是減少了嗎？」、「她現在已經『治癒』了，還需要吃以前有狀況時去看醫生所開的藥嗎？」我會建議你把所有的藥裝入袋中，在你父母下次看診時一起帶去，一一檢視用法、是否要做任何變動或停藥。接下來，把所有過期或是不需要的藥物扔掉（可惜的是，這些藥物無法被合法地轉給需要的人）。或許你已經幫父母購買了有不同顏色區隔的加大藥盒，用來識別一週七天早晚的用藥；或許你已經被指定爲看管藥盒裡每週用藥是否正確的人；「媽，你已經在星期二這一格放了一顆藥了。」你母親的眼力已經大不如前，手指也沒有以前靈活了，別以爲她能正確地完成這項重要的工作。

在日常的後勤問題之外，還有一些應該定期詢問父母並與醫生討論的一般性問題。「你覺得，這個藥眞的有讓你感覺比較舒服嗎？」、「我的朋友芭芭拉說，服用這種藥會讓她的聲音

變得虛弱。」換句話說，你們正在談論的藥物，到底是會舒緩症狀，還是有可能會引發症狀？你的父母會吃這種藥，是否是因爲他們換了醫生，而這位醫生並未重新評估他們整體的日常用藥？還是因爲某些研究（了解研究的細節可能很重要，舉例來說，這些研究是否由販售這些藥物的藥廠所資助？）證明了此項藥物對**某些人**會帶來**某些好處**（你也必須對此有更多的了解）。來自統計數據或是一時流行（例如我在電視上有看過這種藥）的理由，截然不同於你父母實際服用後所確認的情況，亦即他們開始用藥後所注意到的好或壞的差異性。你必須留意是否有任何證據顯示，該研究與你父母這個年齡層有關；除此之外，設法釐清這些藥物到底可以對他們產生什麼效用，是開始了解他們用藥難題的重要面向。

在藥物研究中，往往有百分之二十到三十服用安慰劑的人會說他們感覺變好。主流醫學也經常採用這個論點來解釋，爲何使用順勢療法與草藥醫學的病患可能會說他們感覺變好了；但是，要把安慰劑的光芒聚焦在科學處方的藥物上，就沒那麼容易了。是否值得冒服用強效藥物的風險去獲取安慰劑的效益？與父母的醫生一起檢視選定藥物的效果如何。或許愈少才是愈好呢。

## • 接受藥物需經反覆試驗的現實狀況

老年醫學專家知道，大部分旨在舒緩症狀（而非降低血壓或改變甲狀腺檢測結果）的處方藥都需經反覆地測試；因此，為了降低副作用，最好**將劑量保持在所需的最低限度**。要注意的是，一旦開始使用藥物，我們往往會忘記「減少劑量」是有幫助的，以看看是否預期的效果仍然存在。對老年醫學專家來說，值得關注的第二個問題，就是我們未能透過密切監測新藥而偵測出可能副作用的常見疏失。老年人經常被要求在開始服用新藥或改變劑量之後，長達三到六個月才回診。對於尚能迅速恢復的中年人來說，這段延滯時間的風險還可接受，但是對於八十歲以上的老年人來說，他們的生理機能已經改變而且容易受損，這麼長的回診時間往往會使他們最後只得緊急接受住院治療。光是與藥物有關的問題，就造成了百分之三十的老人住院治療；所以，在你父母開始服用任何藥物或有任何劑量上的改變時，你必須對細微的副作用保持高度的警戒。

## • 保留個人的醫療紀錄並與家人分享

若要確認你對正在發生之事的理解程度，與你父母的醫生比較雙方的紀錄、交換意見是個好方法。要做到這點的方式之一，便是鼓勵你的父母持之以恆、或者是在你的幫助之下，寫

下一份個人的醫療紀錄；而在這份日誌當中，他們可能會指出他們對自己的醫療問題有多麼了解，他們被指示要如何去照料這些狀況，以及他們覺得自己用此方法做得如何（顯而易見，這是分享資訊、加強親密感以及進行對話的絕佳練習）。像這樣個人化的紀錄保存方式，最近更被廣泛地推廣給必須如實監測數字的疾病患者，譬如高血壓、糖尿病、充血性心臟衰竭等。保持此紀錄的簡單易讀，並在每次看診開始時先與醫生的護士分享這些紀錄——或者詢問你可否用電子郵件寄一份最新紀錄的副本到醫生辦公室，讓醫生在爲你的父母看診之前先行檢視。愈來愈多的醫生會利用電子郵件與病患保持聯絡，但是別讓「電子看診」取代了父母（與你）定期會見醫生的門診機會。

### •開始熟悉新的醫師照護模式

所謂新型的「訂購醫療業務」（subscription practice）（或稱「精品店醫療業務」〔boutique practice〕、「特約醫療業務」〔concierge practice〕）正迅速增長，以塡補我們醫療體系的缺口。只要支付一筆個人的年度費用，這些醫療業務就會提供額外的醫師級服務，包括通常不爲聯邦醫療保險或其他保險計畫所涵蓋的預防、諮詢以及協調照護等服務。有些醫療業務還提供可調整的收費標準，使得非急性服務的價格更爲實惠而親民。眞正慢療的「未來施行方式」，很可能以聯邦醫療保險與醫療補助所贊助的 PACE 整合照護計畫（亦即全方位老年照護計畫）爲藍本。這些以老年人爲對象的醫療業務，是專門透過醫生與執業護士所領導的團隊，在家中或社區中提供照護；當此項計畫在二十年前展開時，最初的重點是放在身體虛弱與認知能力受損的老年人；但如今，計畫的涵蓋範圍逐漸擴展，且皆以家庭爲中心，代表了慢療的最佳實踐。你可以尋找居家附近是否有類似的計畫。

現在，雖然步調加快了，但你及時參與所獲取的回報，比以往任何時候都來得更爲豐厚。你是否發現自己也在「否認」、而與你父母有相同反應：「我一直都這麼健康，這種事怎麼可能發生在我身上？」你的父母或許不需要在頃刻間去克服、超越他們的否認心態，因爲那或許是他們能夠繼續把日子過下去的原因；但你必須盡快努力去解決你的否認心態，因爲你有眞正的工作要做。現在，你必須進入他們的生活圈、讓他們與你分享他們的觀點與看法，這並不總是輕而易舉的。你父母可能會說：「親愛的，你這麼忙，我覺得你不參與也沒關係的。」然而現在，你需要投入時間與精力以充分了解他們的新問題，並使你自己成爲他們的一項資源；你需要去了解他們所面對的當地醫療照護體系，這一切甚至可能需要你在努力理解父母所面對的問題時，準備好與他們以及他們的醫療顧問產生某種程度的衝突。「我知道瓊斯醫生說什麼，但我們能不能一起多花點時間去了解、思考這項檢驗的結果？」這樣的參與方式或許會讓你感

到不自在，你的角色是什麼？你應該、或是可以努力到什麼程度，以對抗你父母的頑強抗拒呢？當你與醫療體系產生正面衝突時，你可能會產生挫折與焦慮感——你是否願意去妥協自己的強烈觀點以及尋求朋友支持時的抗拒心態呢？

要有信心。這是投資「預付款」的時候，而時間是站在你這一邊的。相信藉由你的警覺，並以堅持不懈的努力找出方法進入你父母的生活，對於避免危機發生，將帶來非凡的價值。雖然這會開始讓你付出一些代價，但切記，你還只在這趟登山旅程的山腳下而已呢！一切都只是爲了即將到來的繁重任務所做的訓練與準備。

# 第三站 危機

「我不敢相信她住院了。」——姐妹

柏莎在夏天時來我們家暫住之後，又回到了她自己的公寓；過了幾週，當時她正洗好澡，還坐在浴缸淺淺的洗澡水中，她發現自己的腿不能動了，即使抓著裝在浴缸上方支撐用的安全扶手，她還是無法站起。而且，她抓不到那條就掛在馬桶旁、令人著急不已的生命線。過了很久，水都冷了，柏莎還是不知道該怎麼辦；當時很晚了，她本來在看電視上的一場籃球賽，她當然不希望大聲呼叫，然後光著身體被鄰居發現。等到水冷到開始讓她發抖時，她讓水流出浴缸，設法只靠雙臂把自己撐高、好攀爬過浴缸的側邊，但是行不通；經過多次嘗試之後，柏莎愈來愈冷、愈來愈絕望，但她終於在浴缸側邊笨拙地托起自己的身體，高到足以伸手抓住馬桶底部的距離；又拉又拖、造成無數的扭傷與擦傷之後，她終於像一隻海豹一樣，碰撞、滑行到地板的浴

墊上；她在那裡休息了一會兒，還是無法站起或伸手去抓那條無用的生命線。最後，經過一番筋疲力竭的痛苦折騰，她像個突擊隊員般用雙臂把她自己拖到地板上，匍匐前進到她的臥室。第二天早上，當她沒能把「我沒事」的小牌子掛在公寓外頭的門把上，公寓的管理員便開門進入，發現她渾身都是擦傷與瘀傷、疼痛不堪。

我痛心地得知當地醫院的評估結果顯示，柏莎有新發生的肋骨與脊椎骨折；而未加控制的糖尿病與危險的低血鉀，促使她的腿部肌肉失去了力量。柏莎待在醫院臥床休息了兩天，發現在她所有病症之外，最麻煩的是在肺部還有一個血塊。這個故事十分典型地呈現了老年人生命中所出現的「第一次危機」。

在第一次危機的轉折點上，我鼓勵家人立即採取行動。在「妥協」的上一站，你學會了保持警覺並培養出準備就緒的態度；現在，波瀾不興的平靜日子已經結束——「危機」這一站的軌跡是短暫的、突發的，基本上會無法預料地落入危險的水域之中。你可能人在數百公里之外，「危機」並非你所期待之事。但是，你必須釋懷所有的「爲什麼」以及「如果」，並專注於「現在怎麼辦？」要了解，儘管你一向保持警覺與謹慎的努力，有些危機仍然是不可避免的。突然之間，你的父母與你，已遠非你的能力所能掌控：你的父母能回到之前相對平靜的

「妥協」站點嗎？還是會就此誤入後面的站點，再也找不到回來的道路？現在，是時候去思考「損害控制」了。

根據我的臨床經驗，「危機」這一站，通常以家庭應準備面對的五項要點爲特徵。首先，某些劇烈的改變會啓動整件事接二連三地發展下去，在你跟家人們意識到之前，已然陷入了一連串的事件當中，只能在極爲陌生且令人驚恐的情況下拚命緊抓住彼此。以下，讓我們逐一檢視這些要點，讓你得以從你父母的角度去理解這些經驗。

**1.健康或環境的急遽改變**：某個令人恐懼的危機，始終伺機而動著；雖然你一直努力阻止危機發生，但無論如何它都必然到來。「急遽的改變」會以各種形態出現，也可能由各種情況所引起，包括突如其來的意外疾病發作（嚴重的感冒、流感、肺炎）；突發的意外（跌倒或車禍）；失控的慢性疾病（需要更多胰島素加以控制的糖尿病，或是由於充血性心臟衰竭或肺氣腫加重所導致的呼吸困難）；或者是老年人已到達忍耐的極限（也就是說，他們在目前的生活安排當中已耗盡了韌性，無法再承受更多壓力）；也或許，其實是照護者已經筋疲力竭、家人或朋友不知所措的焦慮感等所導致的問題；還有可能是因爲乳房腫塊、血尿等新的健康問題出現；又或許，是因爲老年人被轉到另一個不熟悉的所在或轉介給陌生的醫生，從而導致絕望的

反應。有無數的可能性存在，每一種可能性都會引發特別狀況的緊迫性與令人擔憂的煩惱。

**2.前往醫院的交通工具**：要留意的是，即使在最初的健康危機出現之後，還有一個籠罩著陰影的額外危機，亦即爲了前往進行醫療照護而選擇（或者當時的情況其實沒得選）的特定交通工具。你的母親是否會由能夠冷靜交談的家庭成員，以從容的方式護送前往她醫生的診間（或是當地醫院的急診室）？通常預設許多老年人（尤其是獨自生活的老人）會發生的情況是：某通打去一一九的電話（撥打的人往往是被嚇壞的鄰居），說發現你母親處於生病或者迫切需要醫療協助的狀況。救護車會確實去到你母親的醫生享有優先特權的醫院嗎？或是會帶她到最近的急診室？你知道這些醫院的名稱、地址、電話號碼嗎？

想像這類的醫療介入會讓人多麼地心煩意亂。你母親的私人健康狀態，頓時成了她公寓大廳中諸多揣測的話題與好奇張望的對象，因爲突然之間，她的房間有穿著不常見制服的陌生人進進出出，然後他們會來到她身邊，測量她迅速上升的脈搏、用帶子把血壓計固定、放入靜脈注射的管線，並尋找她的藥物。陪著她的醫療人員能找到貼在冰箱門上的藥物清單以及家人的電話號碼嗎？發生的事情不一定都有被加以解釋。她現在被嚇壞了，而且經歷了失去尊嚴與自我控制的過程：這些人要帶她去哪裡？接下來會發生什麼事？或許緊急醫療救護員會在她的口鼻放上氧氣面罩，或許他們會把她綁在一副擔架、把她抬到街上去。

這趟救護車的運送路程不論長短（從鄉村地區出發的話，可能路程頗長），都充滿了令人恐懼的事物——閃爍的燈光、示警的鳴笛聲、穿越繁忙的車流交通、彷彿幻覺般搖擺的一堆管線、只要停下來就會搖晃的神秘設備閃光；如果你剛好人在那裡，不妨爬進救護車、握住你父母的手，陪他們一起經歷這樣的過程，言語與舉止表現得平靜而沉著，光是你的在場就足以讓他們感到安心了。

**3.急診室的經歷**：或許數年前你曾經在急診室待過幾個小時，等待醫生幫你兒子的斷臂照X光並幫他把骨頭復位。或許從那時起，你就會固定觀看電視影集《急診室的春天》，並認爲你對於那裡所發生的各種狀況已經相當了解：帥氣的好萊塢工作人員、面對緊急狀況的戲劇化反應，以及最後的高潮——亦即，由睿智的醫生在他們以木頭鑲嵌的辦公室中，有條有理地說明該狀況的英勇處置。但是，在平板電視上觀看這類精心安排、整潔無菌的情節，與你陪伴摯愛之人、並作爲他們唯一代言人所經歷的陌生場景與混亂經驗，幾乎毫無相似之處。你或許並不了解他們的標準醫療流程或隱晦難懂的行話，或許還會發現自己被完全排除在狀況之外，並且被困在急診掛號櫃台填寫一大堆的表格資料；家庭成員往往在最需要彼此的時候被分開，是十分常見的情況。

面對這種新狀況時，你的父母與你最先會遭遇到的困境之一，就是你們即將經歷到身分的突然喪失。急診室的人員從來沒有見過你的父母，除了生命跡象的簡要說明與救護車醫療團隊草草寫成的紀錄，他們並不知道你父母的姓名、情況或歷史。忙碌的陪同人員或許也不認得你是誰、不知道你跟你父母的關係，或者你爲什麼在那裡妨礙他們的工作。在許多社區，一趟前往急診室的行程（即使是由醫生在電話諮詢或門診諮詢之後爲病患預定的行程），意味著與日常照護的突兀脫節；危機發生時的倉促狀況，往往會引發你父母的醫生辦公室中醫療紀錄資訊不足的問題，新的醫療人員雖然陪同著你的父母，也無法從他們完整醫療史的前因後果來了解當前的狀況。更糟的是，危機往往發生在沒有醫生門診的夜間或週末時間，而指定的值班醫生對你父母的狀況可說一無所知。

除非你的家人持續自行記錄著你父母的健康狀況以及每日服用的藥物與劑量，否則在這麼短的時間內，要醫療人員去了解你父母的進階日常生活活動、中級日常生活活動、日常生活活動的確實功能水平，或是醫療問題的完整清單、平常的認知狀態，著實是一項不可能的任務；由於這些不足與疏漏之處，你的父母身處醫院急診室中充滿壓力的倉促氛圍之下，極有可能成爲某位態度厭煩、對老年人充滿歧視的工作人員的受害者，而這些人員鮮少有足夠時間去了解其代價。倘若你的父母處於無人認識他們的狀態下，可能得承受的危險是經歷某種不分年齡、死板無彈性的標準醫療流程，或是迷失在從養老院轉來的大量且更爲衰弱不堪的老年病患之中。

最糟的是，你極有可能人在遠方，而你的父母得自己經歷這一切。

**4. 在醫院裡：** 醫院本身就是一個自成體系的世界，更像是一個巨大的高科技蜂窩，一點兒也不像是你母親那個在窗台上有著紫羅蘭、梳妝台上有著全家福合照的安靜公寓。即使在你逃離急診室的緊迫氛圍、搭乘電梯往上來到適當的樓層之後，你還是可以預期會見到一幅極度忙碌的景象：人們穿著各式各樣的寬鬆衣著，匆忙點頭並窸窸窣窣地進出醫院房間，大量的文書作業，以及由不同的人所詢問的重複問題——彷彿沒有人會先查看病歷表，或是跟前一班的護理人員進行詳盡而清楚的溝通。你的母親或許已筋疲力竭、需要休息，但是有許多針管必須插入，不熟悉的機器從四面八方發出嗶嗶聲，床邊與床底下各有一團亂糟糟的粗黑電線，還有陌生人在詢問令人困擾的新問題：「她的預立醫囑與DNR（不施行心肺復甦術）的狀態是什麼？」你以為預立醫囑的文件已經存檔在她的醫生那裡了。沒有人提到這件事可能會**攸關生死**。這時候討論這件事，不是很尷尬嗎？「她的醫生在哪裡？」、「有人通知她的醫生嗎？」起先，對話內容相當有限而且大多不清不楚；你母親的醫生或許尚未出現，直到他或她的看診時間結束、幾個小時之後才會到來，或者要等到明天，又或者根本不會出現——如果這名醫生已經安排好由「全職住院醫師」來照料你的父母。在所有慌張與忙亂的時刻，你的父母甚至看不到一張熟悉的面孔。

即使混亂是很典型的情況，還是無法激發你任何信心。在危機發生的時候，在「你父母對於支持與休息的需求」以及「醫療人員與醫療機構對於更多資訊的需求」之間，始終存在著極爲緊繃的關係；還沒有誰能夠看清楚完整的情況，個別的工作人員甚至可能並不知道你父母目前的問題，每件事都是按照醫院的時程表在進行。噪音、燈光、混亂與騷動，還有住在同一間病房的其他病患。可以下床去上廁所嗎？你的父母能夠在沒有協助的情況下去嗎？她被允許可以去嗎？那可以喝杯水嗎？還是可以多給她一條毯子？你的父母又不是完全糊塗了、也不是孩子，爲什麼護士們要用那種不眞實、屈尊俯就的樂觀姿態說話呢？

對於成年子女來說，還有其他的難處。雖然你知道你父親所有出色而持久的能力，但突然之間，你必須看著你父親像個依賴的孩子般被對待；你會突然感到一陣心痛，意識到沒有任何人了解你父親的過去，沒有人知道他是一個多麼不凡的人、他有什麼樣的成就、他的良善、他的品格。在這種情況下，也不可能有任何的工作人員會賦予他正確的評價與欣賞的眼光。要做的事太多、時間卻太少，醫院的輪班人員更換得太頻繁了，面對每一張新臉孔，你都得從頭再來一次。

對於不在醫院工作的人來說，待在醫院的時間過得很緩慢。在如此枯燥乏味且不舒適的環境中等待是令人厭倦的，而且你感覺自己如此地無用，尤其你早已習慣在工作上、在家庭中發號施令。現代醫院的工作人員勝過了在醫院外頭世界中的你：一個被賦予權力、聰明有智慧、卓越知名的「成熟成年人」；不僅你的父母被迫淪爲依賴他人，你也是如此。當你看著所有來來去去的變化、目的與例行雜務的交叉運作、責任與投注精力的複雜性與層次，你將不可避免地感到有些焦躁不安，想把事情搞定。同時，在你周遭工作的固定醫院員工，包括了管理人員、醫生、住院醫師、實習醫師、正式的註冊護士、有執照與經驗的護士、護理助手、清潔與支持人員，全都融入醫院的群體生活，且若無其事地執行他們的例行工作（他們有沒有可能稍加留意那個他們掛起來的新袋子——不管那是做什麼用的？）。而這些，全都會讓你感到自己脆弱又外行。

當然，所有的住院治療都會有若干差異，而且有其發展軌跡，但在大多數情況下，住院治療的時間都不長。就老年人的常見問題來說，平均住院時間往往不到一週。而在日常的醫院行程中，則有若干典型的模式可加以留意：通常在二十四小時內，事情很可能已塵埃落定，大部分評估、諮詢、檢驗以及開始治療的緊急忙亂已經過去；到了第二天，你的父母應該已經累了，但是可以較爲平靜地休息，你也可以出去呼吸些新鮮空氣、散個步或跑跑腿，把床邊的椅子先移交給另一位支持者。

到了第三天，你已經整頓好心情也就定位了，想知道從現在起會發生什麼事。雖然你仍對進入急診室與入院的慌亂經驗感到心有餘悸，但你已經了解到，自己在場去作爲父母的支持者與保護者有多麼地重要。當你的父母休息了一段較長時間然後甦醒過來時，你會注意到的第一件事，就是他或她的思緒很不清楚，你的父母可能會逐漸退出對話，再度打起盹兒並陷入沉睡。

混淆與迷惘的情況，往往會在老年人住院時出現。年老大腦的脆弱運作加上來自住院的壓力（生病、治療的需求、有副作用的藥物、睡眠的剝奪、陌生的環境），使得「譫妄」（據估影響大約半數八十歲以上住院老人的一種情況）這項「完美風暴」的發生風險極高。譫妄的「迷霧面紗」，令人即便是在最輕微的狀況下，也會引發抽離現實、慌亂困惑、意識時而清醒時而混亂，以及某種程度的方向知覺喪失；而在更嚴重的情況下，譫妄的影響還包括了脈搏上升、血壓下降、發燒，甚至更糟的症狀。一長串的醫療併發症（譬如低血氧含量、腎臟受壓、輕度心臟衰竭以及不良的藥物相互作用），皆可能造成譫妄；所以，應該要加以檢驗與測試。然而對身爲父母支持者的你來說，要留意的是去辨識出你所看到的狀況，並且如實地告知護理人員，因爲你比新的護理人員更了解你父母心智能力的基線。如果母親表現得不像原來的她，你不妨把這些狀況記錄下來、強調不一樣的變化是什麼。她或許有時能夠交談，並且意識清楚、可以獨立思考，但她會記得討論的內容與做出的決定嗎？或許不會。要知道在醫院裡，譫妄的診斷往往被遺漏、或被當成是住院的老年人都會發生的正常現象，而不予理會；但事實上，譫妄的發生是在預先警告你——一場更大的風暴正在醞釀之中。

**5.離開醫院**：到了住院的第四天，你應該開始思考要安頓好你父母出院時的落腳處（無論是在哪裡），那極可能不是他們原來的住所，端視他們的情況而定。如果你很幸運，你會在某個人眞的告訴你「幾天之內你父母就可以出院」之前，先想到這一點。

**要知道，醫院認爲自己的角色是治療的展開者以及特殊技術服務的提供者，而非讓病患完全復原的所在。**「對於無法在家中或復健計畫中提供的服務，我們（醫院）能提供的也可說是微乎其微。」工作人員如此強調。根據病患的診斷，醫院可獲得特定分配的天數以及固定的聯邦醫療保險給付；因此，對個人最有利的做法，便可能會與一般的統計預估值產生衝突。社會工作者、護士長或是主治醫師會告訴你，醫院可以讓你父母繼續留下來的「唯一方法」（儘管還有譫妄的現象），就是你設法向聯邦醫療保險申請豁免，否則便得爲這項「保險不涵蓋的服務」支付每天兩千美元的個人保證金；但在他們告訴你之前，你應該先詢問的是出院之後的服務相關建議。切記，出院準備服務規劃師（discharge planner）會希望你父母因其問題而住院的天數儘量保持在**平均**天數，從而爲醫院省下因病患長期住院而必須吸收的額外成本。現在，是該預先思考未來如何安排的時候了。

在此之際，別浪費你的時間與精力在醫院展開激烈爭辯，更好的做法是與負責安排出院的人員進行文明的會談（這並非針對個人，而只是他們的工作），然後開始打電話，並開著你的車親自出去查看探訪護士服務以及護理設施——直接登門拜訪，你不需要先預約。如果你只是打電話詢問，可能會被分配到某個過於遙遠而不便利用的地方；跟其他的家庭成員共同承擔此責任，並且盡可能親力親為、與對方建立起關係，以便在最初的嘗試萬一失敗時，還可以再回頭聯絡其他的選項。要有心理準備的是，你得要完成許多額外的表格資料與文書工作。當你第一次去到復健中心與養老院時，那裡的氣味與景象可能會令人相當沮喪，走廊上可能排滿了輪椅（乘載著處於不同衰老階段的老年人）。醫院充滿了消毒藥水的無菌氣味，而復健中心的氣味就人性化得多。切記：**這只是初期的勘查探訪，極可能的情況是，你在此時所選擇的地方並不會是你父母最終的住處**（誠然當前這個念頭可能會掠過你的腦海）。

## 非緊急情況的入院治療

你父親的骨科醫生反覆強調，計畫性的膝關節置換手術「只是常規性的手術」。他以極有條理的方式為你父親做好了住院的準備，包括專業製作的說明影片、初步的檢測、審慎安排的到院時間，以及愉快地一站站引導他逐項完成任務的工作人員。你的父親於是放鬆了警惕，心想：「這跟我的白內障手術沒什麼兩樣嘛。」帶著寬慰信心的例行入院，跟意外的嚴重危機發生時宛如「被湍流沖著走」的情景，著實有著天壤之別；有計畫的入院當然更符合病患與家人的意願，有了醫生的再三保證與寬慰之後，有些家人可能甚至會覺得不必出現也沒關係。

但無論採取什麼樣的醫療程序，醫院都是充滿危險暗流與漩渦迴流的地方，可能會將你虛弱的父母帶進未知的水域。由於在「家人的關注參與」以及「家中老年人對於這『只是常規手術』的信心」之間取得平衡極爲重要，對你來說，這類「常規」的狀況就是絕佳的機會，讓你可以練習如何去參與並搶先行動以阻止可能的災難發生。對家庭來說，每次與醫院打交道就是在學習、累積經驗；從你父親進入手術室的那一刻起，不可預見的變數出現的可能性開始大增：麻醉發生問題、不規則心率發作、跟年齡有關的氣喘或肺氣腫（以前從未被發現）所導致的呼吸困難，任何一項狀況發生，都可以讓他從手術室（就在外科醫生成功地完成他的「常規」手術之後）轉進加護病房。要注意藥物出錯或是虛弱的老年人在陌生環境中會變得困惑慌亂，你的工作就是處於警覺的待命狀態，並準備好面對更爲複雜的醫院流程；當你的父親從充滿信心的準備工作中受益時，你必須去吸收那些不確定性所帶來的壓力。

## 家中不斷加劇的危機

「我知道你們處境很艱難：你的母親已經是蠟燭兩頭燒了，你的父親需要更多的支持——我們可以預見這樣的情況遲早會發生，」你父母的醫生在電話那頭也這麼認爲，「但是，這仍然不構成充分的理由讓醫院同意他入院，我眞的很抱歉，但規則不是我能掌控的。」在此，你面對的是一個快速醫療的典型困境：管理危機的責任被推還給家人。你會怎麼做？你的父母在身心方面都尙未準備好申請養老院的安置，而且就算有這樣的可能性，也得花上數週或數月的時間才能做好準備。因此，成年子女往往得先拼湊出一項計畫。「或許今晚可以換珍開車過來照顧爸爸，然後我可以先離開，明天再過去。之後我們再看著辦吧。」

對於家有罹患失智症或是身體日漸病弱的老年人的家庭來說，當他們無法做出決定，或是由於決定過於重大而無法迅速達成協議時，暫時而匆促地解決問題是常見的作法。老年人慢性的身體問題，被認爲不夠嚴重到足以符合轉入醫院的資格。儘管你的父親或母親會在晚上失神遊蕩，或是已經無法在家中安全移動，然而諸如此類不斷加劇的問題並不符合入院、甚至就醫的準則。你或許也從過去的經驗中學到，這場小危機可能只是暫時性的——姑且不論那對照護者造成了多大的壓力。再拜訪一次繁忙的急診室、進行另一次徒勞無功的評估，並沒有多大用處與助益。家人們必須咬緊牙關走下去，或者在父母知道的時候，徹底地改變生活。

## 反覆發作的醫療危機

在你心裡，這項模式已經變得可以預測——你母親因爲另一場小中風而第四次住院，在神經科所進行的例行檢查步驟以及極短的觀察期中顯示了沒有併發症的產生，她也（幾乎）恢復到最近這個小插曲發生之前的狀況。她當然寧可住在自己的家中，但是有沒有什麼辦法可以阻止這種上上下下、不斷進出醫院的情況？我們只能束手無策地等待最大的一場發作到來嗎（她曾說以她的年紀，她不介意這件事發生）？她如果住在距離家裡只有幾公里之遙的生活協助住宅，會不會比較安全？我們該如何以及何時得做出決定？

## 慢療的回顧

當危機帶來的恐慌過去了，你也已經得到充分休息，同時恢復了你的幽默感，這時對每個人來說都是一個好時機——可以進行評估**以準備面對未來不可避免的危機**。「無法勝任」、「吹毛求疵」的感受困擾著成年子女，因爲突然之間不但必須承擔起成爲父母支持者的角色，同時還必須面對醫療照護體系中神秘又強大的體制挑戰。不妨利用這個平靜的時刻，鼓勵參與其中的家庭成員私下思考、公開討論他們在最近這次危機中的體驗。

‧有什麼事是你無法理解的？

‧你是否有時感覺無法勝任（在情緒、精神、心智、身體各方面）？

—你是否陷入了自責的焦慮感中，而非努力去尋找解決方案？

—你在什麼時刻感覺自己缺乏行動時所需的技巧或詞彙？

—什麼技巧是你所缺乏的？你可以如何學會這些技巧？

‧你是否無法得到來自家庭、朋友、工作、你父母的社區、醫生以及醫院員工的充分支持？這種匱乏的狀態是否可被修正？你需要學習如何求助嗎？

‧回想危機發生時「穿越湍流」的混亂狀態，當時沒跟你父母的醫療照護提供者提出討論的，是什麼事？

‧你感謝了醫院的危機處理團隊嗎？給醫院與員工一張便條或一封信函，對他們來說意義重大，並且讓他們知道你在乎並了解他們的努力。畢竟，你極可能會再次需要他們的協助。（從互相感謝的立場來提出建設性的回饋，也會比較容易。）

‧你的家人是否正式地召集了一個支持團隊？你的「醫生朋友」呢？現在正是進行此事的適當時刻，因爲你在危機處理所獲致的成功以及最近所投入的情感，是大家有目共睹的。

- 你是否適當地與你的「家庭大本營」溝通了呢？你是否讓雇主、同事、鄰居以及朋友們知道發生了什麼事，並且讓他們清楚你很感謝他們的耐心與支持？你是否提醒他們可能會再度發生這種情況？你會很驚訝他們的家人分享出多少這類的故事。
- 你是否撥出了時間與空間，去處理自己的情感需求與疲憊感受？你也正處於恢復的過程當中。
- 有沒有什麼重要的話是你忘了跟父母、兄弟姐妹、另一半分享的？隨時都是向他們說「謝謝你」以及「我愛你」的最佳時機。

他的妻子掩飾得如此成功，以致於家人們只是剛開始隱約覺得他「有點走下坡」。後來，這個八十七歲的老人步伐踉蹌地跌倒並撞到頭，最後被送進了醫院。當核磁共振成像檢查結果顯示，有一個血塊形成並壓迫到他的大腦時，血塊遂被迅速地移除了，也讓所有人鬆了一口氣。然而核磁共振成像上的「偶然發現」，其實是父親腦下垂體的增生，醫生們說，「很可能是腫瘤。」在與外科醫師進行簡單的諮詢討論時，家人們問到這個狀況可能會對他們父親的健康造成什麼樣的影響與危險，但是並未得到任何明確的答覆；儘管如此，既然他們已經知情，又怎能置之不理？於是，在

沒有意識到必須放慢決策過程以及事先評估父親心智狀態的重要性之下，家人們同意進行手術以及其後放射治療的療程；沒有人明白這項治療會給父親脆弱的大腦帶來多大的壓力，而這就是他們父親的轉捩點。家人們後來才明白做了錯誤的決定，儘管也花了他們好幾個月的時間來討論。手術後不久，他們的父親被送進了養老院，因爲他加速惡化的失智症，已演變到他那忠誠的妻子無法在家中照護的程度。

## 在「危機」這一站的實際任務

### 熟悉遊戲規則

• 了解父母家中安置了什麼樣的警報系統

父母的臥室中有沒有一條可以讓他們拉扯的緊急繩索？浴室呢？誰會回應他們緊急的呼救？有人會每天查看你父母的狀況嗎？這個人有沒有你的電話號碼？他或她有沒有你父母醫生的電話號碼？應急的號碼是否有被設定在你父母的電話中？是否該是深入了解「生命線」的時候了？有沒有人準備「緊急資訊袋」（一個存放在你父母冰箱中的夾鏈袋，以便妥善保管並隨時取用）？裡面詳細列舉出他們目前的用藥與劑量、診斷、預立醫囑以及緊急聯絡電話。如果救護車的醫務人員並未要求一併帶走資料袋，務必主動拿給他們，或是親自帶著資料袋前去急診室。

## •了解救護車的服務

當某個善意的好心人在你父母的所在地區撥打一一九時，搞清楚接下來會發生什麼事。我們可以利用的是哪一種救護車服務？他們服務的是哪間醫院？平均的反應時間是多久？他們要使失去意識的病患甦醒時的標準流程與準則爲何？他們的服務費用是多少？你父母的保險有涵蓋這個部份嗎？

## •如何與急診室溝通及協調

除了救護車醫療人員記下的簡略生命跡象，以及一些透過電話或被塞進信封來說明問題的潦草紀錄之外，有太多白髮蒼蒼、身形佝僂的女士被送入急診室時並無任何醫療紀錄可循。盡你所能，盡快地進入這個醫療的迴路，務必透過電話或傳眞把你家人所知情的概況告訴急診室人員；如果你父母的醫生沒有先打電話給你，主動打電話給他，確認在醫生的診間裡，是否已

經有人把你父母最近的問題、病症清單以及每天服用的藥物（與劑量）傳眞給急診室。要求急診室護士讓你跟你的父母通上電話，在令人困惑不安的環境中，你的聲音可以發揮極大的撫慰作用。如果你住得很遠，立即去預定車票（或機位），盡快趕到你父母的病床邊。

• **體會醫院文化**

一旦你進入醫院，環顧四週，你會看到穿著一般服裝的「外來的人」，以及穿著制服的「內部的人」。去了解「白袍」醫師與護理人員的等級制度，不妨記錄下來與其他的家庭成員分享。有人曾經指出，醫院與監獄等懲教機構的共同點在於，都有截然不同的「外來的人」與「內部的人」同時存在；以醫院來說，就是病患與家屬（外來）以及醫療與護理人員（內部）。我們要努力成爲這兩群人之間的「橋樑」。在這種情況下，每個人都有同理心，但有時，這中間的連結並不會自然而然地發生；最重要的是，別加深了「外來的人」與「內部的人」的分歧，而被貼上「麻煩製造者」的標籤。

• **說清楚正確的來龍去脈**

專科醫學擁有一項潛優勢：在醫生層級中較高的人，可以看起來那麼聰明傑出的原因，是因爲到了他們要對病患的病史作出回應的時候，任何疾病發展中難以預測之變化的篩選過程都已發生；而且隨著時間的推移，截然不同的各種資訊皆已形成，並整合好來幫助醫生、病患以及病患的家人了解其病史。你的父母無可避免地會在每次重述病史時，修改、添加上自己的說法——注意！你的工作就是要確保任何「不合常理的例外」（也就是集結所有診斷結果、卻不容易解釋的細節）沒有被遺漏。醫院的工作人員有聽到你父母在兩個月前開始「變得虛弱」嗎？你父母在上週跌倒的意外是否引發了這場危機？還是是因爲上個月所改變的藥物？從一開始就做紀錄，**能幫助你父母在敘述時，不致於偏離眞實發生的事件，且必須把格格不入的片段，調整成具備一致性**。「特定事件」往往可以讓人對現況有更佳的理解，甚至可能藉以發現罕見的症狀；所以，持續詢問醫生是否還有任何鬆散的片段，是他或她仍然在努力回想、試圖說明的部分。現在就把故事眞實的來龍去脈交代清楚，或可避免往後不斷住院治療的麻煩。

- **了解何謂「知情同意權」（informed consent）**

如果你曾經住過院，你應該還記得，要消化所有入院時要簽署的各式醫院表格與文件內容，是多麼地困難。你的思緒已經充斥了因其他故事所引發的焦慮感，包括結腸鏡的檢查、你姐姐剖腹生產時的困惑不安與緊迫感、你兒子切除盲腸手術之前的延誤；現在，把鏡頭快轉到你那病得奄奄一息且身陷危機、又遠離熟悉家園的父母，他們能夠確實理解正在發生的事到什麼程度？即使他或她的心智以醫學標準來看尚屬「有行爲能力」，但若你要求以中間人的身分來參與也十分合情合理，因爲光是表達你的擔憂，就足以提升醫療人員告知你們病情的詳盡程度。此時此地，就在你父母的病榻旁，不妨開始溫和有禮地練習你的支持工作。「慢療」意味著每個關心的人都必須被聽到、同時參與其中。

### • 回顧與展望

當情況變得不如預期時，別指責你父母的醫生與照護者，你應該做的是與他們一起討論、找出根本的原因；要知道，對老年人來說，許多疾病是以截然不同、難以捉摸的方式呈現。現在，正是得知你父母的醫生有什麼見解或意見的好時機，看看醫生是否認爲你父母的不同問題可能會演變成某項危機。誠然許多急症會無可避免地導致住院治療，但或許其中有半數是可以預防的，關鍵在於你分析的態度，而非去發起一場控告或起訴。

### • 傾聽並關心其他陷入危機的家庭

「好奇心會消除恐懼感。」要管理你自己的焦慮感並同時了解你父母的情況，有個好方法即是去關心其他人所面臨的困境，不管是你家中的其他人還是家庭之外的其他人。詢問其他病患的家庭如何應付、處理這樣的情況。常去休息室或交誼廳繞一繞，聽聽其他人的故事，跟他們分享一杯咖啡，透過安慰別人，彼此能建立某種團結情感；而護理人員將會感謝你所做的事，就算只待在同一間醫院病房（密集的）三天，也可以建立起重要的親密情誼與支持。

## • 認識醫院工作人員的姓名

現在，正是買本筆記本以便把重要姓名隨手記下的好時機，你需要爲缺席的家庭成員做筆記。良好、有禮的態度可以調和人際互動，促進對等與互惠；你的家人與醫護工作人員之間友善的社交關係，可以爲你的摯愛之人營造出一種關懷的背景。把家庭成員與朋友介紹給在該樓層輪班並進出你父母病房的各式護理人員，個人化的氛圍有助於讓你的父母以他們原本的身分與像個重要的人般被對待。而當你必須要求更多資訊或請求別人幫忙時，請保持溫暖可親的態度。如果病房中有一塊可擦拭的布告板，寫上你父母與你想記住的所有醫生與工作人員姓名，逐日並且隨著輪班人員的替換來更新這份清單。

### •保護病患

確保護理人員知道，你是來幫忙保護你的父母免於在醫院中可能出錯的意外事故，而且你希望能夠與他們合作以實現共同的目標。你了解母親，你知道她以前的狀況有多好、她可負荷的日常能力是什麼，以及她此刻是多麼地不適與脆弱。幫助你的母親辨認出這是什麼地方、那些是什麼人、需要的話甚至是日期與時刻，讓她開始熟悉陌生的環境；同時，提供你的意見以安排她的朋友來訪的時間，並維護她的休息時間與固定作息。利用網際網路，不僅能化繁為簡地告知他人你父母的狀況，自己也不用一遍又一遍地重複述說相同的資訊。保護好你自己的精力與能量，也是相當重要的一件事。

### •防止更多傷害的發生

醫學文獻與媒體報導揭露了許許多多住院治療時出現的差錯，包括病患被給錯藥物、給錯劑量、甚至給錯療程。就連住院的中年人，也只能稍加了解自己的狀況，更別提住院的老年人，他們要了解確實狀況的機會十分渺茫。我所認識的大多數老年病學醫生，都不希望他們自己的病患待在醫院時沒有家庭成員**隨侍**在旁（當然，這並非始終可行的做法，但仍然是照護的一項黃金標準）。溫和地打聽父母所做的每項檢驗以及所服用的每種藥物，查看標籤，詢問是否可以把一份他們的用藥清單留在病房中，讓你可以更方便詢問藥物相關的使用問題。直到出院時，家裡總要有人知道這些事，現在開始永不嫌早。

• 適度反抗醫院體系

引發一場與你父母有關的照護之戰，鮮少能帶來任何幫助；同樣地，完全被動對你的父母也沒有好處。設法找出醫生與工作人員試圖達成的特定目標（包括讓你的父母盡早妥善出院），說清楚、講明白；一方面也闡明你的目標，讓家人與醫院員工的目標能夠保持一致。與你的家人以及不同的照護者一起想出合適的選擇（例如，「或許可以有一天不要安排充滿壓力的檢驗與測試，讓她可以好好休息、變得更強壯一些。」）。試著在你父母何時可以出院的標準上達成共識。其中最常被忽略的測試就是，「讓我們一起在大廳裡散個步吧。」觀察你父母的平衡感、力量、速度、專注力以及邊走邊說的能力。他們的精神氣力何時會耗盡？你帶著你母親走過一次之後，不妨大膽建議她的醫生花幾分鐘時間跟她一起散個步。

• 別變成「問題人物」

通常，忙碌且過勞的醫院工作人員，都會希望讓病患與家屬在最適合的時機點前更早出

院。別讓你自己的作為扭曲了本該放在父母身上的焦點。由於醫學界的傳統智慧是：「難以相處的家庭會創造出難以相處的病患」，而處理衝突觀點的常用方法之一是「重新安置」，亦即「我們認為她（跟你）應該轉給瓊斯醫生的專業團隊來照護。」

**・尋求幫助以處理充滿壓力的情境**

即便是正在培訓的醫生，也需要一段很長的時間去學習如何面對、應付緊急而嚴重的危機壓力。可能是你、也可能是家中的某個成員，或許會在經歷危機時，又或者因為緊繃壓力的累積，而瀕臨崩潰；當這樣的跡象出現時，得盡早尋求幫助。請來壓力沒那麼大的替補人選，或者醫院禮拜堂的牧師成員們也經常可提供協助。如果有瀕臨崩潰跡象的家人不願意去尋求幫助，你就自己去——「你能建議我如何去幫助我的兄弟嗎？」

**・碰觸的療癒力量**

醫院裡的景象、聲音以及氣味可能會讓人感到迷惘而不知身在何處，但即時的碰觸卻可以讓人平靜下來。坐在靠近床邊的位置，伸出一隻手握住老年家人的手；當其他的感官無法起作用時，碰觸可以發揮導引的作用。當老年人陷入譫妄或者睡睡醒醒的狀態時，讓家人們或者關懷圈的成員輪流坐在床邊的位置，藉由這樣的接觸所傳遞的慰藉，可以讓老年人深感安心。隨著時間一年年的流逝，如此的碰觸對他們來說更是意義重大。

**•陪伴困惑不安的年邁長者在醫院過夜**

如果你的母親變得迷惘、茫然，或是可能在壓力下陷入譫妄狀態，最好有某個跟她很親近的人可以在醫院裡陪她過夜，輕聲地對她說話，指引她方向，讓她知道她是誰、人在哪裡、爲什麼她會在這裡，以及你是誰。自從你的小女兒得肺炎以來，這或許是你所經歷過的最漫長一夜；或許醫院能提供你的唯一事物只有一把椅子；如果有空間的話，或許有人可以弄到一張帆布床。世界各地的母親往往會睡在她們孩子住院的病房中，甚至準備三餐來餵食他們，使他們的思緒連結良好、充滿活力。效法她們，以她們爲榜樣吧。

**•注意基本的身體功能**

護理人員必須照料許多病患，我們無法一直仰賴他們去監測生病時的重要風險區域（皮膚、腸道、膀胱、平衡感）。爲了確保父母的安全與適當的照護（不會讓他或她重陷立即的危機、或許回到家不久後又得強行送醫），家人可以輕易地提供什麼協助？

最緊急的風險是皮膚壓力與情緒崩潰，會在入院後數小時（是的，數小時）之內演變成併發症。當一位生病的老人停止走動、躺在床上或坐在椅子上，脆弱的皮膚很快就會開始顯示出變色的斑塊，很可能就是壓力創傷的開始。疾病、整體健康狀況不佳、營養不良、脫水、潮濕或有水的皮膚（往往來自無人照護的膀胱失禁），上述任何一種狀況都只會使情況變得更糟。要求護士教你如何保護皮膚、維持皮膚的健康，因爲你可能很快就得自行在家中監測這些現象了。

暫時性的尿失禁，在生病或住院治療期間是相當常見的現象。睡眠中斷、藥物、移動困難以及膀胱必須處理比以往更多的液體，這些因素全都可能造成暫時性的尿失禁。別驚慌！這道難題可以解決而且通常會得到幫助，但可能會需要一些時間；如果是建議你們採用插入導尿管等技術性的解決方案，請務必詢問有關此方法優缺點的大量問題，因爲要讓插導尿管的老年人逐漸脫離導尿管的使用，可能不是一件容易的事。「慢療」敦促的是盡可能使用經過檢驗可靠的、低技術、勞力密集的輔助方式，例如：尿布、吸水墊、頻繁更換衣物與床單、頻繁使用便盆或床邊的座椅式馬桶，或是頻繁往返洗手間（四處走動對老年人來說是有幫助的）。你要去做的是眞正有用的事——親力親爲的照護，正是「慢療」的人性脈動與方法的精髓要義。

注意你父母那怠惰不工作的腸道，否則當他們回家時，你將得面對瀉藥與灌腸劑。從外面帶回的茶或咖啡、梅乾或其他備受喜愛的補救措施都有幫助，但要先問過護理人員才行；當消化系統有機會休息時，就會開始變得怠惰。生病時失去食欲是常見的現象，但是讓所有的藥物進入一個空空如也的胃，肯定沒什麼幫助。因此，盡快讓父母開始回復飲食至關緊要，他或她可能會抗拒，所以需要用他們喜愛的食物來加以哄騙、勸誘，也可以跟護理人員一起想辦法來解決這個問題。要知道，雖然插入餵食管通常是一種有效的捷徑，可以成功地讓病患更快出院，但這只是把你父母回家後重新建立飲食習慣的問題，推回給你去承擔。**老年人一旦失去他們的食欲，可能要花上數週或數月的時間才能恢復**。

最後，讓你的母親保持走動。令人驚訝的是，決定病患出院與安置（返家、養老院、復健中心）的人，往往並未直接體驗病患被要求走路時實際所發生的事。以你身爲家屬的立場，可以理直氣壯地向出院決策者提出你母親的行動問題。設法讓你的母親靠著你的臂膀、每天走上幾趟短短的路程（你可以單獨陪伴她或是在護士的幫助下學習這項技能）；**讓她倚靠在你身上，而非把重量放在她自己身上**，如此一來，她會比較好平衡（以此方式也比較好測試她的平衡感）。在接下來的幾週，當你要求她抓著你的臂膀走得愈來愈久、一邊跟她聊天時，你會驚訝於她的行走能力是多麼敏感的復原指標。

## 建立你的支持團隊

• 尋求協同關係的承諾

如果你尚未完成這件事，現在，就讓你家中交際手腕最圓滑、說話最得體的家庭成員，去跟你父母最喜愛的醫生談談，詢問對方是否可能成爲你父母指定的「醫生朋友」，承諾會在所有這類未來危機出現時支持你的父母。藉由提出要求而建立的慢療關係，遠比藉由提供幫助而建立的關係更爲常見。爲你家人的需要而提出的要求，不會爲你帶來任何的損失。

• 召集你的部隊

旁敲側擊，搜索每個人的行蹤，說服某些人去做事。如果家庭成員無法馬上到來，就讓他們先跟母親通電話，然後再商量他們可以抵達的時間；在危機發生時，獲得承諾的機會較大。這項工作也給你機會仔細釐清你自己需要的到底是什麼樣的支持，是睡眠時間、育兒協助、購買雜貨，或是在你堅持其他承諾時所涵蓋的各項事務？或者，主要是情感上的支持？

## •引入你的後備部隊

找出你父母的關懷圈成員，那些朋友與舊識或許尚未得知你父母發生了什麼事。老年人年復一年地上教堂、參加讀書俱樂部、結交縫紉的同好，或是參與老人活動中心的各式活動，往往會讓他們發展出廣闊的人際網絡。或者，有個好朋友就住在你父母公寓大樓的樓下大廳；或者，有個鄰居就住在沿著這條街下去一點的地方。只要讓人們知道發生了什麼事，打幾通電話、敲幾扇門，話就會傳開了。父母自己或是其他朋友過去發生危機所匯聚而來的經驗，對於提供支持與解決問題來說極為寶貴，而這個關懷圈的人數往往比你所預期的還多。切記，對沒有家庭的老年人來說，這種「替代家庭」就是他們在危機發生時獲得支持的基礎。

## •確認團隊的下一個階段——哪些人能夠留下來支援

危機發生後的第三天，情勢緩和了下來——即使你還沒有這樣的感受，醫院的醫療團隊肯定會這麼認為。如果你已經盡你所能做了一切該做的事，也聚集了你父母的支持團隊，那麼你現在所面臨的問題，就是誰能夠留下來提供協助。每個人所保留的精力與能量都已消耗殆盡。最初幾天在你身體中飆升、促使你撐下去的所有壓力荷爾蒙與腎上腺素，現在皆已蕩然無存。你該如何開始去解決誰可以留下來的問題呢？準備好迎接下一回合的協商吧。

- **利用你的支持團隊——你無法獨立運作**

召集家人們私底下進行一次秘密的商議，要快。你可以要求誰？並且要求他們到什麼程度？醫生們正在討論醫療照護的問題與釐清如何執行該計畫的這個部分。現在，你面對的是衰弱又虛弱的父母，他們並沒有準備好要站起身來、一肩扛起這項任務；雖然他們可能會試圖說服你，他們所需要的就是回到自己的家中獨處——災難就是這麼來的。（要留意的是，醫療照護體系會將病患的再度入院次數，視爲照護品質不足的一項指標；這是在你協商以防止你父母過早出院時，務必要記住的一件事。）

從醫院的觀點來看，急性的嚴重危機過去了，但是對於家人以及在關懷圈裡的人來說，立即（或許持久）的實際考量才剛要開始。你如何在新的狀況下支持你的父母，並協助他或她回歸「妥協」那一站的穩定狀態？別視而不見，從檢視你父母的日常活動（進階日常生活活動或是中級日常生活活動）開始，然後將之添加進醫院的照護計畫。**如果有任何機會能符合加入某項支持性復建計畫的資格，爲過渡時期爭取一些時間，不妨加以考慮**。請拒絕過於迅速的反應與矯正。此外，也要遏制某些家庭成員的焦慮感，否則他們會貿然地要求你的父母永久進入養老院（那正是你父母所擔憂的事），因爲他們不想受到打擾，或是無法忍受不知道該做什麼的不確定性。在第一次危機發生時，不妨將任何復健時期都當成是短期住院治療期間的妥善延長期。

## 醫療照護的參與

### •縮減你的待議事項

你必須跟醫護人員談，但他們沒有時間聽。醫務人員與護理人員正努力專注在你父母的立即照護工作上，而你必須參與其中；他們了解這一點，但情況往往無法讓你有充足時間去完成每件你想做的事。你如何縮減你的待議事項以擠進他們緊湊的時間表中？不妨請助理人員幫助你學習並定義正在進行以及即將到來的事。在你父母入院的第一天或第二天，即可要求會見來自「社會服務單位」的人員，並要求與出院準備服務規劃師（可能或可能不隸屬社會服務單位）進行初步的會談。同時盡快與物理治療師會談，他們通常都會提早作業以加速促成提早出院的目標。還記得你在「妥協」那一站時對你父母的能力所做的描述性評估嗎？立刻檢索那些紀錄，讓治療師知道你父母生病前的日常功能水平爲何，並且加以詳細說明。亦可尋求醫院禮拜堂牧師的諮詢服務，別擔心宗教信仰或體系不同的問題，醫院禮拜堂的牧師所受的訓練就是去傾聽並幫助每個人；而與護士及醫生的急救照護團隊相較之下，這些助理工作人員都會花更多的時間來協助你。跟他們的談話將提供你好些想法，讓你爲最重要的醫療討論做好準備。

### • 避免過度激進的治療及其風險

當代對於急症的醫療干預措施，在穩定難以處理的危機上成效極佳，往往在數小時之內，就可以讓老年人的病情得到明顯的改善。這類顯著的改善，舉例來說，可能是快速注射靜脈輸液或是使用新藥的結果。對於更年輕、復原能力較佳的病患來說，採取穩定病情且積極的治療以期徹底扭轉病情，往往是可能性較高而且被期待的作法。但要小心對你的父母做出這類的承諾，因爲進入晚年的老年人，其生理機能往往並不具備足以承受（除了穩定立即病況所需的積極干預措施所需的韌性。在危機發生的危急時刻，「慢療」的等待與觀望的治療方式，反而更適合運用在他們身上。

### • 把焦點放在度過當下的危機

切記，成功處理一項危機的關鍵只在於安然無恙地度過它。現在不是爲你母親的各項小病症做一場全面體檢的好時機（雖然這個想法對你來說可能深具吸引力，因爲她一直不願意尋求協助），第一次的危機最好被視爲一項必須聚焦的干預事件；一旦你度過這次危機，接下來才能解決範圍廣泛、各式各樣的問題，許多醫療照護體系也傾向於在住院治療之後，再對其他問題採取進一步的行動。在醫學院學生與住院醫生接受培訓的學術環境中，他們都準備好要解決每一項可能發生的問題（一遍又一遍），對於訓練中的醫生來說，探討研究與重複練習非常有用；但對於你現在狀況不佳的母親來說，或許就沒那麼有用了，那些作法只會攪亂現況、使她疲憊不堪，並可能導致許多不必要的檢驗流程。你可能必須干預或冒險向認眞又熱心的學生們說不。你母親現在所需要的，是專注於治療眼前的病症。順帶一提，利用你那値得信賴的筆記本列出在她返家成爲門診病人時，必須加以追蹤的問題（她輕微的血檢異常、腳趾甲與癒合組織的問題、持續的輕微咳嗽、不可靠的膀胱）。因爲，其他人一定會忘記這些細節。

## •了解三個D：憂鬱（Depression）、失智（Dementia）、譫妄（Delirium）

這三種狀況經常一起出現，而且每一種都會減緩並混淆思緒。如果你的父母在這次危機發生時，開始有混亂迷惘與迷失方向（即便是輕微的）的症狀出現，回頭尋找住院之前是否曾出現任何心智敏銳度下降的蛛絲馬跡（記憶問題、自我忽視、判斷力變差、失去對事物的興趣）；在你不知情的情況下，父母更可能處於危機加速的風險之中。你的家人與醫生將受益於你對於危機爆發前清晰描述的狀況。

這三個D相互連結影響的方式，相當複雜。一個意識到自己失去快速思考或良好思考能力的老年人，可能會開始恐懼自己是否罹患了失智症……，然後可能變得憂鬱沮喪，這是相當可

以理解的演變過程。從你自己斷斷續續的經驗中，你或許還記得，憂鬱本身就會使思考變得遲緩，事物會在腦海中反覆出現。如今，你的父母遭遇了雙重的打擊——心智緩慢與情緒低落，再加上住院對功能脆弱的大腦所造成的壓力，一個原本即有**憂鬱症**以及**失智症**（即便是輕微的）的人，可能就會陷入譫妄的「迷霧面紗」之中了。

### • 善加利用新的醫療團隊

在治療的過程中，如果有一種病況比其他病況變得更糟，病患最後往往會換成由另一組擁有不同專長的全新醫生團隊來治療。新的醫生會帶進許多活力，以及對老年人病況某些新的理解與看法，不妨把這種新的發展視爲一個高風險、高收益的機會。如果新的團隊將主要的關注放在釐清你父母的臨床表現，尤其透過許多慢療的思考與計議來做這件事，那麼也很不錯；但是請保持密切關注，如果你聽到的建議是要你的父母進行一連串密集的「現成」檢驗，務必要詢問是否有周全考量與良好立據的理由，因爲你父母目前處於身體虛弱的狀態，進行僅能排除某些發生機率極低病症的特別檢驗，在此時此地或許並沒有太大幫助。因此，務必獲知每一項檢驗所牽涉的具體細節（對於身體的要求以及負面的副作用），以及此程序是否可能會進一步耗損你父母所剩不多的體能與精力。這樣的檢驗是否可以不費力地在兩週之後，等你的父母強壯些時再來進行呢？

**• 醫學關注於疾病與問題，家人必須關注於能力**

醫院的醫療照護團隊是被訓練來發現與定義疾病、評估問題並提出治療的建議；而家庭（以及富有同情心的醫生）所施行的「慢療」，則是專注在父母的正面特質與能力，也就是列舉出父親展開自我療癒的過程時，必須加以啓動、重新激發的優勢與長處。醫療可以做到矯正與穩定病情，但無法療癒。當身體恢復平衡時，就能展開緩慢的自我復原與療癒之旅；與你父親的團隊一同合作，啓動他與生俱來的療癒力量。

**• 當個細心的監督者**

當你在監測父母的用藥與其他治療並且詢問問題時，別讓任何人說服你、說你是偏執狂——檢查藥物名稱、劑量以及服用原因，並非不合理的要求，因爲說某件事只是「例行作法」的解釋並不夠好。如果有人質疑你的努力，記住一個簡單的事實：經由護理人員全天候地照護了三天之後，你的母親即將坐上輪椅、被推往醫院大門準備出院；而一旦她離開輪椅、步入你的車中，手上抓著預定兩週後的回診預約單，**你被期望要去接管訓練有素且技術嫻熟的護**

**理人員具備的所有功能；而直到片刻之前，這些功能都還是由他們在運作。**

盡早開始準備承擔這項責任，當然是件好事。關於監測藥物，謹記以下這一點：醫院中大約半數的藥物出錯，是發生在病患家中用藥與劑量最初被錯誤謄寫到醫院紀錄上；還有許多其他的錯誤，是發生在出院前即已開立的處方以及用藥指示。**對你父母原本的服藥方案保持謹愼與警覺，並使其與新的例行用藥保持協調一致，將可爲你父母的健康帶來極高的回報。**

• 何時該要求開會討論

當事情在醫院裡的發展不如預期般順利，或甚至變得更糟、開始急速走下坡時，該怎麼辦呢？有時，老年人最初不過是因爲某個原因而入院，卻演變成悲觀黯淡的前景。保持冷靜。你不可能隻手扭轉一洩而下、接二連三發生的事件（即使你一直是那個力挽狂瀾、保衛你父母的騎士）。對於無預期的壞結果所產生之內疚感與防禦情緒會迅速湧現，使得你與醫院工作人員之間的溝通大門就此關閉。「我們還無法斷言任何事。」唉，對也不對。**醫生與工作人員向來可以藉由分享他們的想法來幫助你**，特別是當你願意暫時接受他們的觀點，安靜傾聽、不加批評的時候。採行這個方法大約一天之後，你就可以要求召開會議，讓每個參與者都能試著去調和可能存在的衝突觀點。醫務人員與家屬之間共同承擔實際任務，正是實踐所有良好醫療的一環，也是實踐慢療的一項關鍵。在危機發生時，不但不確定性大增，個人判斷也會互異；繼續促成每個人的參與以及反思，設法避免將自己的焦慮感帶入問題之中。與醫院禮拜堂的牧師小組一起檢視你父母的問題，閱歷豐富的小組成員面對過成千上百充滿壓力的情況，必然能為你提供支持與建言。等到你重新釐清思緒、集中心神時，才能再度精神奕奕地出現在你父母的床邊。

## •解決快速出院的問題

當心突如其來的出院決定。或許是醫院病房短缺，或許是花了比預期更久的時間來穩定你父母的病情。「我們認為她這個下午就可以回家了。」哇！請堅守你的立場別退讓。**出院規劃應該是一項共同的任務，接收的團隊必須準備好接受到來的責任**。你知道你的父母會被送到哪裡嗎？所有的安排是否皆已完成？所有體系也都到位了？你百分之百確定嗎？你支持團隊中的成員們是否已協調好他們的時程表了？誰會陪同你的父母去到下一個所在？他或她如何去到那裡？務必繼續收集姓名、電話號碼、電子郵件，以及任何可能有助於追蹤醫院工作人員的資訊，以防有任何問題在出院之後才出現。即使你的父母會在養老院待上一段時間，你還是可以這麼做，因為在醫院與養老院之間的標準溝通管道與訊息，往往是令人遺憾地嚴重不足。

## •避免倉促做出長期的決定

第一次的危機與住院可能會引發過早的倉促決定，讓老年人永久地轉移到養老院中。所有的元素都有了：脆弱的老年人、聚集在一起的家人、現成的醫生——而這是進行方便決策的危險組合。當心過於快速而輕易地做出重新安置你父母的永久決定，那可能會為所有人帶來不愉快的後果。

你現在感覺如何？從急症醫療照護世界的快速湍流中走出來時，你可能在情感上已枯竭殆盡，又或許被自己開始意識到的、擺在眼前的挑戰壓得喘不過氣來。當第一通電話響起告訴你危機發生時，你得知父母正在前往一間頂尖醫院的途中，或許還會略感寬慰：「那裡的醫生與護士一定會處理好，這不就是他們整天都在做的事嘛。」或許有那麼一瞬間，你很想把這個危機全留給他們去處理；他們一定能極有效率而且有成效地處理好，你甚至不必親自到場，只要透過電話提供支持就好了。如此一來，你便可以輕鬆俐落地擺脫這個困境，讓你自己專注在個人的承諾與工作的時程即可。為自己的想法合理化是一種常見的反應，通常伴隨著打給醫生與醫院的施壓電話，以確保你的父母有獲得家人們認為必須得到的所有照護服務。

你或許會告訴自己：這只是一次性的疾病，父母會輕易地度過危機，就像自己之前克服肺炎而活了下來。然而，要當心這種一廂情願的想法，因為更可能的進程是，第一次的危機會變成反覆發作之疾病模式的前導，父母們進出醫院的旅程不過是提供了一個窗口，讓你得窺醫生與護士每天面對的許多嚴重問題。因此，當你離開醫院時，你對你父母眼前的未來所抱持的樂觀想法，或許必須與你自己未說出口的直覺，以及對未來前景的感受加以調整。

身為這個新領域中沒有認證資格的陌生人，你或許會有種無能為力的感受，覺得自信與力量都被剝奪了。這種感受或許包括了尊敬與服從，也包括了你對父母的反叛與疏離；因此，當你努力往「與父母共享控制權」的目標邁進時，那些五味雜陳的複雜感受可能會放大你整體的不適與不安感。

在你母親的病榻旁，你看到她躺在那裡（細長單薄的雙腿、骨瘦如柴的肩膀、薄如紙片的皮膚），你知道她已經急遽衰老了。醫院的員工雖然感受到你的悲傷並試圖安慰你，也會提醒你，你的父母正一日比一日更加衰老。從某種極為真實的意義上來說，這些醫生（大部分都比你還年輕）都指望你可以決定你想以什麼方式來照顧你的父母。你現在成了一個年長的成年人，要照顧極為年邁的父母；生命週期的循環之輪突然開始轉動了，這可能相當令人沮喪。然後，你的另一半會開始問：「那麼我自己的父母呢？」以及「比起你母親的需求，我們又該如何去平衡他們的需求？」之類的問題。

隱藏在你意識的深處、或許也是才剛湧現的理解是：這樣的情況某一天也會發生在自己身上，或許比你設想的時間還早。到目前爲止，當你看見同齡者可能發生意外、罹患早發性癌症或者心臟病時，你或許已經明白自己有限的生命是多麼地珍貴；但是現在，你被迫要去飛快地正視那些對你自己未來的暗示。

第四站

# 康復

「她會跟我們待上一段時間。」——復健護士

柏莎自從來到我們家之後，就睡在我們的客廳沙發上，因爲她的背痛與腿痛使她無法上下樓梯；到了晚上，她會按一個小鈴，然後我的妻子或我就會連忙下樓去幫她坐上輪椅、推她到浴室、幫她扶坐上馬桶，爲了得宜起見，當柏莎在「辦她的事」時，浴室的門會關起來。然後，我們會幫忙她站起來，小心地讓她再坐上輪椅、推回沙發，然後幫她把被子掖好、安置妥當。如果我們運氣好的話，一個晚上的鈴聲只會響上一、兩次。兩週過去了，柏莎的痊癒狀態沒有進展，她幾乎撐不下去，而每個人也都累了。現在，該是「好好談一談的時候了」。

柏莎坐在輪椅上，看起來瘦小又乾癟；這個曾經在生命中忍受過這麼多艱苦困境的女人，正瀕臨自我放棄的邊緣。她能否擁有希望、力量以及勇氣，再度嘗試讓自己

回到自給自足的生活？我坐在萎靡不振的她旁邊，我的妻子則坐在她的另一邊，打算扮演「壞警察」與「好警察」的戲碼。我先假定了這樣的情況：雖然柏莎現在還是感覺疼痛，但如果她不儘早開始物理治療的復健計畫，她可能會失去適當療癒的機會，變成只能靠輪椅過日子，放棄她的老年公寓，在養老院裡度過餘生。

「虐待狂！」這個和藹可親的女人呻吟著，無法分辨我們的關心敦促與病態虐待狂之間的區別。是的，這些復健運動相當辛苦；是的，她可能一開始會覺得做這些運動很痛；不，我們不是要對她殘忍；不，我們不想把她安置在養老院。她需要了解自己正處於一個十字路口，如果她現在拒絕投入必要的精力，並在我們的幫助與鼓勵下立刻展開復健工作，她可能就永遠無法回到以前的生活了。

就在柏莎經歷危機、在醫院待了兩週之後，她出院並回到了她的公寓；她由於無法活動而衰弱了許多，而且必須使用助行器。很快地，情況就顯而易見：她根本無法照顧自己，她需要一張輪椅。於是我們的家庭，就像我所照料過的許多其他家庭一樣，決定採取保守的中途照護方式——這是我們在前往山頂的路上所邁出的前幾步。一方面拒絕讓她僅能靠輪椅度日的輕易絕望（有些親人會要求讓她馬上就住進養老院），一方面駁回其他侵入性療法的激烈建議（譬如背部手術），我把柏莎帶回我的家中，自行照顧她。如此一來，我們可以看出休養、鼓勵以及我們親自動手參與（加上探訪護士與物理治療師的協助與支持）可能發揮的功效。

混亂而倉促地度過危機之後，你或許會感到復健的世界（不論是在家中或在機構中）是多麼地寧靜而平和。時間更長或是更爲密集的適當復健計畫，則必須在機構中進行；而機構中大部分的組成份子都是身有殘疾的老年病患，有些是暫時性的、有些則是背負了慢性病症的重擔，因此，「移動緩慢」可說是這一站的特點。醫院的擔架、靜脈注射、臥床的病患以及匆匆忙忙的照護者，都被看起來更從容不迫的工作人員與一群尚可活動的病患所取代。

身爲強健有力的成年人，你或許要花上一段時間才能適應在大廳裡被拖來拉去的各種支持設備以及更加無所不在的人體氣味。還記得剛有個小寶寶誕生時，你第一次要學著如何調整日常作息規律，去適應小寶寶的洗澡、換尿布、餵食等例行事務，還有最新款式旅行裝備的打開與收合。在你父母生命中的這一站，你會經歷到一樣的需求，要求你展現同樣的奉獻精神。在我們日常生活中，我們不習慣看到這麼多人的身體功能竟是如此顯著地受到限制。

儘管如此，這也是瀰漫著樂觀氣息的一站。復健專業人員是醫學界的修復者，日復一日地將一股股微弱的力量織補起來，從筋疲力竭、委靡不堪的身體中哄誘出更多一些的力量。在某種意義上來說，他們也是照護健康的園丁，致力於培養並支持自然的療癒。大多數成年子女對復健機構的第一印象是：把父母安置在這裡也不壞，這裡像是個溫馨的所在。考慮到父母所經歷過的一切之後，你可能還會覺得鬆了一口氣。

陪同你的父母辦理復健中心的入住手續，或者跟家庭照護團隊一起填寫表格時，你將會滿心歡喜地看到物理治療師（負責下半身）、職能治療師（負責上半身）、語言治療師、社工、護士以及醫生所做的詳細評估。態度樂觀、周全縝密、有條不紊，也沒有急症照護醫院中的工作人員那麼匆忙，這些專業人員可為你的慢療團隊大大加分。你極可能認為你父母會得到最妥善的照顧，因此你的心情放鬆了，也更加充滿了希望。要留意的一點是，對你與你的父母來說，進入「康復」這一站的時間點，正好吻合你可能會感受到生理與情緒水平下降的時間點（從危機爆發起算，現在已經過了三到七天）；你的壓力荷爾蒙已然耗盡，你們油箱裡的能量也幾乎燃燒殆盡了，休息一下對大家都好。經過幾天的沉澱，你可能已經養精蓄銳、準備好再出發；但是對你的父母來說，重新振作的速度或許沒那麼快，每件事都變得更加緩慢了。

老年人在飽受所有的危機壓力之後，再加上感受到精力、力量、食欲減退所預示的衰退體能，往往會經歷一段意志消沉的時期。「感覺一切都完了，要回到過去的生活就像是遙遙無期！把我送進養老院吧。」我們已經逐漸了解到，憂鬱症是老化過程中的一個常見問題，許多人往往輕易地將這種喪失信心的暫時性現象貼上「憂鬱症」的標籤，接著立刻跳進藥物治療

（以及所有伴隨而來的風險）之中。抗拒這樣的反應，去接受這一點：當老年人理解到自身處境的現實狀況時，他們的確有理由感到意志消沉，至少暫時如此。你可以預期出院後一、兩週之內，這些情緒可能就會過去，只成爲你父母的一部分體驗而已。以耐心與積極的態度來支持你的父母走過過渡時期吧。

復健是長期照護世界的近岸，而從你上岸之處的隱藏內陸，則是一整個長期照護機構與社區的世界（生活協助、「療養院」、「膳宿之家」、「老奶奶公寓」）——稍後，你將會發現這個更大的世界。但是在眼前，在養老院圍牆內的復健計畫，會立刻讓你的母親聯想到她距離未來需要長期照護的生活有多近。當你在醫院開始與相關人士討論你母親出院後的安置問題，他們或許會告訴你，你母親不一定符合資格可以進入設立在醫院裡的全方位復健單位；若要符合資格，你母親必須有力氣、有耐力去參與高強度的密集療程，或許一天兩次，跟年紀較輕的病患一起進行，可能是中風康復的病人、可能是髖部骨折修復或是動了選擇性關節置換手術之後需要復健的病人。

考慮到你的父母年紀已大以及晚年生活中愈來愈虛弱的體能，可能有人會建議你，他或她最好被安置到復健技巧熟練的護理方案之中，也就是養老院，在那裡，復健照護計畫的要求沒那麼高，或許對他們來說會更合適。同一間養老院中的病患組成，通常混合了需要「技術性照

護」的病患（平均占百分之二十），與「非技術性照護」或「監管照護」的病患（平均占百分之八十）。當然，如果家庭成員願意參與並提供親力親為的支持，居家復健也是有可能的——這是讓老年人免於預見自己未來生活的一個選項。這些替代方案代表了截然不同的參與程度，因此，對於老年人與家屬的心理來說，也代表了截然不同的觀點與前景。

所有一切，都導向或許是我對於「康復」這一站所能做出的最重要論點：**這是個好機會，別讓它溜走了**。老年人非常容易就會從失敗的復健計畫中，逐漸陷入需要進一步長期慢性照護的狀態。危機過後，寶貴的時間就開始倒數計時了，所以別花太多時間在休息上。復健是正式且必要的工作，如果一位病患有可能重拾因疾病或事故而喪失的能力與功能，聯邦醫療保險便會給付復健照護的費用——涵蓋一段時間（每件事故二十天的全額保險、八十天的部分保險），不論你是在正規復健機構、有專業技巧的護理單位，或是在家中透過居家照護機構的安排來進行復健，皆符合該給付資格。養老院也希望能多吸引一些復健病患，因為他們的支付費用高於需要「監管照護」的病患。因此，復健機構與養老院會競相爭奪最好的病患（即簡單明確、不具財務與臨床風險的案件，沒有大量可能出錯或復發的其他問題）。

晚年的康復所花費的時間，往往比醫院的專科醫生讓你相信的時間要久得多，老年人的體力（或許還有情緒的強度）往往不足以讓他們展開復健之路。每個人都有過生一場大病之後需要額外休養的經驗，老年人或許需要額外休養上數週或者數月。但是，堅持不懈就會成功。「烏龜贏了比賽」的結局對老年人來說，又比對其他年齡層的人來說更為眞實；切記，老年人可以透過短時間的間歇運動而變得強健，甚至短到一次僅花上十分鐘也有效果，重點在於累積的努力。他們或許無法承受需要花上三十到四十五分鐘持續練習的時程安排，於是感覺自己未能達成目標而沮喪不已；經驗不足的治療師也可能馬上就放棄一開始在療程中表現不佳的老年人，覺得他們缺乏復原的能力。別被嚇倒了。對於年過八十的老年人來說，在經過一場需要住院治療的重大危機之後，花上六到十二個月的時間才能（又或許永遠無法）完全康復是很實際的想法。然而，即便只有部分功能的恢復，對於踏上返家之路的全面性努力仍然至關緊要。

倘若能認眞進行復健並積極提供情感支持與後援，經妥善安排規劃的復健計畫可以為更高水平（比起你父母在危機發生之前的狀態）的功能與健康打開大門。醫學界的專業人員都知道，許多老年人都是因為疏於照管而讓自己的健康悄悄溜走，力量、耐力、活動性、靈活度也會因日常體能活動不足而喪失；與世隔絕則會導致情感脆弱，或許還會造成營養不良；電視看太多、對心智與情感的刺激太少、實際去解決問題的機會過少，以及缺乏人際互動（即便只是簡單的紙牌遊戲與棋盤遊戲），都會使認知變得遲鈍；心靈力量則可能因為孤獨以及與世界隔離而逐漸枯竭殆盡。積極的治療師與忠誠堅定又充滿活力的家庭一起合作，就能以令人驚訝的

方式加強所有健康的基礎。

爲了在這個重要的機會之站取得成功，復健計畫的專業人員、家人、朋友以及老年人的社區與關懷圈中的其他成員，都必須共同協調出慷慨的支持。團隊中每一位關心的成員在日常生活中貢獻精力與鼓勵的承諾，可以逐漸培養出老年人的信心，讓他們認爲這些目標是合乎實際、可以達成的。出席、熱情參與、爲他們加油打氣，因爲復健、修復、康復的艱苦工作要持續一段相當漫長的時間。家屬們不能把父母放進一個計畫中，然後期待潛在的奇蹟會在自己缺席的情況下發生；此外，有時候展現「嚴厲的愛」也是必要的。

傑西八十幾歲時進行關節置換手術，他過重，喜愛享受啤酒與久坐不動的生活。他輕鬆順利地進行手術，期待可以從此擺脫長期以來的慢性疼痛，但他並未完全意識到自己必須變得更健康、重新學習如何走路。經過幾週的復健計畫，他幾乎毫無進展，家人們開始驚慌了：傑西會不會最後得被送進養老院？這對他那獨居、健康狀況不佳的妻子茱莉亞來說意味著什麼？最後，茱莉亞克服了五十五年以來始終不願批評丈夫的堅持，對醫生說：「他一直都有點懶。」她解釋，「你可以再多逼他一點。」

面對被送入養老院的恐懼及復健團隊更積極的敦促，傑西終於承擔起挑戰，努力踏上回家之路，邁向功能運作更加良好的生活。

## 在「康復」這一站的實際任務

### 設身處地為他們著想

• **試著去理解疾病、治療，以及延長住院的整體代價**

對任何年紀的人來說，經歷過一場嚴重的大病之後，很難不產生信心危機——「我回得了家嗎？」、「我知道腿已沒有力氣可以支撐我下樓去洗衣間。」你母親躺在醫院病床上四天所損失的力量，吃了藥之後感覺頭腦不清、糊里糊塗的狀態，以及稍微用一點力就喘不過氣的現象……，種種情況都在阻礙她、讓她退縮不前。此時，你應該感到慶幸的是，你在早前的幾個站點時，已經花了許多功夫去熟悉她可以做多少家務、可以走多遠之類的生活細節。如果你母親原本的健康狀況就不是很好，你可以預期她在各方面的健康狀況都會有額外的損失，包括耐力、力量、平衡感、靈活度，以及由於情緒低落與疲勞而受損的心智敏銳度。平均而言，在醫院臥床的健康年輕人，每天會流失百分之一到一點五的可測力量；若是換成老年人，流失的則

是這個數字的好幾倍。無怪乎你母親靠自己的力量站起來時會這麼吃力，因為她的手臂、大腿的力量都縮減了百分之二十。她很累，需要更多的休息；沒錯……，只要「休息」能與增強健康的復健計畫（旨在恢復她所失去的能力）保持平衡即可。她跌倒的機率是不是增加了？當然。經過一個月的臥床休息，她跌倒的可能性增加了三倍。

## •誰是你父母的復健良伴？

如果你母親是某項復健計畫的住院病人，幫她安置在某些開朗快活、正面思考的友伴旁，別讓她因為旁觀以及與心情沮喪、憂鬱不振、陷入嚴重困境的人相處，而連帶地拖累了自己的情緒。你可以跟護理人員討論如何幫她找一位適合的室友，或在你來探視她時，自行觀察並搜尋可能適合她的朋友。接受復健治療的人形形色色，為數眾多，有些病患罹患的是單一病症，譬如慢性心臟病、肺氣腫、長期糖尿病的併發症、因癌症造成的殘疾以及髖部的骨折；另一大群人，則是由因感知、情緒或是認知問題（譬如視力損傷、憂鬱症或失智症）而復健明顯緩慢的人所組成。幫助你母親去理解「她的情況只是暫時的」，而且你會陪著她、支持她，讓她以最快的速度康復。

如果你的父母真的開始認真復健了，他或她也可以成為激勵他人的榜樣。去認識你父母所選擇的復健夥伴。除了幫助你父母與你自己去面對必須待在此地復健的共同焦慮感，對他人展現同情與興趣，也可以大大豐富你待在復健機構中的時光，並讓你自己成爲病患與員工的支持系統之一環。他們有什麼不同的經歷？他們如何評量自己的進步？他們如何爲別人加油打氣？他們努力的目標是否與你的父母一樣？

## •認識修復與康復之間的差異

別對外科醫師的樂觀看法信以爲眞，以爲父母親剛進行完美無缺的修復手術，就等同於康復。修復手術只是爲你的母親做好準備，讓她可以朝著正確的方向前進；而爲了達成康復的最終目的，修復之後的實際痊癒還需要個人的努力、熟練的指導，以及最重要的，充足的時間。痊癒的支撐基礎部分來自對身體的照護（良好的營養、休息、全身性的運動），但絕大部分更來自情感、社交以及精神上的支持。你的母親已經遠離了她習以爲常的舒適圈，所以她需要有人幫助她相信自己雖然年紀大了、挑戰也更加嚴峻了，但改善還是有可能的。

大部分病患最後都會從復健計畫中順利畢業，但是對你的父母來說，一切都可以回復到跟以前一模一樣嗎？一般而言並不太可能。我們現在談的，是嚴重老化的人體系統，而非生命力澎湃的年輕人；但是，我也常常看到超乎預期的美妙現象：一個成功的復健計畫，不僅補救了

老年人某個特定的缺陷，更確實地幫助他們發展出前所未有的強健體力，改善了整體的生活。重新建立起你母親強健的上半身，讓她更能行動自如；大量的情感支持則可以幫助她克服那原本使她裹足不前的情緒包袱，也可以使她重新調整精神生活。保持開放的心態，來看待「復原」對每個人所代表的不同意義，以改善身體功能爲理由而進入復健計畫或許只是一種託辭，眞正的目的，是爲了更廣泛而全面性的改善。

## • 熟悉復健計畫中的償付規則

以復健團隊的思考與規劃方式，以及他們必須配合的聯邦醫療保險規則來教育你自己，這些規則的複雜程度幾可比擬西洋棋賽。復健是一項昂貴且勞動力密集的過程，你父母的聯邦醫療保險涵蓋範圍以及補充的聯邦醫療保險輔助計畫，對於所要支付的費用，有著嚴格的指導方針；而復健團隊與其管理者會針對你父母的問題與進展謹愼審視並編碼，以便申請上述保險計畫的償付。建立詳盡的描述標準，以便適當敘述病患的復健進展，使其保有獲取保險給付的資格。總的來說，這些規則對晚年的老年病患是不利的（他們復原得更加緩慢，而且在這些規則設立時，他們並非規則所檢視的年齡群組之一）。意料之中的是，在你父母尚未完全復原之前，他們獲取正式財務支持的資格就會先結束。所以你可以與這個團隊合作，以更好的方式來記錄你父母的改善與進步，然後向聯邦醫療保險提出申訴，但別在這個特定嘗試上浪費你所有的精力。

請記住，大部分老年人結果都需要**持續的非正式計畫**，以便支持他們繼續發揮最大的復原潛力。你需要與復健團隊合作，並爲他們無法再提供協助的時期做好準備；收集復健團隊所有運動指示的副本，將這些副本放進老年人的個人健康日誌中，這麼一來，對大家都方便。購買必備的彈性綁帶、腳踝與手腕沙包，可能有一天你會想使用它們，或者它們可以成爲鄰里圖書館中可以出借給老年人的健康輔具。當你的父母失去了財務支持的資格，但仍然需要一個有組織、有紀律的日常運動方案時，讓家人與你父母的關懷圈成員都加入吧，從一開始就計畫好如何在家中持續地進行復健工作。

### •準備好面對新的財務與個人成本支出

人們普遍的理解是，老年人所有的健康照護費用中，至少有三分之一是由老年人與家屬自費支付。在醫療照護體系中，當老年人距離急症照護的一端愈來愈遠、距離長期照護的一端愈來愈近時，自費支付的比例也就愈來愈高。如果你尚未發現，也很快就會發現，在我們的醫療體系中，保險所涵蓋的長期照護範圍就是比較少。事實上，直接財務成本可能還只占眞正整

體成本中的較小部分，尤其是對家人與照護者來說；當家庭承擔了長期照護的責任，不僅影響人際關係、工作以及對社區的承諾，缺乏後援的壓力與情緒的壓力也會愈來愈大，例如：要帶著體弱的老年人往返門診或復健等醫療地點，有交通上的困難；錯過了工作；得重新安排的會議；為老年人面談並安排看護。這是家庭開始探索並討論細節與成本的好時機，比較機構照護的醫療模式與居家照護的社交模式，包括：快速醫學的抗憂鬱藥處方，與幾個小時的付費陪伴、輔以教會成員幾次短期訪視的嘗試，相較之下的成本與風險各為何？經過證明，按摩可以減少止痛藥的使用；那麼，治療消化不良的昂貴紫色藥丸，跟更好的食物選擇與有人陪伴用餐的方式，比較起來又如何呢？以你父母的特殊情況來看，如何才能使兩種不同的資源模式得到最佳的協調與平衡？這中間該如何權衡與取捨？

## • 重新檢視預立醫囑

數年來，我們老年醫學團隊始終致力於讓病患對生前遺囑與長期的醫療照護授權書進行年度檢視，但與其鼓勵他們等待「適當的時機」（等待著找出適當的好時機，讓這樣的檢視不只是智力活動與裝裝樣子而已），更好的時間點是在我們必須知道每個人在危急關頭或關鍵時刻的態度與立場時；也就是說，在新出現的危機或長期問題壓力之下，這些正式被委派來介入並爲你的家庭做出決策的指定者，他們實際的做法會是什麼？他們目前有充分地參與嗎？他們是否在身心方面已隨時準備好面對未來的危機？把家人一起找來討論，你們找到的這位「四分衛」是否適合與醫療照護體系展開下一回合（可能更爲激烈）的戰鬥。

## 堅持復健計畫的執行

### •將個人特質納入考量

當你的父母從急症照護（醫院）轉移到復健的照護時，家人們必須盡力協助補充正式的紀錄。正如我們所見，在危機發生時，來自家人、朋友以及關懷圈成員們的綜合觀點，所提供有關老年人的功能、態度、耐力以及歷史等細節，皆可豐富我們在「慢療」上對一位老年人的理解。復健團隊必須了解這些個人的其他面向，以便爲病患打造適合的計畫，並聚焦於復健工作的重點上。由於這些專業人員服務的對象都是，比方說，能力差異極大的八十五歲老年人，專業人員們當然可以對服務對象進行體能的評估；但是，有些能力並不是很容易被描述出來，就像艾琳現在走在障礙物周圍時，顯然地缺乏平衡，但他們或許不知道，她在過去的三十年中就都是這樣跌跌撞撞。你的爸爸是個運動員嗎？他喜歡挑戰嗎？喜歡有一個可以去努力的目標

嗎？藉由爲你父母補充他們的個人細節，以強化他們的個案內容。

• **考量他們以前的經歷是否艱困**

你的父母可藉由復健而恢復到什麼程度，端視他或她過去在度過艱苦困境時的表現是多麼堅韌持久、強硬固執、頑強不屈。當你明白你的父母以往一直過著相當幸福的生活，從未眞正面對過需要勇氣與毅力去克服的艱辛困境，這時，你或許必須加以調整你所期望他們展現的韌性。我曾遇過若干最棘手的病患經驗，正是人生幾乎一帆風順的老年人。對於以往從不需長期在身心上努力鞭策自己的那些人，要付出你的耐心；你可以把你的父母介紹給歷經艱辛的老年人，讓他們的故事來指引你的父母。此外，以嚴厲斥責的方式要父母更加努力只會徒勞無功，不妨看看復健的治療師們在開始增加難度時，如何以溫和勸誘的方式堅持下去，我們都能從他們身上獲益良多。

• **確認其他的健康問題**

我們不免傾向於關注新的問題或新的疾病（畢竟，那不就是整個危機發生的原因嗎？），但復健的部份工作，也包括了對你父母可能會有的某些其他問題進行充分的思考。理由是什麼呢？其他問題上的微小改善，可能會對「康復」站點整體的成功或失敗產生區別，像是密切關注於糖尿病的管理（透過特定的飲食、減重控制、良好的日常運動習慣以及對藥物的密切監控），可能會提供你父母所需的能量，讓他們更有耐力去持續進行修復髖關節的物理治療；而讓你的父母買更好的眼鏡，可以改善他或她逐漸走下坡的視力，也會更有信心上下樓梯。讓復健團隊檢視並關注過去所忽視的完整事項列表，在此的些微改善所獲取的回報會相當可觀。

## •協調「回家」的請求

「只要讓我回家，我知道我會做得更好。」你的父母或許也有這種神奇的想法，「如果我能回家，表示一切都沒事了。」父母在自己的家中會更快樂、心情更好，這或許是眞的，你必須尊重這一點，但眞正的問題與功能的傷殘也不容忽視。當你面對這樣的請求時，請專注在你父母的功能水平，爲你父母設定爲了成功返家而必須有能力做到的具體目標（亦即，你與你父母的支持系統在你們能確實提供的方式上，有一致的目標）。你的父母會告訴你：「那是我過去一直在做的事（做早餐、洗澡、穿衣）。」而你想確定的是復健團隊的判斷，確認你的父母是否現在已可以自行完成這些工作。平心而論，記住你永遠無法創造一個「百分之百人身安全」的環境——無論是在你父母的家中或是在養老院中（在那裡，跌倒的意外仍然時

有所聞)。而不管是容許父母去承擔一定程度的風險、討論家人們可容忍的風險範圍,或者諮詢父母關懷圈中明智的長者,都有助於達成平衡的共識。認識到「自我引導」與「自我勝任感」(人們認為他們可以對自己的生活產生某些正面的影響),是整體心理與情緒健康的重要基礎。尊重你父母的觀點,協調出一個家庭認可的妥協方案。

## •了解醫療人員並非僕佣僱工

「好久沒有這麼多人關心我了,我很享受這種待遇。」隨著改善的發生與對生命的興趣重新出現,許多老年人逐漸開始享受成為所有新活動的焦點,這比寂寞地待在家中強多了;家人們也是如此感受,因為突然有這麼多人關心並給予安慰。適當的關注與關懷讓每個人感覺更好,有可推入輪椅的淋浴間、有溫柔的手提供舒適的皮膚護理,某些狀況也比他們以前單獨待在家中時好多了。「媽媽不能留下來嗎?這樣對她比較好,我們也都能多享有一些這樣的待遇。」雖然這種滿足感正是應該發生的事——如果工作人員能夠做好他們的工作。但是別忘了,**所有的關懷與照護,本質上都只是用來促進療癒的禮物**。要讓你的父母(以及你自己)放棄這種有利的立場或許並不容易,工作人員最終仍得提升病患愈來愈高的獨立性(以及或許對家庭愈來愈高的依賴性),而你可能會發現自己在抗拒。別辜負了療癒者所投注的心力,他們的工作是讓你度過這個過渡期，他們的目的是教導你，讓你繼續進行下去。

## •不能只是裝裝樣子

留神觀察你的母親，要從扶手椅上起身，幾乎必須用盡她手臂的所有力量。她必須把全身舉得夠高，才能讓她的腿終於站立起來。她的手臂可以舉起多少公斤的重量？注意她的手臂是如何在顫抖？她可以連續這麼做三次嗎？爲了恢復你母親所承受的、再眞實不過的力量喪失（隨著時光流逝的緩慢喪失，加上最近突然發生的危機所致），她必須努力將自己的能力發揮到極限。任何肌力訓練的教練都知道，如果只用上百分之五十的努力，不會長出新的肌肉。可能你的母親尚未準備好面對高標準的要求（或許某些家庭成員也尚未準備好），但爲了成功執行這項復健計畫，她需要做的不僅是做做樣子而已；這會使她疲憊不堪、深感不適，甚至可能會讓她抱怨哭訴、大發牢騷。在治療師謹愼地提升她的極限之際，你得支持他們的做法，要知道當她離開正式的復健計畫之後，你必須如何地繼續進行下去。

## •成爲有耐心的復健教練

在你父親對運動的興趣達到巔峰之際，他願意接受訓練與輔導的程度有多高？母親曾經對

體育運動有興趣嗎？對你來說，改善高爾夫揮桿有多容易？你還可以騎自行車嗎？你能在你的通勤輕鬆做到嗎？要掌握特定運動以強化特定肌肉群，需要某些或許在晚年已不易覺察、甚至逐漸喪失的能力。患有早期失智症的老年人，往往會失去他們在外在世界的方向感以及內在世界的空間感，若只是藉由述說或展示的方式（然後要他們確實地記住），要他們去執行一項鍛鍊計畫，可能會相當地困難，因爲身體記憶只能透過重複與練習才能建立起來，新的肌肉記憶也必須透過成千上百次的重複才能獲得。採取積極行動去實現你的目標，並進行耐心的輔導。

## • 專注於活動能力勝過一切

有些你需要去做的事，是由復健人員來定義的；而你希望你母親在最後回到家有能力去做的許多事，則是一套更良好的日常慣例。你可以發揮重要的作用，幫助她養成新習慣。**對你父母來說，他們未來能絕對穩固的基礎**，在於持續的活動能力；失去了活動能力，他或她（以及每一個人）都得付出代價。無論你何時跟你的父母在一起，帶他或她一起散散步、走一小段路；想聊天？你們可以邊走邊聊。幫助你的父母享受一段倚靠著你手臂的散步時光，無論是在外頭、走下大廳或是在房間裡走走都好；時間不必很久，但必須很頻繁。放個告示牌在門口：健康需要走路。更好的是，等你父母變得強壯些時，試試走幾步樓梯。肌肉的強化程度，端視你父母是否可以一步步地把他或她自己的重量舉起，緩慢而輕鬆地上下樓梯——就說吧，你父母會因此而「感覺到顫抖」。**我請求你承諾會協助你的父母走路，直到他或她進入「再也無法行走」的生命階段**。沒錯，這個階段總有一天會到來，但別讓它提早發生。

### •成為功能的專家

利用這樣的復健經驗，開始透過你父母的雙眼去看世界。每天都是由一系列的小活動所組成，包括沐浴、著衣、四處走動，然而這些活動在危機發生之後，突然變得更難進行了。開始去熟悉老年人的居家，以及「長期使用的醫療設備」等許多輔具的專門術語。除了助行器材，還有安全扶手、可升高的馬桶座、洗澡椅、對講機以及夜燈要處理；廚房爐灶的使用、電線以及地毯的隆起與滑動，都成了必須考量的安全問題。你的工作重點就是預防危機，因為你不希望再經歷一次髖關節骨折的痛苦經驗。

### •與疼痛共存

一九九〇年代的十年當中展開了一項重要的運動，旨在幫助醫療專業人員認識疼痛，並且更周全而積極地處理疼痛的問題，特別是針對老年人；由此，逐漸發展出更有效治療疼痛的方

法。而像這樣對疼痛的重要關注持續被強調著，尤其是在機構之中。然而正如所有的改善方式（特別是在宣傳活動言論上的），我們要意識到偶爾還是有人（尤其是對廣告照單全收的人）會誤判形勢、做過了頭，最終產生若干負面的影響。有些復健的確會帶來疼痛，尤其在治療開始之後的數小時或數天之內，這是正常的現象，而且在某種程度上還可以發揮回饋作用，以引導該復健計畫的修正與進行。使用足夠的止痛藥，或者（更好）以慢療的替代方案（熱敷、冷敷、按摩、放鬆、寬慰皆爲實例）來處理疼痛很重要。藥效更強的止痛藥雖然有用，也會同時產生鎭靜意志、降低動機、抑制食欲、改變休息模式等副作用。沒有人要求你父母要成爲被疼痛折磨的烈士，但請記住，疼痛也是進步的跡象，尤其是最後幾次的重複練習，會眞正使肌肉感到疲勞並建立起肌肉的力量！

## 建立你的支持團隊

### • 與復健團隊合作

參與正式的復健計畫，很可能是你與醫療照護團隊合作的第一次經驗。愈來愈多的醫療照護以此方式來執行，醫院的許多專業團隊、以團隊方式進行的居家醫療服務，以及介於兩者之間的各項服務、設施或是計畫，都強調團隊合作。雖然某些不實的口惠，往往宣稱「讓病人成爲團隊一員」或是「成爲團隊中心」，但這並非常有的事；而更進一步地讓家屬（或是其他重要的支持者）成爲團隊一員，則更是罕見了。這就是你的切入點，當你了解這可能是醫療體制的新領域，你就必須成爲主動的那個人；切記，當復健團隊的成員脫離復健計畫之後（跟以往一樣，他們終究會這麼做），你跟你的親友團隊必須留下來繼續執行。你或許不需要精通他們工作中的技術部分，但你肯定需要掌握他們對你父母復健問題的觀點與主要做法。儘管安排整個團隊的正式會議時間可能很困難，但要求某一位團隊成員定期告知最新狀況應是可行的方法。幾乎可以肯定的是，要求提供總結報告或是請求允許列席參加一部分的會議，將可提升你與家人朋友溝通內容的整體品質。

## • 向他們與你們的新成員進行簡要的介紹

正如我們所見，正式的醫療紀錄或許並未囊括老年人的性格與個性、歷史、習慣、優缺點等最重要的資訊。因此，不論是一位提供週末復健服務的新治療師或是關懷圈招募來的新朋友，記得對他們做一次簡要的介紹。你必須爲任何在場的新成員擔任居間調停的媒介與橋樑，幫助他們盡快進入情況；醫療專業人員與非正式的支持者，都會因你的簡報而獲益匪淺。許多

關心且願意提供協助、但不了解情況的朋友會保持觀望的態度，這是完全可以理解的，因爲他們不知道到底該何時或者如何去提供協助；給予他們可以如何出力的建議，並且徵求他們的意見。向他們求援，或分享你庭園裡的蔬菜與烘烤的餅乾，小事物也有助於強化並肯定彼此相互連結的感受。

• **找出啦啦隊成員**

截至目前爲止，你的支持團隊已經人才濟濟，具備了各式各樣的才能，不妨找出其中最能振奮人心士氣的啦啦隊員。當老年人在危機發生時或許會感到不堪負荷、毫無希望，這種「啦啦隊歡呼」的方式或許並不怎麼有吸引力；然而在復健時期，當希望再度復甦（雖然看起來會是場延長賽，而且你的父母在第一節就累了），把你最棒、最生氣勃勃的啦啦隊員帶上場吧！一旦復健過程開始，父母們就會需要不屈不撓、樂觀不懈的支持。把矜持與含蓄拋在腦後吧！請大家都來大聲歡呼、加油打氣，尤其是在治療師驅策你母親拿出「巔峰表現」的時候。不妨留意其他病患的成功故事，這些「付諸實行」的人會是極有可信度的啦啦隊員。

## ‧別越俎代庖，待在「有幫助」的這一邊

身為家庭團隊或關懷圈中的一員，你在支持團隊中經驗愈豐富、處事愈老道、人情愈練達，可以做出的貢獻就愈多。為老年人承擔這個角色的價值無可估量，但切記，你不會希望自己是任何你所合作之醫療專業人員的威脅；隨著時間的推移，復健團隊可以與家人們建立起緊密的關係，但你若是被視為要求過於苛刻或是過於執意強求，即使這些反應是出於你的熱誠與關心，你的團隊終究會脫離這段關係。小心別讓這種情況發生。

## ‧留意你自己的健康狀況

個人健康的實質風險（包括罹患重大疾病的風險），與身為照護者的壓力有關，這已是眾所周知的事實，因此，「照顧照護者」也逐漸受到愈來愈多的重視。「康復期」即是個絕佳的時機，讓我們得以了解、並對長期支持者所做的犧牲、承受的重擔表示謝忱；隨著來自關懷圈的家人、朋友以及其他人開始分享他們的壓力與照護的故事，現在，正是開始致力於練習未來該如何自我照護的機會，包括休假、留意自己的健康基礎習慣與醫療問題。

• 大膽說出不能說的禁忌議題

對你的父母來說，以往所保持的平衡或許已轉變，使得他們的支持與照護提供者可能即將產生重大的改變。考慮養老院的選項並沒有錯（最好是在沒有你父母出席的情況下進行這場討論，尤其是一開始他們仍對復健的效果寄予厚望的時候），在這個禁忌的話題上「打開僵局」，以後可能會證明是有幫助的。生活協助社區或養老院，很可能會成爲滿足未來照護需求的一部分，這些初步的討論不但可爲家庭開闢出一片新的情感領域，也可受益於緩慢的處理過程。雖然一旦開始討論這個議題，不可避免地會讓家庭中的某人直接提出「養老院」選項，但大多數的家庭仍會設法盡可能地拖延這個選擇，愈久愈好。此時，只需先習慣於「大膽說出不能說的禁忌議題」，當成是一種方式，用來探測每個人焦慮與承諾的深度。

## 醫療照護的參與

• 別讓利益成爲臨床照護計畫的驅動力

多年來，照護提供者和消費者對醫療照護的看法多受到「保險支付內容」的制約；然而，從老年照護的觀點來看，這種方式是被誤導了。許多老年病學家逐漸了解到，政府指定的福利並不十分符合他們病患的需求；而某項不由聯邦醫療保險計畫支付的特定服務，也不代表那就對你所愛的人沒有幫助或甚至是他們不需要的。在復原期間，你會聽到許多跟你父母有關的福利與補助——他們符合的資格、資格的限制、資格的延續。但是，別把這個話題跟你母親的眞實需求混爲一談。你可以看出，儘管她可以走得更遠了，她還是沒有爬上六個台階返回臥室的力氣；你的父母也尚未測試在準備食物時的平衡感與靈巧程度。與復健團隊一起合作，調整你們對你父母的認識，並爲他們量身訂製個人化的目標，同時爲這些目標的實際重要性據理力爭（尤其當你的父母回到自己的家中與特定環境時）。你可以爲復健團隊提供相當的幫助，讓他們規劃出一套公平可行的計畫，對你的父母與保險公司都公平。

### • 要求定期進行藥物檢視

這項藥物爲何被使用？考慮到母親的進步，還有需要服用嗎？她對該藥物的效果與價值有什麼看法？副作用呢？她喜歡吃這個藥嗎？那是長期計劃中必要的一部分嗎？是否有確實的證據可以證明特定的藥物能爲她帶來實際的好處？以及，究竟有多少好處？而這項藥物是怎麼被監測的？又應該要怎麼監測？她是否可以嘗試較低的劑量，或者可以試試看不服用？服用此藥有什麼風險？不服用又有什麼風險？爲了她的方便起見，每天用藥的方法可否加以簡化？是

否有風險與成本都較低的替代療法，可以用來代替特定藥物？復健計畫或養老院現在正在為你父母的藥物付費，你知道每種藥物的費用嗎？當你的父母離開了復健計畫而你必須承擔起責任時，他們（或你）負擔得起藥費嗎？老年病學家對於老年人普遍被過度開藥的情況再清楚不過了，服用的藥物愈多，病患所面臨的風險就愈大；事實上，**許多老年人再次住院都是與藥物的問題有關**。對於檢視用藥以及剔除不必要或成本高、價值低的處方，再多的關注都不夠。

## ‧準備下一次的交接

復健一開始的步調或許看起來很緩慢，但是隨著時光飛逝，結束時刻的到來可能會讓人覺得很突兀。你是否考慮到如何交接給下一個承擔你父母照護責任的適當醫療專業團隊？這會是一個相當複雜的故事。原來的復健團隊會將他們所完成的醫療事項整理成一份簡要的總結，但這份報告並無法描述你父母所經歷的「內在旅程」。你從慢療的角度對你父母所產生的理解，包括他們的恐懼、努力、挫折、收穫，以及使他或她得以回歸獨立生活的一切成就……等等，幾乎不可能在正式的臨床紀錄中找到。

這份摘要總結也無法詳細預測你父母在居家環境中運作的真實情況。切記，你是這份真實紀錄的傳遞媒介，你知道在這場危機中他們喪失了什麼能力，以及出現了什麼強項與弱項的所有細節；如果你有加以密切關注，你現在就會知道許多有關你父母的應對機制、心理狀態與看待人生的哲學觀。

隨著正式支持團隊的解散，父母也必須回到與醫生一對一的醫療照護世界；是否有任何方式可以找到一支新的團隊來接手？與你父母的醫生的辦公室工作人員建立起聯繫，並著手進行一項比你過去所做更詳盡的探查——辦公室中有執業護士或醫師助理嗎？有幾位護士？他們做些什麼事？他們會幫忙協調照護與溝通嗎？辦公室是否與某位探訪護士或照護管理專員計畫有密切的聯繫或合作關係？下一個團隊不可能帶著萬全的準備到來，你必須擔任當中「黏合的膠水」，使之成爲能發揮實際作用的團隊，並且再次參與、提醒這支以辦公室作業爲主的醫療團隊關於你父母狀況的改變。如果你能成功地做到這一點，你就會步上慢療的康莊大道，打造出新的支持系統以及你父母新環境中的安全保障（不論是身體、情感、或是心理方面）。

數十年之前，傳統社區的作法是家庭醫生會在這個過渡時期到這些家庭出診，一方面緩解他們的憂心，一方面也藉此確認一切進展順利。由醫生與執業護士所進行的家庭訪視新計畫，雖然仍處於起步階段，也已經在某些社區展開了。搜尋看看你住家附近是否有可能找到這類的計畫，隨著老年人與家庭逐漸認可這些計畫的價值，其數量也會增加。如果你父母的社區中沒有這類的計畫可參與，設法協調他們的固定醫生是否可以出診。主動詢問絕對沒有壞處，而且

也可以讓醫學界愈發感受到慢療需求的重要性。

### • 調查居家的緊急呼叫系統

在過去的十年間，人們開發了「生命線」的新科技，用以幫助獨居的老年人。如今，在眾多方案中最頂尖的做法，是可以讓人把警報器穿戴在身上（手鐲或項鍊），讓穿戴者可以很容易地啟動它們。我母親柏莎因她困在浴缸中的記憶，使得生命線對她深具吸引力；而你的父母或許需要一些輔導去說服他或她使用這類設施，關鍵在於選擇一項可回應警報器的生命線服務，而且是你的父母與你的家人可接受的方式。第一通電話不必接通警察局、救護車、醫院或是醫生，最好的系統是有電話服務生可以透過居家監視器傾聽，及與有急迫需求的老年人對話，以便在打電話給指定的家庭成員或鄰居（或是某個十分熟悉你父母情況、可以立刻去查看他們的人）之前，先進一步評估情況；如果提早並合宜地運用這些設備，便能降低不必要的危機以及運送到醫院途中所引發的風險。別規劃一項會取消父母控制權的計畫，否則他或她可能會不願意去使用該設備。

## • 準備一個緊急資訊袋

在你父母有需要時，與提供服務的當地緊急救援人員對話，或許會有所幫助。你可以詢問他們以前服務獨居老年人的經驗，以及他們對於準備緊急資訊袋等事物的建議，緊急資訊袋包含了（希望是最新的）健康問題、藥物與劑量、你父母的醫生姓名與電話號碼，以及家庭成員的姓名、電話號碼與連絡地址等清單。同時，你也可以詢問他們如何存放資料袋的建議，以便讓救援團隊知道可以在哪裡找到。爲所有可能成爲你回應小組的家庭成員與朋友們，定期更新資料袋的副本。當你的父母返回家中時，注意這些重要的設備與資料是否都已經安置到位；**眼下，你必須準備好面對的一項重要事件，就是下一次的危機。**

## • 情勢評估

此時此刻，你或許感覺到自己有一股強烈的衝動，想要脫離這一切……，或者至少保持距離。「現在，她的急症部分已經過去了，或許我們可以把她持續進行的復健工作留給其他人去負責，她已經答應會每天做她的運動了。」我們希望盡可能支持母親盡快恢復、提升她的獨立性，同時我們也暗地裡希望可以逃回自己所熟知的昔日生活中；你或許也會發現自己來來回回地搜尋、探究，想了解自己的動機。儘管如此，不確定性與隨之而來的焦慮感已經來勢洶洶地進入了你的生活。復健計畫從行走的距離、舉起的重量、消耗的飲食方面（讓你有依據可循並感到寬慰的特定資訊），更爲正式地評量了你父母的進展；但現在，在你父母自己的家中以及你自己複雜的生活中，你需要你家人的非正式衡量標準來評量你父母與你每天的表現。想像的場景開始在你腦海中上演：「如果媽媽不能上下樓梯，我們該怎麼辦？」、「外出購物呢？」現在，你父母的康復過程將取決於他或她的內在力量、努力、運氣、家人，與關係更遠一些、各就其位之醫療專業人員的照護品質。在復健過程的某個時候，所有由危機所引發的不確定性與焦慮感，會突然地從你父母身上轉移到家人身上；而你自己的情緒轉變過程，則取決於你與其他人如何協調、商議每個家庭成員的參與。你父母在決策中的角色如何轉變？「我接下來要去哪裡？」、「這裡做決定的人是誰？」你可以更清晰地看出你的兄弟姐妹，誰是救援者、哭泣者、王子或公主、「還是小寶寶」、烈士。你適合哪個位置？下一次見面時，你們該如何與對方相處？「如果你想讓媽回到家裡，那你負責照顧她。」、「既然你住得最近，或許你可以發起家庭支持計畫。」、「如果我提供更多財務方面的援助，你能抽出時間陪她嗎？」

到現在爲止，你或許已經接受了現實——前方還有一條漫漫長路要走。在此共同的旅程上，當你踏上前方尚待努力的路途時，許多事情將取決於你如何成熟地經營你的家庭關係、你自己的情感生活，以及你的精神與心靈。

# 第五站
# 衰退

「我們不能期望太高。」——探訪護士

## 回到家中

經過這次的危機，柏莎需要在我們家中進行整整三個月的日常復健，很難想像她還能再回到她的公寓裡獨居。我們爲自己所做的努力感到自豪，也很高興我們所採取的照護方式得到了肯定。然而實情是，柏莎腿部的力量從來沒能眞正地恢復；她再也不能單獨步行去圖書館，也不能自行上下樓梯了。對於她是否可以回去老年公寓獨居，我們這個大家庭的看法與投票結果是分歧的。在「衰退」這一站的初期階段，我們的計畫多少有些是出於希望——希望爲了柏莎好，她或許可以再回去過她想要的生活。很幸運且令人驚訝的是，她也的確如此地又過了將近兩年半——直到下一次危機的爆發。

在這段支持柏莎的期間，我們請求她的醫生在進行任何新的或不同的治療之前，都要先讓我們了解潛在的利弊得失。沒錯，她現在需要人幫忙洗澡（一項重要的日常生活活動），但她還是認為這並非必要的幫助；她答應會繼續做她的復健運動，她相當喜歡我們買給她的花俏、新穎的紅色助行器，讓她可以在公寓外頭使用。當她在房子裡四處走動時，這根手杖會穩定地支撐她（她答應我們）。她很快樂。然而，她愈來愈難分辨出某張印刷品是帳單還是廣告，也似乎愈來愈無法理解電話的運作方式。

當食物開始在她的冰箱中堆積如山，我們也開始納悶她的營養到底夠不夠；此外，樂於幫忙的鄰居注意到，由於她的大小便失禁問題逐漸惡化，她需要清洗更多的床單；還有公車司機拒絕讓她搭車去購物中心，她在試圖上車時跌倒了之類的事，柏莎嘟囔著這件事。她更常打盹，早上也睡得更晚。我們藉由定期打電話與斷斷續續的探視來保持對她的關注，但是我們自己生活中有那麼多的事情在發生：我姐姐的孫子罹患了慢性病，她需要花時間與精力去照顧他；而我也生了重病，不得不請假暫離工作崗位。所有勉強撐持住柏莎的支柱，都顯得薄弱不堪、岌岌可危。

最後，一項未被納入報告（也因此未被加以治療）的泌尿道感染問題，讓柏莎的狀況急轉直下，陷入譫妄。經過無人照看的三天，柏莎嚴重的大小便失禁幾乎毀了她的公寓，也使得她必須再次住院；她的健康所保持之極其脆弱的平衡狀態，又再度崩潰了。她在事情變得無法控制之前，竟然沒有求助的怪異之舉，動搖了每個人對她仍保有良好判斷的信心。顯而易見，她的身體與心智能力的衰退，遠超乎我們的預期。現在，她需要更多的幫助來照顧她自己，而且永遠無法回復到「妥協」那一站的健康狀態了。

即使你做得再好，轉變還是不可避免。儘管你始終以令人欽佩的關懷與堅持，致力於最大化她的能力、改善力量與功能、管理個別的疾病、平衡治療、避免可能發生的危機——改變終究會到來，老化的身體每隔幾個月或幾年，就會再往下滑落一點。最後，母親所蒙受的損失會顯著到足以構成眞正的「失能」，意味著她無法再過著「正常」的生活。順利老化的目標是盡可能延長有品質的生活，直到最後的失能不可避免地到來。如果人們活得夠久，他們必然會老化到某個程度，舉例來說，在沒有協助的情況下即無法穿衣、洗澡、上廁所或是進食。在「衰退」這一站，逐漸遞增、無可避免的改變將使老年人跨越過那道門檻：從「免於失能」變成「擔負失能」。到了八十歲時，平均壽命剩下十年的老年人，平均來說會經歷七年半的免於失能，接著是兩年半的擔負失能。

## 第二次復活

當柏莎在生活協助機構、從泌尿道感染所引起的嚴重敗血症中逐漸復原一個月之後，我們拒絕讓她直接回到她的公寓時，她非常生氣。她很高興能從密西根州上半島被帶到我們家中，進行爲期一個月的觀察和評估；但是當我們開始談到家人們計畫讓她回到生活協助機構時，她極爲激烈地反對。這位始終舉止溫和的女士用她的食指用力地敲桌子，強調她可以照顧自己。當我們反駁她的意見，說她沒能在事情變得不可收拾之前，先讓人知道她生病了，她只是搖著頭，頑固地保持沉默。她想搬來跟我們住嗎？不，這不是她想要的。好吧，我的妻子滿懷同情地提出，或許可以像上次一樣，有一個折衷的辦法：或許如果有足夠的額外幫助，她可以在自己的公寓中再待一陣子，比如說，待到夏天結束，然後冬天回到生活協助機構。她在那裡的室友都固定這麼做。

所以，柏莎的「第二次復活」就這麼開始了——原本三個月的嘗試，後來延長成十五個月。我的姐姐跟住在柏莎那間公寓大樓的兩位較年輕長者商量，他們一直非正式地在幫她洗衣服；於是我們提供了一份不多的工資，聘請他們來協助她的日常事務，並進一步幫忙照管她。最最親愛的法蘭與黑茲爾！這兩位在柏莎當地關懷圈中的成員挺身而出、臨危受命，讓柏莎可以在自己的家裡待久一點。這兩位極為可靠的幫手每天、每個週末輪流在早上擺好柏莎的衣服（她還可以自己穿衣），幫她在公寓裡做好早餐、午餐以及晚餐；偶爾陪她去玩賓果（她已經無法跟上皮納克爾的牌戲了）或是開車載著她跟她的助行器去上教堂；幫她收郵件；看管她的藥丸盒裡面的藥丸有沒有被放好；看她有沒有在正確的時間服用正確的藥物；做些輕鬆的購物與整理收拾工作；幫她洗澡、晚上睡覺時穿戴尿布。當她們擔憂或注意到柏莎的健康或認知上的改變，也會打電話給我姐姐或我。毫無疑問，她們是天使。

## 從這裡看向未來

老年人在「衰退」這一站，宛如緩慢地漂進一條寬廣的河流，而最終，這條河流會帶著年老旅人流向無垠的大海；但是直到那時之前，可能還有一條漫漫長路要走，月復一月、年復一年。在緩慢分崩離析的漂流過程當中，世代的世界觀產生了轉變與分歧，老年人、家庭、社區以及醫療照護體系之間的觀點差異性不斷增長，我的看法不再與我母親的看法如此一致，她的醫生則是處於遙遠的「待命狀態」。我們對這一站的體驗是如此地截然不同。

在「衰退」這一站，老年人的逐漸疏離變得愈來愈明顯，所有人都可以感受得到。河流變寬了，河岸上的繁忙世界逐漸往後退而變得模糊不清。隨著母親的聽力與視力大不如前，她的興趣與理解也變得不那麼敏銳而具洞察力，像是最近的事件、政治議題，或社區、街上、隔壁鄰居發生的事，她都不太感興趣了，對她最有吸引力的反倒是近在眼前的事：切身相關的生活細節、窗外距離最近的風景、度過每天的一舉一動；或許還有些郵寄來的卡片或信件、雜誌、某個最喜愛的電視節目、祈禱的讀物、一束鮮花，或是最近的訪客帶來的小禮物，都會吸引老年人的注意力。「今天的天氣如何」、「我中午吃了什麼」以及「我睡得如何」，都是談話的主題，老年人的生活被大大地簡化了，認知技能的日常需求降低了，簡短的溝通彷彿從岸邊到船上以固定的幅度來回擺盪，家庭成員往往會覺得彷彿他們的呼喚得不到回應。你母親說她所做的事，日復一日並無甚變化；而你所說來自你世界的事，似乎愈來愈無法引起她的興趣。她似乎並不眞的想知道細節，只是想確定每個人都安然無恙。儘管如此，查看她的狀況仍然是保持連結的重要事項。

此時此刻，這條河彷彿一座湖泊般寬闊、波瀾不興。日復一日站在河岸的家人與朋友們，或許無法察覺老年人進程中任何明顯的變化，關於「做什麼事可能對他們最有幫助」的不確定性提高了。儘管我們極爲努力地想維持住她的狀況，但不管是從實際狀況或比喻性質來說，她都無法維持住之前復健的成果，光是靠意志與努力的作爲是不夠的；我們可能會發現，對她要求太多，實際上似乎會損害她的健康；甚至連我們一起散個小步的儀式，對她來說都已經成了不堪負荷的活動。

**事情再度分崩離析**

柏莎的雙腿不能動了。它們不一定會在什麼時候停止回應她的念頭，而她的照護者發現她在房間中央僵住，蹣跚踉蹌、搖搖欲墜。她的小中風開始不時發作，每次在她「醒來」之前，都會有好幾個小時陷入抽離、無語的狀態，但她並未意識到自己的空白狀態，以及這種情況給她的照護者所帶來的恐懼與擔憂；法蘭與黑茲爾知道柏莎不想要「冒險激進的治療手段」，並且勇敢地拒絕使她沮喪不安又筋疲力竭的急診室經驗，她們打給我們，讓我們知道柏莎的狀態，然後陪她坐下來、小心翼翼地觀察她、監測她的呼吸，等待看她是否會從這一次的失誤中再度甦醒過來。

最後，經過數月又數年讓柏莎留在自己家中的努力，我們耗盡了所有的資源。我們家庭與柏莎共享的晚年之旅，必須將她轉移到養老院了。我們走到這裡的一路上，我那九十一歲的母親坦承，她每個晚上都希望並祈禱自己能在睡夢中離開人世；我告訴她，我們也都爲她祈禱，希望她能迅速而平靜地解脫。但我們的祈禱都沒有成功。

在經過如此忠誠、全心全意地努力，去幫助你的父母留在他們自己家中之後，即便藉由你的辛勤工作、承諾、犧牲爲他們帶來的所有好處，這樣的時刻還是無可避免地到來——除了改變方向之外，別無他法。你已然耗盡了資源。在你對自己長時間的努力感到滿意之際，你的態度也出現了軟化；然而，當你家人們的所有努力終於達到極限時，痛苦的壓力也在逐漸累積。你的摯愛之人可能只是需要更多的照護，所以重新安置到生活協助機構、居住照護機構或是養老院，就成了許多人唯一的答案——或許是對大多數幸運擁有長壽父母的人來說。跟多個家庭一起走過這條路多次之後，我仍然會對比預期更好的結果感到驚訝——前提是，當一個家庭在之前的旅程中已然盡了徹底而眞誠的努力。母親剛開始自然會不高興要離開她所熟悉的一切，誰不會有這種感覺？強迫的或者過早的轉換，證明了這可能會是很困難、甚至是毀滅性的決定；而愧疚、失望、責怪、憤怒等情緒，都會讓這樣的轉換更形複雜。然而，若轉換的時機剛剛好，對此必要性的深刻認知則會減輕每個人的負面情緒。以你母親熟悉的物品來裝飾她的新環境，會是一種「與過去連結」的絕佳方式；同時，這項改變可能會確實爲老年人的晚年帶來新的能量。

雖然丹的心智仍然健全，但他孱弱的肢體使得家人不得不做出艱難的決定：將他送到養老院以卸下他妻子的負擔。幸運的是，這個機構距離他們的家僅有幾公里之遙，所以他的妻子可以每天去看望他，他們的兒子們也可以定期去探視他。

兩個月之後有一天，當兒子們來探視他時，他「噓」了他們，叫他們噤聲。收音機正在播放，他專注地傾聽。音樂結束時，他向他們道歉，說道：「這是我生平第一次有機會學習音樂，而這一曲對貝多芬的發展來說太重要了。」

＊＊＊

這是個悲傷的日子，因爲莉莉的母親瑪麗必須離開她待了五十八年的家。瑪麗想跟她女兒一起住，但是白天沒有人能在家照顧這位八十八歲老者的需求；瑪麗認爲住在她自己的家那麼久之後，她一定會恨死生活協助機構的住處。

令人出乎意料的是，瑪麗搬進新住處一個月之後，莉莉打電話過去卻發現她的母親「外出走動」到她最喜歡的新據點：餐廳外頭的長凳區，在那裡，她可以跟每個經過的新朋友聊天。

「衰退」這一站不僅是關於老年人的衰退，也是關於家庭的衰退故事——能量、資源、自

由，以及自己生活中迴旋空間的衰減。這是一種犧牲，是你與年邁雙親在晚年道路上同行所共度之親密、艱難而價值非凡的經驗，而必須付出的代價。有些文化對於實現如此孝道極爲珍視並引以爲傲，其他文化則在平衡這項努力與個人需求、家庭、工作以及財務義務上遭遇到很大的困難。在我們的文化中，隨著我們愈來愈多人被迫回應愈來愈多的老年人，並分配照護他們的稀少公共資源，家庭照護的價值正重新被評估。嬰兒潮世代也不禁開始感到困惑：當我們變老時，會以什麼方式受到照護？我們現在對父母所做以及爲他們所做的事，會建立起關注與承諾（或忽視）的模式，從而帶入我們自己的未來以及孩子們的生活之中。

隨著在老年人的生活中逐漸確立了衰退模式，你或許也開始注意到醫療照護體系的逐漸脫離。「我們不能期望過多」的另一面往往就是「我們沒什麼能做的」，這種婉轉的說法意味著在我們現有的聯邦醫療保險方案下，醫生的報酬並不足以進行眾多老年人在生命此時期所亟需的慢療照護；事實上，我們根本沒有足夠的、訓練有素的內科醫生、家庭醫生以及老年病學家來提供重要的「慢療」照護。快速醫學的脫離，在某些情況下又比其他情況來得更爲完全而徹底；因此現在，家人、朋友以及關懷圈成員的部分功能，即是與醫療照護的專業人員保持聯繫。對抱持著「封閉」世界觀的老年人來說，要靠他們自己來維持外在關係與對話，顯然困難得多。

## 衰退的途徑

### 那些幸運者

我們都聽過「幸運」老年人的故事，他們在睡眠中意外但平靜地死去。許多人都希望能如此簡單的溘然長逝，但只有不到十分之一的老年人能倖免於長期的衰退過程。

### 衰竭而死

心臟、腎臟、肺臟、肝臟的衰竭是晚年常見的衰退方式（大約占了所有死亡的三分之一，其中又以心臟衰竭最爲常見）。曾經，重大器官衰竭導致了相當快速的衰退與死亡，舉例來說，幾十年前，重大充血性心臟衰竭發作的預後，就跟凶猛的癌症一樣嚇人，在一年之內死亡的可能性極高。然而現在，對於心臟、肺臟以及肝臟疾病，有了更好的末期治療方法，加上腎透析（洗腎）的普及，這種衰退途徑的慣常軌跡，變成了伴隨多重嚴重危機的緩慢下坡路線。

然而，對晚年的老年人來說，當疾病加速進展、治療逐漸無濟於事時，器官衰竭會往往導致我所稱的「衰竭而死」，老年人並無保留任何足以繼續運作下去的能量。從病患與家屬的觀點來看，這些晚年的下坡路線通常以支離破碎的照護爲特徵，不但涉及許多專科醫生與醫院的治療，更與家庭在醫療決策方面的痛苦，以及日益增長的不確定性有關。在器官衰竭的問題上，醫生與醫院可能提供或正在提供各種試驗的醫療程序，似乎毫無止境；是故，在「衰退」這一站，重要的問題變成了：你的父母還有多少「生命能量」可以先承受治療、再使病情逐漸好轉？當新治療的真正價值讓人無法確定時，決定何時喊停就變得相當困難了。

噩運很早就進入了伊莉莎白的生命。在她的心臟病出現之前，她的風濕性關節炎已使她只能靠著助行器與輪椅度日。隨著疾病的加劇，她成了「早衰」的老年人之一。任何治療都沒有起色。到她第三次住進心臟病的監護病房時，醫生對她的預後是：「她隨時都會走，或許就在幾天之內；她想回到家裡嗎？」

我們嘗試著讓伊莉莎白跟她的丈夫單獨待在家裡一小段時間，但不怎麼成功，因爲她的丈夫自己也很孱弱，沒有什麼行動力；後來，我們將她安置在養老院中。她幾乎停止了所有的藥物，除了那些她感覺吃了比較舒服的藥物，其中只有一種是心臟病的藥。事實上對她來說，養老院的新生活變得更美好，她的食欲回來了，許多朋友與家庭成員會來看她；轉眼間，四個月過去了。到最後，她變得愈來愈疲累，在她覺得自己已經沒有力氣進食或撐過另一天之前，已再過了一個月；又過了幾週，她終於解脫了。

## 中風

老化並脆弱的大腦所遭受的大大小小損傷，不論是由阻塞的血管造成、還是循環中斷而導致的併發症，都是晚年失能與死亡的常見原因。中風往往不會致命，而是使得老年人失能。大中風會導致立即、而且往往是重大的失能殘疾；然而，像我母親持續發作的小中風（多次發作、短暫且幾乎無法察覺，直到影響逐漸累積起來），也會促使能力喪失與漸進式的失能。因中風而引起的衰退，下滑的速度比器官衰竭來得緩慢，而且往往較少涉及急遽的重大危機。同時，中風通常會合併阿茲海默症的大腦變化，這兩種症狀在一起，會構成一條相當平緩而漫長的下坡路徑。

## 癌症

當然，癌症有許多不同的種類，有些可治癒、有些很好治療、有些仍然會致命。許多癌症專家指出，老年人可能有許多未被偵測出來的癌症，他們是「帶著這些癌症死去，而非因爲這些癌症而死」。男性的前列腺癌就是其中最被廣泛引用的一種，其他的癌症除非解剖驗屍，否

則可能很難被發現。今日，成功的癌症治療可以使以往相當迅速的死亡變成長期的病症，以及經過一段時期（可能持續數月到數年）的衰退至死。在中年時，癌症死亡的常見「模式」（假設治療確實使病情暫時地減輕），是身體在治療之後保持極佳的功能與健康水平，接著在癌症病情變得無法控制時突然地急轉直下，在短時間內相當快速地衰竭死亡。

然而，當一個人在晚年時發現罹癌，預後的長期預測「高度功能與良好健康」或許並不怎麼適用。由於身體全面地弱化、韌性降低、其他重大醫療問題所引起的併發症以及嚴格治療的有害影響，許多老年人在癌症治療期間與之後，健康水平會大幅地降低。許多癌症治療專家也開始認知到這個事實，因此出現了腫瘤學的一個專業分科，以特別專注在老年人癌症治療的特殊問題上。

普里希拉的鄰居是一名公共衛生的護士，她打電話給我問我是否能順路過去探訪一下普里希拉。每個人都顯得有些尷尬，因爲似乎早該請醫生來看診了，但病患與她的丈夫都希望能有更簡單的做法；這一對即將邁向九十大關的夫妻，知道妻子的癌症意味著生命的終結。我以前見過這樣的起居安排：所有的房間都關了起來，除了廚房以及相鄰的起居室，床鋪移到樓下以節省暖氣，密閉不流通的空氣中可以聞出疾病的味道。他們沒有多少積蓄而且不敢去醫院，說朋友與鄰居都同意幫忙照顧普里希拉，讓她待在自己家中——因爲他們也沒有子女。當我解開她用來裹住胸部的頭巾布，看到腫瘤已經爆裂流血了；她因爲好幾月以來的緩慢失血而相當虛弱，但她並未因此而死，只是現在要照顧她變得相當困難。他們都覺得原本立意良好的計畫，現在成了他們無法容忍的一種無人照看的狀態。我可以提出什麼建議呢？我提出一連串帶著最良善意圖的做法：我們可以找一位外科醫師進行最低限度的手術，讓她的傷口更容易照護，然後讓她可以回家直到自然離世。但是，當無預期的小中風在她住院時發作，又加重了照護她的負擔，她只得被送進養老院；因此，他們的積蓄與房子沒了，她的丈夫在她過世之後搬進城裡住了一小段時間，接著也離開了人世。

## 身體衰弱

一直有些醫生（而且未來也會有）宣稱，「人們死於疾病，而非衰老」；當我一再努力爲衰弱已極的老年人在死亡證明上確定一項明顯的「死因」時，我十分希望這些醫生中有人可以跟在我身邊。近年來，老年病學家始終致力於給「衰弱」一個更具體的定義；一項研究指出，透過病歷回顧一大群八十歲以上老年人的死因，估計有將近四分之一把死因歸爲衰弱，會比歸爲任何特定的疾病都來得更爲精準。

衰弱可以被稱爲「無法測量的失能」，因爲其發展與進展往往並未伴隨著喪失特定日常生活活動或中級日常生活活動（亦即能更明確定義「失能」的相關活動）。老年人逐漸而緩慢地喪失體力、耐力、移動速度、感知能力以及整體的能量與精力，但是，大部分處於這種狀態的老年人仍然可以自行洗澡、穿衣、四處走動、上廁所、進食，只是這些活動已耗費了他們一天中大部分的能量，能留給其他事情的能量就所剩無幾了。這類的衰弱會走向一條非常緩慢（通常會花上數年時間）的下坡路徑，如果照護得當、運氣不錯，老化的身體會像秋天的落葉般緩慢萎縮，最後，等到輕微的疾病或「放棄求生」的意念打破了這項平衡，死亡遂隨之而來。

## 失智症

阿茲海默症、血管性（或小中風）失智症，與帕金森氏症相關的失智症以及其他大腦退化性疾病，從相當緩慢（一、二十年）到極爲快速（兩年到死亡）的進程都有。一般來說，很難去描述因失智症而導致的衰退軌跡，許多罹患重度阿茲海默症但身體仍然硬朗的老年人，只有在其他疾病出現時才會失去他們的健康。然而，我們知道阿茲海默症與其他失智症最後會發展成導致大腦嚴重損傷而致死的末期症狀，因爲身體的功能（活動、言語、進食能力）會逐漸地喪失。除了這中間所發生的傳染病（老年人會變得很容易受到感染），有時大腦的疾病也會導致癲癇發作與死亡。過了八十五歲，失智症會愈來愈普遍而常見，而在失智症可預測的進程中，所牽涉的其他說得出來的衰退模式，通常不止一種。

我的朋友愛麗絲打電話來詢問預立醫囑的「技術性問題」。她的父親在某間養老院的特殊失智症照護病房待了將近三年，目前病情正急遽惡化中；而她的母親打給她，說她父親罹患了肺炎，養老院要將他送去醫院。愛麗絲跟她的兄弟住在距離他們父母數百公里遠的地方，「我們去年才立下這份預立醫囑，並且把副本存檔在醫院。他們還需要正本嗎？」

就像我們許多人一樣，愛麗絲以為幫她父親的預立醫囑存了檔，就意味著醫院會自動找出這份文件並遵照執行。我建議她，「你最好親自前往。」於是，愛麗絲跟她的丈夫第二天早上去到那裡，同時先打電話提醒醫院的工作人員，她父親曾表達過他的意願，不要有任何「冒險激進的治療手段」。他在兩天之內平靜地離世了。醫院雖在他的死亡證明上註記「肺炎」為死因，但家人們認為，他在數年之前就已經因失智症而離開了他們。

## 衰退會發生在哪裡？

老年人緩慢的衰退旅程可能在許多不同的地點展開：原本的家中、規模精簡的老年公寓、某個家庭成員家中後方的臥室、生活協助機構，或甚至是養老院（倘若其他居住情況都不成功的話）。你的母親當然想要待在她熟悉的船上，而你也想盡可能地讓她留在那裡；這種家的感覺對她來說意義重大，提供了她情感上與心理上的安全空間，尤其當你發現她開始有些認知上的小失誤以及脫序的行爲。

我們活在一個晚年住房選擇迅速增長的時代，驅動此情況的原因，部分是來自急劇成長的八十歲以上老年群體所創造出來的商業機會；隨著老化的進程，這個群體最有可能需要居住與生活的支持安排。事實上，在以往的任何時期，都只有大約百分之二十的八十五歲以上老人會永久入住養老院；其餘百分之八十則會留在自己家中、家庭成員的家中，或是老人集體生活的住處。而在七十五歲到八十五歲的老年人中，只有百分之五會永久居住在養老院中。由於目前邁入晚年的老年人口數量愈來愈多，而且預計在未來二十年中將呈現倍數成長，養老院床位的容量遂產生了異常緊縮的現象。

同時，數年以來隨著醫療照護成本不斷飆漲，各州政府一方面發放養老院的設立許可、對其加以嚴格規範、並支付大部分照護費用；一方面也試圖藉由限制養老院床位數量的作法，控制長期照護的高額成本。而爲了因應照護與住房之間的缺口，我們可以看到規範不那麼嚴格的生活協助機構如雨後春筍般激增。如今，養老院收容的都是最重度的失能老者，新成立的生活協助機構則滿足了許多老年人的需求——他們在過去可能會住進養老院，現在則必須靠自己生活一段更長的時間。這種住房趨勢雖然改善了醫療照護體系的效率，但是當老年人的健康狀況進一步惡化而被迫再次搬遷住所時，這些老年人及其家人也會不得不面對許多現實上與情感上的問題。

我們在墨西哥旅遊，剛好在一間街頭咖啡館午餐時認識了一位朋友，跟他同行的還有他的母親（看起來是一位相當安靜、舉止得體的美國人），另外還有一位年輕的墨西哥女子坐在附近，是陪著她母親的看護。我們過了好一會兒才搞清楚，原來這位朋友的母親患有失智症；而他照護母親的解決方法，就是來墨西哥買一棟便宜的房子，因爲他一直想住在墨西哥，然後他帶著母親跟他一起住，同時以完全負擔得起的費用爲母親僱用了全天候的幫手——這是一個當地家庭所能提供之合理且高品質的照護服務與更爲實惠的解決方案；相較之下，美國機構所提供的照護，需要每人每年支付一百五十萬到二百四十萬元，甚至更高。

＊
＊
＊

由於蘇菲姨媽的破壞性行爲以及不分白天夜晚的呻吟、吟唱個不停，而且試過許多藥物都沒有改善，她的家人兩度被養老院要求把她搬走；後來，她的家人從朋友處聽到有個菲律賓家庭，一次會接受一位體弱的老年人住進他們的小房子裡並提供照護。跟這些仁慈的照護者待在一起三週之後，蘇菲姨媽停止了喊叫，她跟他們住在一起，度過了生命剩下的兩年時間；女兒跟家人去探訪她的次數一樣頻繁，但對她的狀況感到滿意也安心多了。她只有在生命中的最後幾天，遵循了照顧她的醫生建議而住進了醫院。

## 未說出口的擔憂

正如你在每一站所見，我們這趟共同的晚年旅程，需要我們打開原本可能是禁區的溝通領域，而社會與心理的動態會因家庭而異。正如我先前提及，在「衰退」這一站，醫療專業人員往往與老年人漸行漸遠，因此較無法獲取他們的指導並藉由他們的協助來展開這類的溝通；是故，這項挑戰會變成「誰在支持團隊中是最讓人信任、也是最適合展開這些對話的人？」讓我們回顧在「穩定」那一站時，家庭開始探索遺囑、預立醫囑等具備法律必要性的文件，這類提早進行的討論，正確地假定了危機與衰退都會發生，儘管很難準確預測何時會發生。隨著每個站點過去，老年人與家人之間的相互依賴和信任感與日俱增，主動權也逐漸轉移給關懷圈中的家庭成員、朋友以及社區。

在「衰退」這一站，有兩項未說出口的最重要擔憂，是與「失去身分」以及「個人尊嚴」有關。處於衰退狀態的老年人鮮少有精力可以表達並捍衛自己的個體性，他們可能甚至沒想到，他們的生活在此時必須面對更爲艱難的情感挑戰，部分原因正是出於幫助者的對待（說話的語調、高高在上或熟不拘禮的措辭，甚至是兒語般的說話方式），把他們貶低成「只不過就是另一個老年人」。當然，對老年人如此漫不經心的降格對待，最可能發生在老年人被重新安置到其他「家園」的時候。一個特別生命的所有細節，都消逝成機構時間表所安排的每日例行照護與不斷重覆的簡短對話，有些老年人因爲沒有家人可以去告訴工作人員他們以前是什麼樣的人，處境更是萬分地孤寂。

老年人可能更經常表達的是喪失個人尊嚴的感受（儘管是間接地），因爲老年人覺得失去了控制權，而這種感覺又因日常生活活動等級與能力的日益下降而更形強烈。還記得在「妥協」那一站時，失去駕駛的特權就夠令人苦惱了，遑論需要家庭成員或聘僱的陌生人來協助自

己洗澡或上廁所，更是對個人尊嚴的一大打擊。以開放的討論、溫和的幽默感以及大力的倡導來回應並緩解這樣的損失，就成了老年人支持團體的責任。

## 衰退階段的決策

在老年人旅程中的這個階段，對於「剩餘的預期壽命」的理解，在做出良好與人道的決策上至關緊要。正如我之前曾經提及，以原本就有多種疾病又罹患癌症的老年人來說，化療機構、放射療法或是癌症手術對他們的負擔可能會過大，以致於耗盡的不僅是用於療癒與生活品質上的能量，更是僅剩不多的時間本身——或許高達他們預期所剩餘數月或數年壽命的一半，或甚至更多。對於孱弱的老年人來說，醫療本身可能比發展緩慢的疾病更加有害。在「衰退」這一站，嚴格的治療方式會帶來重要的長期影響，這是快速醫學的從業人員或許無法意識到的一點——年長的病患可能無法完全或有效地從某項特定的治療中，康復到足以維持本身的獨立性或甚至舒適度。

當我的精算師朋友山姆接近九十歲時，他的笑容愈來愈開朗了。一輩子的統計工作教會了他思考與決策可以多麼地誤導人，尤其跟同輩逐漸趨向平均壽命的統計數字以及人生的眞正盡頭時。「『平均預期壽命』這個詞其實應該被稱爲『一半一半的賭注』。」他在年度檢查時得意地哈哈大笑。「人們就是不了解，平均意味著我們之中只有一半會活到那個年紀，而另一半則會死去。就終身的樂觀主義者而言，我喜歡我的機會，但你們醫生應該要跟病患坦承這一點。」

山姆敦促我去了解，任何老年人平均的剩餘壽命實際上可能有多短。當家庭在努力解決重新安置的問題時，這項現實的考量相當重要，對於慢療的人性化醫療決策也至關緊要。前方的道路會有必須在老年人生活品質上讓步的難題在等著我們，免於失能的日子終究會告一段落。涉及改變或威脅到現狀（「我現在所享受的生活」）的每一項決定，都必須三思而行。如果一個老年人可以勉強多過幾個月感覺美好而快樂的日子，這幾個月或甚至幾年，就代表了他或她剩餘的歲月中極爲重要的部分。光是必須考慮離開自己的家，或是爲不斷惡化的健康問題展開嚴格療程的決定，通常就意味著**這位老年人已經屬於同齡群組中較差的那一半，就個人而言，能活到平均預期壽命的可能性也較低**。

突然之間，未來的日子似乎看起來比我們所希望的更短促、更不樂觀了。我們會拿我們所知的現實（目前的生活環境或目前的症狀），來交換可能降低剩餘生命品質的未知嗎？我的姐

姐支持我母親的「夏季試驗」，結果順利地持續了十五個月之久。相較之下，我的老年病患凱斯如果放棄治療他當時的白血病，他將只剩下六個月的平均壽命，於是他選擇進行嚴酷的化療療程，希望能延長「平均十二個月」的壽命；然而，化療結束後，他在醫院度過痛苦難熬的四個月，然後在養老院度過他生命中最後的七個月。當然有些結果取決於運氣，有些則取決於統計的可能性。正如我的精算師朋友所說，假設一個人會落在平均值，並不總是一個好的賭注。

## 在「衰退」這一站的實際任務

### 在衰退的道路上與父母同行

• 於人身安全的考量與風險承擔的機率之間取得平衡

在「衰退」這一站必須涉及的是兩種相反的價值觀。壞事或難題終究會發生，始終如此；舉例來說，幾乎每個活得夠久的人都會跌倒，而老年人通常不會跟他們的家人提到這些跌倒的意外事件（所以，深諳慢療之道的醫生會問的問題不是「你有沒有跌倒？」，而是「你上次跌倒是什麼時候？」），當你的父母爲了保持現在的生活而寧願冒著事情會出錯的風險時，你有多麼重視「人身安全」的理由呢？當不可避免的危機發生時，你們（以及在下一次跌倒意外發生之後加入討論的每個人）是否都同意如何去處理內疚感（甚至是羞愧感：「你是什麼意思？她一個人住？以她的狀況！」）？你知道你的父母在不熟悉的新環境中，一樣有可能（甚至是更有可能）跌倒並發生其他的危機嗎？家人與鄰居容忍風險的能力或許不同，但在該如何規劃「衰退」這一站的討論中，這個議題始終是一項重要的優先考量。藉著儘早公開討論人身安全的議題，並探討甘冒此風險的利弊得失，你可以把這個問題提升到應受重視的程度，並且避免未提前解決人身安全議題時常會有的分歧與不和。設法記住：安全感不僅跟身體有關，也跟情感與心理有關；權衡取捨往往是必要之舉。

## •與生活品質及進一步醫療措施之間的不確定性平衡共處

隨著沙漏中的沙粒逐漸滑落、時光不斷流逝，我們愈來愈難以明確地看出，到底新的治療方法在阻止向下滑落的趨勢上提供了什麼樣的價值。兩年以前，為母親的心臟植入冠狀動脈支架顯然是正確的做法，但現在她有條動脈又塞住了，母親真的還適合承受另一次住院與醫療流程嗎？如果我們只是提供支持並設法在家裡讓她用藥，是否對她反而比較好？醫院所提供的治療，是否比完全不治療更讓她費勁耗神？從母親的角度來看，她餘生最高的品質何在？在衰退

的後期階段，很難確定「已知問題的惡化」與「因老化所造成之上下起伏、緩慢減退的健康與功能」兩者之間的差別；然而不確定性比比皆是，許多選擇唯有在事後回顧時，才能被賦予正確的評價。

每一種在老年人晚年時發生的新急症，都極有可能會變成慢性的問題。異常的心律被矯正過來，貧血被治療成漂亮的「數字」，但疲憊感從未完全消失，你父母的能力仍然持續衰退。從醫生以疾病爲主的觀點來看的「成功」，與你母親自己所感受到的「康復」，不再那麼地一致了。

## • 設法誘導出情感

在「危機」那一站之後的時期，隨著每個人的情感儲備量消耗殆盡，意志消沉的感受會突然湧現。在「衰退」這一站，你可以預期某些時期的**沮喪消沉**會逐漸蠶食老年人的精神毅力；「我可以繼續下去，但是我所花的力氣會讓我在這一天結束時覺得心情相當低落。」他們會感覺心有餘而力不足，而這正是在此站的生活特徵，與憂鬱症截然不同。我們的文化過度熱切於使用藥物來治療「低潮」的現象，卻可能會對老年人的心智與生理狀況造成嚴重紊亂；與其如此，我建議採用的方式是關愛與關注、表達你的關懷讓他們知道，並賦予同情與同理心的理解。做一個好聽眾，設法誘發出老年人的感受——他們光是把情緒表達出來，往往就富有治療效果了……。至少有暫時的效果，而這就是可能的一切了。

### • 注意「生理停滯」現象

老年人的衰弱通常是經年累月地緩慢成形，鮮少讓家人與照護者措手不及，但偶爾會有一種稱爲「生理停滯」的情況，是快速衰弱的加速版本，會帶來更強烈的不祥預感，以及甚至是即將到來的死亡。老年人往往在某些急劇的危機之後，彷彿某個內在的開關被打開，食欲與新陳代謝產生了變化，某種物理的崩解開始啓動。在這些情況下，診斷測試鮮少找得出其中原因，而我們所知的所有醫療與技術手段，效果也都十分有限。爲了打破這個魔咒，要讓老年人成爲百分之百的關注焦點——此時，正是家人與朋友們齊聚一堂、動員所有的情感與精神支持，設法扭轉老年人每況愈下的時候。

### • 容忍長期照護的壓力

如果在之前的幾站，都還不存在將父母重新安置到生活協助機構或養老院的壓力，那麼在「衰退」這一站的整個進程當中，這股壓力必然會如影隨行。夜間照護的負擔與日俱增，從而剝奪了照護者充分的休息時間；爲老年人日益嚴重的大小便失禁提供個人照護的困難，更是令人疲憊不堪的壓力；而照管與失智症相關的困難行爲所帶來的壓力，也會逐漸地累積並加劇。在照護者來說，對於日復一日、從早到晚之壓力的容忍能力，可能時好時壞，因此很難確定某個情況正在走下坡。可能有一天，「崩潰」似乎是顯而易見、無可避免的情況了，但是到了第二天，照護者與老年人又都重新振作了起來、恢復到某種程度。在這個過程當中，家庭成員既是旁觀者也是參與者；而與所有的壓力問題一樣，注入新的幫手與支持可以緩解問題——至少一段時間。看看你是否可以再堅持一個月。對你的父母來說，每個人都很重要。設法阻止倉促而突然的改變，盡可能緩慢地進行決策過程。如果你尚未尋求社區支持團體的協助，現在該是做這件事的時候了。

## • 考慮目前可得的所有長期照護選項

在某些地方，養老院的設計以及照護方案藉由某些創新作法而注入了活力，譬如使長期照護機構更像自家般溫馨舒適的「溫室」運動。而今，爲老年人與殘疾失能者所提供的生活協助機構以及日間照護計畫，在每個社區都如雨後春筍般湧現。正如我們的文化正在轉變以往的觀點：認爲必須成爲醫院的住院病人才能獲得高水準的技術照護（如今已普遍提供給門診病人），我們也開始看到以往只在養老院的服務（特別是針對失智症的老年人），現在也在更令人愉快、更像家庭的環境中出現了，改善後的特色包括了「鄉村廚房」的公共區域、別緻精美的裝潢、長廊減少了、燈光變明亮……，總而言之，變得不那麼像「機構」。尋找你所在區域中各種不同的創新計畫，了解他們如何爲老年人與失能者做出種種設計以及他們的成功經驗爲何，這就是展示更佳照護的最前線。最後，在考慮長期照護並具體評估每個機構環境可以提供的內容時，不妨再度考慮這些服務是否可以交替地提供（或許費用可以因此降低），同時讓你的父母可以留在自己家中更久一點。

## • 研究 PACE 整合照護計畫

就在一九八〇年代，養老院數量大幅成長的浪潮勢不可擋、延伸至每個社區時，一項來自舊金山中國城的計畫也在此時出現，揭示了老年照護的新方向——PACE 整合照護計畫（全方位老年照護計畫）強調，藉由 PACE 老年病人照護團隊所提供的交通運輸、社會服務、日間照護以及個人化的醫療照護，可支持老年人留在自己家中的生活方式。不妨把這項計畫想成是一個規模龐大的護理小組，這也是避免讓老年人住進醫院加護病房的慢療做法；同時，聯邦政府的醫療保險與醫療補助計畫，正在全國各地積極推動、擴展這種照護模式。PACE 整合照護計

畫爲挑選出來的老年人提供終身照護服務，否則他們可能都不得不住進養老院；而也因爲這項計畫的家庭滿意度極高（www.npaonline.org），因此，其他計畫也開始複製此創新模式各方面的做法。

• 考慮照護管理師

介於中間的管理工作也進入了老年人的照護領域。你能夠以適度到昂貴的每小時收費，雇用一位照護管理師來監督老年人，並補充你個人參與和指導的不足。對許多忙碌不堪以及家人們相隔遙遠的家庭來說，照護管理師成了他們的及時雨；但對其他家庭來說，在財務負擔上完全是不可能之舉，或者結果證明了只是另一個層面的協調與擔憂。已試行提供老人照護管理的醫療照護體系，對於這些服務有何最終價值的意見，仍然存在著某種程度的分歧。在我們這個支離破碎的醫療體系裡，經驗豐富的照護管理師可以做到的是安排照護工作，並爲僱主省下收集資訊的時間；但是你不能完全指望他們來對你父母的需求進行關鍵性的分析，或者敏銳地監控不斷變化的嚴重健康問題。照護管理工作的評估人員已然認知到，照護管理所涉及的技能其實可以由積極參與的家庭成員習得（他們通常都會習得，但或許是以較爲痛苦而費力的方式），所以以長期投資的觀點來看，讓一位家庭成員來填補此角色或許是較爲合理的做法。

## ‧掌握最新的醫療紀錄

誰知道什麼事？誰會跟誰溝通？萬一醫生（以及其他的醫療照護專業人員）彼此並未直接溝通呢？爲達妥善協調照護的目的，保有家中老年人的醫療紀錄十分重要。切記，保存醫療紀錄不僅是爲了病患好，更因爲病患是該紀錄及資訊的合法擁有者。你的父母或你知道在紀錄中，對於他或她的現況有任何說明嗎？讓家人們知道這份紀錄中所寫出的更多資訊，是否有幫助？如果你父母的不同醫療照護之間有溝通不良的情況，或者來了一位不知前因後果的代班醫生，那麼，傳達醫療紀錄的概要或綜述，是否將會是你的責任？

就像你建議你母親要利用放在她家裡的緊急資訊袋，你也必須在手邊保存好她的病歷紀錄副本或摘要，以便保持更佳的照護連續性與協調性。你可以觀察這個體系是否運作得當（或者運作不良），再決定你是否需要加入資訊的溝通過程來提升你的參與度。此時，是否是你父母正式授權予你去擔任這個角色的好時機？如果你尚未釐清自己是否有權去做這件事，你不會想要被抓到你在偷窺他們的病歷紀錄。在醫生的辦公室、養老院或是醫院裡公開提出共享資訊的議題，是完全合法的。

## 下一個階段的準備

### • 學會如何保持「警覺地等待」

在「衰退」這一站的常見模式，是已知慢性病情的重複發作，導致病患在家裡或養老院與急診室或醫院之間不斷來回的可預測「循環」。或許問題是反覆發作的心率過快、呼吸短促（突如而來的焦慮感或肺部閉合所致），或者是母親突然表現得「不像她自己」的時候。如果你不謹慎以對，每一次事件都有可能因為焦慮的照護者而演變成一場小型危機；即使你之前經歷過，「我不希望這件事在我的照看之下出錯」的態度，也往往可使老年人、家人、機構的工作人員以及隨時待命的值班醫生衍生出急需「做點什麼」的迫切想法。別衝動！讓家人、幫手、醫生以及機構方面知道，你希望可以仔細觀察監測、進行個人照料以及「警覺地等待」多久時間，而非採取將母親再次送進醫院的倉促判斷。由於更替工作人員很常見，尤其是在養老院，你或許必須經常重複這些對話。最重要的是，在讓你母親上救護車之前，要求讓她跟你通上電話，然後你可以自己傾聽並判斷她是否處於緊急的生死關頭。在跟養老院打交道時，要求由他們現有經驗最豐富的人來對她進行評估，並與這位人士保持對話；你的父母與她的照護者都需要你的幫助與支持。在這一站，大部分重複上演的事件有很大的可能會跟原來的插曲產生相同的結果。家庭可以藉由制定一個有著全天候、全年無休電話熱線的家庭計畫，爲混亂狀況預做準備。

• 視「適應」爲首要目標

你的母親必須適應不斷加速的損失，必須接受協助並應付新的、不熟悉的人，更別提她每天都會被提醒她生命的油箱正在逐漸枯竭中。事實上，在「衰退」這一站，適應是每個人都得做的功課——我們必須學習處理自己在「如何做出最佳回應」上不斷增加的不確定性與焦慮感；處理一再出現的無助感；抗拒「否認或逃避發生之事」的誘惑；平復高漲的憤怒浪潮；還要應付忙碌的生活施加在我們身上的壓力……，這一切可能會持續數年之久。我們可能經常發現自己在抗拒並憎恨這一站的艱難工作。要持續有成效地照護你的父母，重要的一點就是承認自己情緒反應的陰暗面。如果你不常去探討自己的感受，這些感受遲早會侵入每個人的生活之中；如果你並未選擇加入某個支持團體或是進行個人諮詢，務必找些曾有過相同經驗的朋友（也在這個艱難的階段承擔過照護父母的工作）來傾訴你的感受。

• 認清這是一條「單行道」

我們年輕時轉換工作、住處甚至情感關係，但我們知道隨著時間過去，自己終將適應、克服過渡時期的改變並重新振作起來。在「衰退」這一站，老年人的轉變往往是不可逆的；父母跟家人都會耗盡精力，或許還有勇氣；在經歷過機構生活的考驗之後，老年人與家人鮮少能夠回歸到以往的生活樣貌。老年人內心深處知道他們的機會渺茫，而家人們或許會加以合理化，辯稱這些只是暫時性的安排。在採取此行動之前，保留一段充裕而不設限的時間來進行深思熟慮的探索，只會對自己有好無壞，例如：了解朋友與其他家庭的成功與失敗案例，傾聽每個人的經驗之談，把一項決定推遲三個月，然後再展開另一回合的討論。你之前廣泛搜尋的深具啓發性的故事與案例，將會讓你有萬全的準備去面對必須做出確實改變的時刻。

• 學會「主動傾聽」

新醫療科技的開發者爲滿足成年子女的需要，將影像監控螢幕銷售給有老年人的家庭，但比起在你父母公寓中安裝這類影像顯示器，更不具侵入性、費用更爲低廉的方式，就是你自己每天打電話，以語音來監控他們這一天過得好不好。研究證實了眾所皆知的事實：你父母的語氣、聲音強弱以及音調變化（其中的潛在含意是你從小就學會解讀的，到了青春期時更是爐火純青），日復一日的細微改變，讓你對於發生的事能有眞正的理解與洞察；「精神不振」、「不如意的一天」、「寂寞孤單」、甚至初露端倪的疾病，都可以在事情偏離正軌之前，由有經驗的家庭成員或朋友察覺出來——而且肯定趕在經驗豐富的醫療專業人員可能辨識出任何未來問題的警訊之前。如果你並不擅長於此，不妨考慮參加當地所開設的有關「主動傾聽」的課程（可能對你跟你的兄弟姐妹都有幫助）。再沒有人會比以往在同一個家庭中訓練有素的青少年對父母的聲音更有經驗了。

## •找出適當的措辭

我們如何找出適當的措辭來討論爲所有人帶來痛苦的損失？在討論死亡的未來，以及完全活在當前的談話之間，該如何取得平衡呢？「你同意讓我使用哪些措辭來討論？」、「爸，如果這個用語對你來說很刺耳，告訴我怎麼說會比較好？」、「我們可否用一種我們倆都覺得自在的方式來討論未來的規劃呢？」、「我們可以用什麼方式來一起努力，讓你實現你對你自己的願望（以及你對我們的願望）？」

以口頭方式確認「事情的立場」或許有助於讓所有人理解，但根據我的經驗，不斷繞著死亡、瀕死、最終預立醫囑打轉的談話，幾乎無法讓任何人感到滿意。我們的父母或許不像我們

一樣習慣公開討論自己的感受，或許甚至在這麼做時會感到有些羞恥。愛的表達、對話、此時此刻的活動更有可能促成有意義的互動；信任的逐步建立，往往不是透過「可能會怎麼樣」的討論，而是藉由共同的決策以及花時間在一起握著對方的手、唱歌、大聲朗讀與其他共同的活動。永遠別低估非語言的溝通力量。我們最深的情感訊息，往往是透過令人感覺舒適而自在的沉默來傳達。

• 更新預立醫囑

當老年人的身心開始變得孱弱，疾病往往會使你父母的狀況失衡，從「勝任的決策者」變成「妥協的決策者」。在「衰退」這一站，你的父母會發現掌握問題、推理思考、做好決定變得愈來愈困難。你是否曾與你父母的醫生（以及那些支持他們的人）討論過，如果有人察覺到你的父母已經**些微地**失去了做出一貫良好選擇的能力，那麼該如何達成決定呢？誰可以來判斷這一點，並以什麼方法來判斷？在疾病發生期間，這個問題往往會成爲灰色區域，而倘若未經提前準備與深思熟慮，個性鮮明強烈、占主導地位的人可能會推翻已做出的最佳計畫。在家庭成員和關懷圈內的成員之間建立起共識與團結吧，現在，正是展開這些討論的時候。

## • 傾聽你父母的「生命回顧」

自西西里・桑德斯女士（Dame Cicely Saunders）發起臨終關懷運動以及伊莉莎白・庫伯勒—羅斯（Elisabeth Kübler-Ross）撰寫《論死亡與臨終》（*On Death and Dying*，一九六九年）一書以來，接近死亡的過程開始被仔細地分析。一個人的生命是否「圓滿了結」的重要部分之一，是從完成、實現的觀點來看待它；而在臨終關懷的臨床世界中，稱之爲「生命回顧」，關係到瀕死者述說重要的個人生命故事。對於這個概念之重要性的理解，讓我得以主動傾聽病床上以及診間所有老年人（不僅是瀕死者）的心聲，幫助極大。

因此，當你的父母開始告訴你他們的故事或是疾病的細節，即使你已經聽過這個故事許多次，設法仔細傾聽並保持興趣，尤其在「衰退」這一站，當記憶從日復一日、沉寂無聲的時間之池中更頻繁地出現時，每一段個人的遭遇都包含了生命回顧的元素在內。這種敘述不必然是有目的的，但盡可能去領會此舉所帶來的巨大好處——你摯愛的人將從其中體會到完全被理解的欣慰與自在感。緩慢地吸氣、呼氣（練習你自己的慢療），並對他們告訴你的故事投注以新的好奇心；大部分的故事都可以被說得更詳盡、更深入，只要對內容多那麼一點提示與鼓勵，再問上幾個眞正感興趣的問題。即使你明天會再聽一次內容相同的故事，終究有那麼一天，你會慶幸自己曾經有好好傾聽。

・學習忘掉數字

僅透過數字，鮮少能讓你有效地了解你父母的現況如何；不像故事或影像，數字排除了活著的「感覺如何」。別告訴我母親這週的體重、今天量血壓的數字、三餐吃了百分之多少的飯菜；請告訴我過去這週或這個月以來發生在她身上的最好與最壞的事，我才能更了解她目前的狀態。聽到她的團體出遊與快樂餐紀念品以及妨礙到她用餐的長時間午睡，都爲我描繪出更完整的故事。如果必要的話，不妨有禮貌地聽完這些數字，然後再詢問若干生活上的故事——如果你眞的想深入了解。

・學習如何減輕焦慮

無庸置疑，每個人在「衰退」這一站都充滿了焦慮感——可能是對不適症狀重新發生的反應，也可能是某天不知爲何地突然浮現在你父母的意識當中（「我就是不知道爲什麼我會有這種感覺。」），這是老化的身體即將產生另一場叛變的預感？還是隨機發生的困惑與混亂感受？又或者，有某種「烏雲在頭上盤旋、生命遊戲即將結束」的感受？你可以提供什麼幫助讓老年人擺脫充滿壓力的時刻？舉例來說，對有呼吸問題的老年人而言，平靜與放鬆的技巧、開放的窗戶與新鮮空氣，可以緩解呼吸困難症狀的效果，有時並不輸額外吸入的藥物或調高的氧氣含量。再沒有比老年人對於失去個人控制或自信心的焦慮感，更能加速緊急狀況的產生了；要以一種冷靜的方式堅持住，直到第一波的恐慌過去。記住你在「危機」那一站學到的親密關係、平靜撫觸以及寬慰人心的話語。可別跟他們一起陷入焦慮的漩渦之中，尤其是當你身在遠方、無法陪伴在他們身旁的時候。

- **面對失智症時，把你的焦點從認知轉移到行爲**

「非關你所知道或能解釋的事，而是關乎你所做的事」——此點將有助於解決失智症患者日常生活上許多大大小小的危機。藉著把你的注意力從任何導致不適或惡化的來源上轉開，訓練你自己去應對造成多方面損失的神祕失智症。提示你的母親，讓她注意到窗外或門外發生了什麼事，或者要求她活動起來走到廚房來幫你打掃一下；坐下來摟著她、把你收集的舊相簿拿出來，最後一次沮喪的記憶往往可以在幾分鐘之內就消失殆盡。別試圖去理解剛剛發生的事，**因爲不可預測性正是失智症中可預測的一點**。

## 建立你的支持團隊

### • 確認並促成協同關係的承諾

對處於衰退階段的老年人來說，保持我們持續參與的忠誠度與偕同關係的承諾，是兩項持久而長遠的贈禮。當「所有能做的都做了」，而你支持這段關係到最後的承諾仍然存在。不過，在幫手來來去去、家庭成員忙於其他重要事務時，當然會有例外，但對老年人與關懷圈的照護者來說，再沒有比面對日益孤寂或被遺棄感更令人感到沮喪了。現在，是有意識且正式地重獲所有家庭成員支持的時候；雖然重新獲得支持的條件可能必須改變，務必認可每個人所做出的貢獻，包括你自己的，並體恤地請求他們繼續參與。重新召集或更換支持團隊的成員不僅耗費時間精力，每當這麼做時，更會中斷連續性，還會喪失對老年人的理解——而這正是慢療的基礎。新的醫生鮮少能與處於衰退階段的老年人在相同的深度產生連結；同時對你的父母來說，如果老朋友離開了，他們也很難交到新朋友。不時地關注並讚揚你的團隊，那是他們應得且必要的肯定。

## •解決與雇主及同事的問題

長期照護的壓力往往如漣漪般，從你家人關注的焦點往外擴散到你的社區以及你的工作場域，你或許必須對你的雇主與同事賦予新的關注。讓我們假設在你父母上次發生危機時，你必須離開去陪伴你的父親或母親，每個你工作上的夥伴都滿懷同情並且提供協助；而當你的父母出院時，你的雇主與同事也同感寬慰，並對你忠誠而堅定的參與深感欽佩。你無法上班的時間可以請事假，每個人都齊心協力、共同承擔起工作的負擔。然而對你的工作夥伴來說，或許會較難以去承擔你額外所需的時間（另一次後續的探訪以及跟上你父母不斷變化的需求）。有些同事會繼續保持體諒並提供支持，其他同事可能會有他們自己截然不同的個人與家庭責任，因此可以理解的是，他們更難去分攤你的工作、彌補你的缺席。

在大多數的工作環境中，關於老年人照護負擔的工作轉變，都會逐漸浮現成爲問題，提早明智地面對這個事實會讓你搶得先機，亦即，老年人口正在不斷地增長，老年人數量以及壽命的提升，將對愈來愈多四十多歲、五十多歲、六十多歲的勞動人口造成影響。「老年照護」正快速地加入「兒童照護」以及「在家彈性上班」的行列，成爲二十一世紀的重要議題。如果這些負擔僅被視爲是個人事務並被默不作聲地推到一旁，以非正式的方式來解決，那麼大規模的支持可能只會隨意而緩慢地出現。利用你的個人故事引發工作場所的關注，探討在照護需求出

現時，你們彼此可以如何相互扶持。

## • 了解並支持你父母的關懷圈

退休被視爲一個從事娛樂、旅行以及各式活動的時期，可以加強健康與個人滿意度。對一位新近退休的護士來說是沒錯，但她很快就坦承：「所有的鄰居都需要這麼多的幫助，我們實在沒有時間可以留給自己。」不過在大部分的社區中，老年人正以一種其他世代可能都望塵莫及的奉獻精神，團結起來彼此扶持。「我們被一種互相關懷照護的關係所驅策，這正是我們在生命此階段所做的事。」一位年長的朋友向我確認了這一點。

當你父母的需求增加，在關懷圈中的朋友挺身而出、以關懷與支持來幫助你時，不妨花些時間去了解這些在你父母生命中的重要人們，什麼故事推動他們前進？他們找到什麼令人滿足的事物？是什麼使他們筋疲力竭？在你父母健康逐漸衰退的日子以來，許多賦予關懷之情的重要朋友與舊識，將會繼續留在父母的人生之中；現在，你有機會不僅感謝並支持他們，更能以他們的價值觀與生活方式來豐富你自己。

## •當情況穩定時，抗拒自己想抽身的衝動

當你母親逐漸往下漂流至緩慢衰退之河，你如此努力並周全地為她打造出一個生活環境；但在這一站的後半段時間，你會很容易想抽身退出，獲取若干應得的休息——記住，別讓你的退出成為長期性。除了準備好應付突然發生的壞事（也就是下一次的危機），你如何把精力投入在某些對她的生存更為正面、積極的肯定上？要讓母親存在於你的生活以及支持團隊其他人的生活中，需要花上好些照料的工夫。在漫長的衰退漂流過程中，人們往往逐漸失去聯繫，你自己的生活就夠忙碌了。而你家族裡的某個檔案管理員，是否仍在記錄來自你父母生活世界的故事、錄音、影像，以及父母仍然擁有、可與他人分享的生命與豐富歷史？你可以帶一本讚美詩集跟父母一起讀誦、然後帶回他或她的記憶嗎？當孫子女或曾孫子女帶著洋娃娃或玩具來展示時，你父母有什麼反應？是否有新的故事在生命回顧時開始出現並需要被記錄下來？你有確實寫下日後想了解的家人姓名與日期嗎？經過多年來致力於安然度過危機，你很容易就會讓一種「自動導航」的習慣來接管一切，讓你的父母、你自己以及其他人失去持久的人際關係與聯繫。耐心、忠誠，以及光是出現露個臉，儘管都不是顯眼的美德，但是遠比一時的救援更為持久。

## • 讓照護者成為替代家庭的一分子

隨著你家中老年人的照護者團隊規模逐漸擴展，你正打造出一個替代家庭。取決於老年人待在「衰退」這一站的時間長短，以及家人和朋友參與的即時性和強度，「替代家庭」可以很強大、很重要，但有時相處起來也不容易。就像你經歷過兄弟姐妹以及姻親之間最佳做法的意見與價值觀差異，由照護者所組成之老年人的新替代家庭，也會逐漸醞釀出他們自己的意見。

我們很容易就會犯下的錯誤是，不是忽略他們的觀點、就是把他們的意見視爲無關緊要。照護者每天都花許多時間與你的父母相處，因此在充滿壓力或改變的時期，別驚訝他們會表現出強烈的反應與感受；謹愼觀察，注意照護者未明言的態度與未表達的感受，否則洶湧的暗潮可能會侵蝕你辛勤努力的成果。你的工作如果做得好，還會有額外的責任去關注照護者，即便在你的父母被安置於養老院中時，你也必須如此。與照護者保持聯繫、並對他們表達你的關心與感謝，尤其在照護者的健康狀況有所改變或是生病的時候，像是一束花或是一罐果醬之類的簡單事物，就能讓工作人員知道你對他們的關心。這或許表示你得負擔起更多的工作，但你也可能會覺得自己更受歡迎，因爲你認知到，你父母的良好照護取決於所有人的共同努力。

## 醫療照護的參與

當母親進入延長照護的計畫時，下列問題是否都進行了討論與記錄？

- 你母親所有的醫療診斷紀錄，到目前爲止總數可能已經有十幾份，或者更多了。
- 醫生們對你母親的病程（預後）之預測以及預測的準確程度。
- 現在與過去使用的藥物及效果；同時，哪些藥物並未被仔細而深入地加以評估或考量。
- 你母親表現出來的所有認知與行爲能力受損，如何隨著時間推移而出現、消退或是好轉，以及什麼因素會引發或緩解損傷。
- 你母親以前醫生的完整名單（包括所有的專科醫生）以及他們的聯絡方式——如果有必要諮詢他們的時候。確實收集他們診斷結果的重要彙整，或可供未來參考所需。

### ・實施家庭監測

集結你的家人以及你母親支持團隊中的成員，與他們分享你對母親狀況的理解重點，並進行腦力激盪、集思廣益。雖然諸如最低數據組（Minimal Data Set, MDS）的「攝入工具」

（intake tool）已被廣泛地使用，以便標準化所有養老院新來者的資訊，但**你的工作是去詳細說明這些資訊，讓它們得以被理解**。儘管進入養老院時已填過大量表格（當我母親第一次進養老院時簽了十九份，她的感覺並不好過），但別指望機構體系能傳達你充分而全面了解的事情。由於你將會爲工作人員帶來更多的文書工作，而他們的負擔已經夠重了，因此，你的態度要有禮貌、堅持不懈，遭遇到一些阻力也是可以預期的；是否要將你父母的故事說出來，完全由你來決定。支持這些工作人員的辛苦工作並與他們培養好關係，過不了多久，他們就會開始把你視爲助力而非阻力，也會開始把你父母視爲擁有精彩過去的人。

### • 與你父母的醫生保持聯繫

在此，你會遭遇一個極爲艱難的困境，而你必須先了解其背後形成的原因：在「衰退」這一站的照護環境中，工作的醫生人數極少；出診幾乎消失了；百分之七十五的醫生不會把時間花在養老院中，只有百分之三的醫生會眞的花大量時間在養老院。你的母親或許會是少數的幸運兒之一，她的醫生還會來新的環境「照看」她；更可能的情況是，她會面對一個新的醫生，而且是非常忙碌的那一種。你將體會到照護人員永無止境的掙扎與奮鬥：如何讓醫生以正確的方式充分參與。照護人員與你的家人會希望你的母親不但可以獲得醫生的例行照料，同時在需要時，也可以獲得他們迅速而緊急的治療；但是，醫生的反應必須在一定程度上符合你父母以及你長期制定的計畫中對於**適當慢療照護**的要求。你可能會發現自己一方面懇求好些關注，一方面也在抵抗把她塞進救護車、送進醫院急診室以解決每一項問題的下意識反應。你的母親無法自行應付這樣的情況，唯有你的固定參與（也包括設法預見危機的努力——即便是在養老院中），才能使每個人對此目標達成共識，並有助於面對健康狀況與個人需求不斷改變的挑戰。

- **藥物對處於衰退階段的病患所發揮的作用**

醫學界傾向於「多重用藥」（使用多種藥物）的做法，對老年人來說風險相當高。你也應該擔心你父母放在藥櫃中、床頭梳妝台上、廚房桌子上以及袋子中（跟其他不再服用而尚未丟棄的藥物裝在一起），所有嘩啦作響的非處方用藥。來自無人監督之家庭用藥的危害與風險逐年遞增，從誤讀標籤（過小的印刷字體、難以理解的用法說明）到藥物與食物之間的交互影響作用都有。即使你的父母被重新安置到某個機構的環境中，也別指望這些風險會消失。多重用藥在養老院中也是一大問題。

關於老年人用藥決定的複雜性，牽涉到跌倒的風險是其中一例。**每一項針對晚年跌倒的研究，都將跌倒的風險與使用藥物的數量緊密聯繫在一起**。但儘管有著長期證據顯示藥物與跌倒

之間的連結性，許多醫生仍然猶豫著是否該降低老年人的用藥。

對於高血壓的過度治療，可能導致因血壓過低而造成的跌倒與中風，對孱弱的老年人來說往往是更大的風險。而積極使用多種藥物以降低處於晚年老年人的血壓，始終是一項長期以來的國際性爭議。在生命早期階段，預防未來傷害的合理性顯而易見；然而，只為了理論上略微降低中風的風險，而將老人置於更多副作用（昏厥、跌倒、混亂困惑）的風險之中，可能並不合理也沒有意義。老年病學家往往在「衰退」這一站的試驗期發現降低或排除老年人用藥的價值，許多病患使用較少的藥物時，反而感覺更好。與你父母的主治醫師討論每一項處方用藥的利弊得失。

## •提出你的看法，並敦促在「什麼環節出了錯」上達成醫學共識

隨著時間推移，我們逐漸意識到父親不斷復發的心臟衰竭，嚴重性已然超越了許多其他正在發展中的病症；然而，我們也需要來自腎臟、肺臟以及精神病學專科醫師的定期意見。每位醫生都在個別領域給我們留下印象深刻的知識；但到最後，我們得從觀察與經驗中來決定父親眾多問題中的哪一項，可能會在任何一天提前出現。新的治療程序、新的注意事項以及新的（可能會產生交互影響作用的）藥物，會使得我們難以確定父親持續衰退的確切原因。跟你父

親的醫生討論你的觀點與看法，並要求他們**共同努力**以便在需要被關注的最重要事項上達成共識。

### • 鎖定執業護士或醫生助理

如今，在老年人的照護計畫中，執業護士（nurse-practitioner, NP）有充分的理由成為每個人的寵兒；由於這些專業人士完美地結合了「有時間的醫生」以及「具備強化臨床技能的護士」之特性，他們之中有愈來愈多人為老年照護計畫與執業醫生所雇用。找出一位可以協助你的執業護士或醫生助理（physician assistant, PA），了解這些醫療專業人士如何運作，並讓你的父母加入這項計畫。而你也要代表這些重要的臨床照護提供者進行遊說，讓他們不致於在那些使醫生遠離病患家園、生活協助機構、養老院等的相同壓力下，成為無法提供病患服務的犧牲者。你的父母將從他們熟練稱職的照護中受益良多。

### • 情勢評估

對你的父母、你自己以及家人來說，衰退時期需要的是持久的耐力；這段漫長的時期會醞釀出各式各樣的感受，包括從氣餒、沮喪到恐懼、憤怒。「我們有能力度過嗎？」你可能會發現自己一再詢問相同的問題，因爲在很大程度上，你所面臨之問題與情況的性質並未改變。現在，你父母的生活愈來愈停滯不變，而你自己的生活仍然忙碌不堪，使得你愈發遠離你父母的日常生活；然而，強烈的聯繫仍然存在。當緊繃壓力衝擊家庭的任一部份，不管是關係、工作或是財務，現在都必須以「我們如何處理母親或父親」的角度來看待。你的恐懼圍繞著這一點打轉：你的父母還需要什麼？以及是否毋須將他或她安置到另一個地方（我們一直在努力避免的事），這些需要就可以被滿足？「請別讓她的情況更糟，否則我們就得再找另一個地方，從頭來過。」愈來愈大的決策壓力逐漸轉移到身爲成年子女的你身上，個人的推估與預測，成了如何在眾多替代方案中做出選擇的一大要素。「如果是我的話，我會想要怎麼做？要如何符合我父母在他們的生前遺囑中所表達的願望呢？」大部分你必須在日常生活中做出的瑣碎決定，都不太可能被涵蓋在正式的遺囑指示當中；大部分問題的解決方案都不存在於字裡行間，而且爭議未決。「當她眞的不想走路的時候，我們應該繼續要求工作人員協助她行走嗎？」

你父母的痛苦與一再發生的小危機，會使你開始批評、挑剔醫療專業人員以及其他的照護者，包括主導他們的照護與進程的家庭成員；你或許想把你父母的失敗視爲他們的失敗，甚而引發你對於他們未能滿足你父母需求的憤怒與衝突。「如果她可以被安排一個更忙碌的時程表、得到更多的關注、服用不同的助眠藥物，她的生活就會有所改善。」

內疚來自於相對的壓力，來自你的失敗感——無法阻止你父母的衰退，反而讓衰退輕易地發生而「別無他法」。「我們做得夠不夠多？」、「我們應該徵詢其他人的意見嗎？」、「我們有一位有力的醫療支持者嗎？」、「不送她去醫院做另一次X光檢查，是個好決定嗎？自從她上次跌倒之後，照X光對她來說就很困難了。」

同時，隱藏在這一切背後的悲傷使你每天都感到心情沉重，因爲你看到你父母的生活愈來愈狹隘、受到的限制愈來愈多，宛如預示了無法逃避的事即將到來。

第六站

# 死亡的序幕

「我感覺她的精神有了變化。」——長期照護的護士

電話又打來了。「她在浴室地板上被發現。」我姐姐莫琳描述著，「她似乎沒事，但是我聖誕節過去看她時，我覺得她衰退得比以前更嚴重了。」我們已經多次進行這樣的對話，莫琳不斷加重的焦慮感被我用否認（通常在「醫生行話」的掩飾下）加以反駁。什麼信號眞正標誌了死亡的開始？柏莎對這個世界的興趣，已然大幅縮減到僅限於她周遭切身相關的環境之內；她白天與夜晚的睡眠時間都持續地延長，不再主動打電話或外出，逐漸變成一個被動的「回應者」。在情緒方面，她倒是對自己的處境非常自在，會在事情出錯時大笑，包括她「緩慢滑落」在地板上；當我打電話去詢問她好不好時，她咯咯笑著告訴我，「一條腿想往這個方向走，另一條腿卻想往相反的方向走。」對柏莎來說，這種輕鬆愉快的新說法，等於宣告了她已經接受即將

到來之事。受限於椅子、床、輪椅的生活，使她已經越過「衰退」階段而邁入了下一站。

數年來的密切關注，使得家人們已經學會用父母面對經常來襲之風浪的反應方式，去注意最渺小而細微的變化。隨著母親的外表因加速衰退的疾病與衰弱而改變，他們也看出她這艘「船」，亦即她所棲身的軀體，已經愈來愈不具備適航性了。

「死亡的序幕」這一站可能涉及的不確定性相當高（有點兒像是「一條腿想往這個方向走，另一條腿卻想往相反的方向走」），幾乎到了你會質疑自己的直覺是否正確的地步。「她眞的快死了嗎？」、「我應該早點去探望她嗎？」轉向即將死亡的方向，並不代表著死亡就在眼前。同樣地，疏離世界、抽離生活的情況，是經常出現在「衰退」後期的顯著轉變，也預示著下一站的入口（或許只是剛開始的瞬間）。

高齡已屆八十五歲以上的四個兄弟姐妹，仍然「堅守」在卡里亞庫（Carriacou）小島北端的家園。現在，據說其中有一位生病了，是最年輕的弟弟，「腦袋不太對勁。」他因罹患了失智症而四處遊蕩，其他三個兄弟姐妹則負責照料著他跟他們的園

圃，那是他們主要的食物來源——除了偶爾有些來自鄰居的禮物。

當我到達那裡時，萊曼是真的病了，他呼吸急促而費力，而且滿頭大汗。檢查的結果顯示是肺炎，或許還有心臟衰竭的併發症。他的哥哥與姐妹們都聚集在床邊，感謝我的到來。我提議讓藥劑師帶些藥物，從醫院開車過來，「或許他會對藥物治療有不錯的反應。」

「醫生，他已經過了圓滿的一生，現在沒有希望了。」他的姐姐說著，她婉拒了藥物，同時看向其他家人並尋求他們的肯定。「你來這裡並為他盡了最大努力，為此我們很感謝你。」島上文化與政府政策鼓勵「赴」死。當時我們所有人陷入一片靜默中，使我明白他的時候到了。

對那些與摯愛長者十分親近的人來說，要承認死亡即將來臨並面對這項現實、獲得慰藉，著實是極為艱難的挑戰。我將自己對這種衰退趨勢的看法，投射了多少在我母親以及她的狀況上？有時候，我希望改變（以及結束）的時候到來，因為我母親必須日復一日地面對所有的艱難困境；但在其他時候，我的不確定性重擔（關於什麼時候會有嚴重的新危機發生在她身上）似乎遠超出我所能承受的。她已經從那麼多的小危機中存活了下來，有時候，我甚至相信適當的醫療照護會爲她帶來大幅的改善；但其他時候，她的存活似乎是基於我們沒有人能理解的原因而注定發生。她怎麼能在經歷了這麼多次的小中風（以及跌倒、急性支氣管炎發作、停止服藥與進食不佳的時期）之後存活下來？不僅是身爲家人與朋友的我們，甚至連醫生與護士都對她的承受能力深感驚嘆，咸認她是多麼地與眾不同。

在晚年旅程的這個站點，希望改變現狀的原因有很多。負責直接照護長者的人，在情緒和身體方面都顯示出疲憊的跡象；或許母親很快就需要另一支新的照護團隊，以具備她所需的一切準備與努力。財務負擔也逐漸增加，包括由照護她直接產生的以及間接影響所造成的負擔。現在，母親經常談到「日益沉重的負擔」——她眼中的自己正是如此，她還會補上一句：「我從來不想這樣活著。」

當你觀察其他老年人及其家庭的故事並從中學習時，你會意識到這些晚年的旅程能持續多久。你或許發現自己在閱讀當地報紙上的訃聞時，會注意到現在有多少人會活到九十幾歲。訃聞會爲我們提供線索，讓我們得知日薄西山的生命最後的住處在哪裡、並維持了多少年嗎？這家人有誰還活著？有些子女比父母更早過世，爲老年人帶來白髮人的悲劇時，老人們很樂於把自己苟延殘喘的生命拿來跟成年子女的性命作交換。白髮人送黑髮人的原因會重複不斷地繼續下去，我們全都深深意識到生命的不公平，也愈來愈能去接受自己的父母終將離世的

事實。

當我被指引走往後方一個充滿陽光的房間，我跨過一片三十公分高、木板做成的柵欄，以最低限度的方式擋住了門。地板上有一塊床墊，以乾淨的床單與被褥鋪成，上面躺著的人身形嬌小，正平靜沉睡著。珍妮跟我輕聲說了一會兒話，然後我跪在床墊旁邊的地板上，喚醒她的母親作檢查。這位虛弱的老太太緩慢醒來，把她的手放在我有著短鬍的白色臉頰上，「**我的天啊！**（**Zut alors!**）我準備好了。」她把我當成那個想像中的人物了。然後她閉上雙眼，期待天堂的到來。

讓我們回顧一下我們的優先事項以及慢療的施行如何發揮作用。每個老年人在長年生活中所形成的極大差異，如今可能會以同樣複雜而不可預測的方式被「拆解開來」；在「死亡的序幕」這一站，取決於你母親是怎樣的一個人以及你的最佳回應（反映出你對她的最深刻理解）的成分愈來愈大。這一站，疾病在照護計畫以及實質照護上已失去了意義；我們還應該期待些什麼嗎？性格特質與體格素質導致了特定的脆弱性與疾病，但同樣的過程也會生成隱藏的力量。「雖然他身體其他部分已經崩潰瓦解了，他的心臟似乎還一直持續跳動下去。」、「她的意志力讓她再次度過了危機。」、「現在，我眞的相信信仰會帶來改變——她日復一日地展現出如此安詳平靜的態度，接受了自己的困境。」個別的差異性在此發揮了相當的作用。繼續出現、到場表示你的支持還是很重要。來自他人的忠誠照護與持續承諾，讓老年人得以在每一天的生活中找到意義。到目前爲止，你可能已經與直接照護你父母的工作人員建立起密切的關係，也已經找到適當方式對他們的奉獻表達出你的感謝之情。理想情況下，現在你父母的新醫生照料她的時間，已經久到足以建立起個人情感，成爲他們關係中眞實而持久的一部分了；同時，朋友與家人也履行了他們協同承諾的角色。母親雖然依靠我們所有人來支持她，但她每天的快樂與悲傷也會對我們產生影響。即便是討論看似無關緊要之事，也會產生重要的積極影響——只因爲那是忠實的溝通。雖然已經沒有什麼是藥物與其他療法可以改善的，但如果你已經妥善處理好你們的情感，那麼你和父母將會從你的忠誠中受益良多。

艾爾身爲四個孩子中最小的一個，也是與嚴格、剛強的父親理察最疏遠的一個。艾爾在十七歲時離家出走、跑到加州去闖天下，並不讓人感到驚訝；他斷絕了與家人的聯繫，除了偶爾會在聖誕節時捎來一張便箋。如今，理察因罹患無法醫治的肝癌而緩慢地邁向死亡，他選擇搬進養老院，覺得自己在那裡會比較好照顧。他孤僻地與世

隔絕，要求朋友們都別來看他，只接待家庭訪客，另外只有一個人是他願意會見的，就是茱蒂——起初他並不情願，後來則報之以熱誠的接待。茱蒂是醫學院一年級的學生，在一門爲期數月的選修課程中跟我一起合作。我相信茱蒂的傾聽，爲艾爾鋪好了返家之路；因爲，沒有人確實知道艾爾爲什麼在離家二十六年之後又回來了。艾爾受到兄弟姐妹與母親的熱烈歡迎，並成爲他父親最忠誠的照護者，在父親生命的最後一個月，艾爾每天都待在病榻旁陪伴著他。

現在，你所處的這一站，可以預期自己即將窺見漫長生命的結束——這可能發生在任何時候，像是隨著健康情況稍微衰退後、急轉直下而導致死亡的快速推進。儘管如此，比上述預期更常發生的狀況是，死亡的威脅再度消退，等到幾週或幾個月後才又捲土重來。你摯愛之人的生命之船在狂風中擺盪著，船舷偶爾會沉入水中。死亡就在附近徘徊，你只能屏住呼吸開始祈禱：不必然是爲了生或死，而是爲了「讓正確的事發生」。

## 晚年的孤獨

**當我孤獨一人**

「當我孤獨一人」——這句話輕快地從他的舌尖流瀉，
彷彿孤獨沒什麼好奇怪的。
「當我年輕時，」他說；「當我年輕時……」
我想像老去、孤獨以及改變。
我想到當我們孤獨時，會變得多麼奇怪，
這些相遇、談話、吹蠟燭、說晚安的自我，
是多麼地不一樣。
孤獨……這個詞是生命已經歷且知曉的，
是我們靈魂出現時的沉寂與平靜，
除了內心深處的信仰，一切都不復存在。

——英國詩人／西格夫里・薩松（Siegfried Sassoon，一八八六至一九六七年）

在眾多其他需積極關注的問題之中，我們有時會忘記老年人是多麼地孤獨。由於我們文化的組成方式，許多人承受著社會孤獨感並隔絕於人際接觸之外；失去配偶或生活伴侶、日復一日感受匱乏，也會導致孤獨感的產生。最後，隨著我們的情感沉澱，我們接受了個人生命終將結束的事實；而關乎生存的個人孤獨感，遂將我們隔絕於所知的所有人事物之外。

在過去數十年間，我們文化中漸增的社會孤獨感已被詳盡地記錄於社會學的研究當中，譬如羅伯特．普特南（Robert Putnam）的《獨自打保齡球：美國社區的衰落和復興》（*Bowling Alone: The Collapse and Revival of American Community*，二〇〇〇年）。我們的父母與祖父母在經濟大蕭條與二次世界大戰期間，經歷過的社區意識以及之後所實踐之廣泛共享的公共活動，已經被現代經濟流動性、破碎的婚姻、成員分散各地的家庭、私人交通方式以及家庭娛樂技術等孤立壓力所取代。愈來愈多美國人獨居，伴隨著日益老化而來的是強制性的分離，以及經由失能殘疾與伴侶死亡而導致的持續損失。「哈利無法再打高爾夫球了。」、「我的老鄰居死在俄亥俄州，她搬去那裡是爲了離她女兒近一點。」如今幾乎沒有人會否認，隨著年齡的增長，我們在社會上其實是變得愈來愈孤獨，雖然有許多彌補性質的計畫與方案出現。住在密度較高的住宅社區，老年人便得以享受共同用餐以及各種共享活動；同時也發展地方的計畫與方案（年長市民中心、社區運動計畫、爲老年人規劃的交通運輸系統、教會活動等）來抵消社會孤獨感。但儘管有這些努力，對許多（即便不是大多數）老年人來說，其間的平衡仍然倒向「與日俱增的孤立與隔絕」這一邊。

因喪失親密感而產生的孤立隔絕，帶來的是截然不同的孤獨感。隨著年歲漸增，親密關係會逐漸減少，同時，旅行的距離與難度也使關係愈來愈難以維持；而實際上，許多生活狀況也排除了新的親密關係發展的機會。婚姻與伴侶關係因分離、疾病、離婚以及死亡而告終；世代之間的互動，亦即祖孫之間以往基於玩耍、分享以及主動照護等方式所產生的互動，如今受限於實質距離與不甚頻繁的聯繫，往往只剩下電話與電子郵件的方式。另一方面，老年人受損的聽力亦會降低他使用電話的能力，很難達到像以往一樣令人滿意的溝通效果。現代科技已超出許多人的理解範圍。如今，老年人坐在家人之間一起分享共聚一堂的舒適熟悉感，此情此景已是少之又少，「我只有在感恩節或聖誕節才有機會看到他們。」而肢體接觸的機會也更少了，鰥夫與寡婦蒙受失去日常生活中人性化接觸的實質痛苦。「我的朋友和家人都有他們自己的生活，何必要他們來分攤我的負擔？」在這個支離破碎的世界，人們要往哪裡尋覓、又該如何才能擁抱親密感？

關於「存在」的孤獨感，對年紀較輕且正值盛年的我們來說，或許並不那麼顯而易見。這種抵達生命盡頭的特殊孤獨感會自行深化、前進，並伴隨著「你將很快告別這個你所了解的生命」的認知。或許年紀較輕的成年人會忽略老年人的此項經驗，是因爲那最難以「修復」；老年人的情感運作，通常會讓他們更容易逐漸地抽離世界，也能更平靜地理解無可避免的分離終將到來。

在討論健康、疾病以及死亡的議題時，醫療照護專業人員或家人往往會忽視去探究這種情感狀態（連同可能伴隨而來的孤獨與寂寞）。隨著這三個面向而日益增長的孤獨感，會讓老年人有更多的時間與機會去處理他或她在這趟生命旅程中的定位。一個人的內在生命是一個特許的所在，有待醫療專業人員、朋友以及家庭成員去探索，雖然有時或許很難深入了解。我們應帶著最深的敬意去進行諸如此類的探索，對於親密而私人的所在，我們不該太快對其所披露出來的想法、態度、價值觀以及偏好進行評斷。通常，深沉的否認，可以掩飾並捍衛最接近一個人內心的安靜所在，有些老年人甚至對他們生命中的這個方面不重視也不在乎；然而我曾見過在慢療中主動的床邊傾聽，成功地開啓了通往老年人心靈中心的那扇門。

當我第一次見到他，我並未馬上看出他的特殊天賦。曾經是一名商人的湯尼，多年來努力著與他日趨嚴重的充血性心臟衰竭搏鬥。湯尼頭幾次來我的診間看診時，很安靜，也沒怎麼提及他的個人生活；後來，他突然再婚了，而且顯得相當快樂，事實上，他的婚姻剛好發生在他的心臟衰竭問題逐漸穩定下來的期間。但是沒多久，另一個難關又到來：腎臟衰竭以及愈來愈嚴重的虛弱症狀與各種隨之而來的需求，都必須被加以照護，因此最後，他住進了養老院。我去出診探視他時，才第一次從他的照護幫手那裡聽到他的故事。湯尼開始談到自己的人生，但他也是一位好聽眾，即使在他的健康背棄了他、大部分時候只能待在房間，而且因爲過於虛弱也無法從事多少活動的情況下，他還是會跟他人交談並聆聽他人的故事。透過這股慷慨分享的動力，湯尼成了眾人熟知的對象，他也開始去了解並支持照護他的幫手——以他們不曾體驗過的方式；於是，湯尼與他們以一種足以發揮相互療癒作用的關心與溫柔，分享彼此的奮鬥與艱難的私密故事。雖然湯尼已瀕臨死亡，但他生命的最後階段卻十分豐富。雖然他只是藉由簡短的交談來關注他身邊直接相關的人事物，結果，他不但成功分享了自己的故事，也成功地關懷了別人的需求。

**藉由各種孤獨狀況而產生的理解，清楚闡明了老年人在面對健康與疾病時的精神價值觀。**尤其是處於死亡逼近的高齡或危機發生的階段，老年人對於「分離」的接受度，成了我們的指引路標——或許這項持之以恆的個人眞理羅盤無法以有意識的方式溝通，而必須以善解人意的

方式去搜尋。即使老年人無法清楚且充分地表達他們的看法與觀點（或是在某些實例當中，是完全無法），但在面對決策時肯定會用上。這些對人類的孤獨、悲傷以及損失的更深沉回應，不但反映出生命的總和，也是家人、朋友與醫療專業人員在「死亡的序幕」這一站的運作基礎。

伊莎貝拉膚色「蠟黃」地出現在我的辦公室。我可以看出她身上微妙的色澤變化，並注意到披掛在她身上的衣服又更鬆垮了。當她看著我時，我知道她知道了。臨床的細節對九十三歲的老年人來說，已經無關緊要；癌症在她的胰臟中，她感受到一些疼痛，或許她會稱之爲「消化不良」。在她生命剩下的八個月時間，她的「最佳良藥」是當她在沙發上曬太陽小睡時，讓她的花斑貓蜷縮在她的肚子上；他們會舒服地待在一起、發出愉快的嗚嗚聲。在她臨終前兩週，伊莎貝拉要求服用一些泰諾（Tylenol）止痛藥。最後，她的幫手們提供她更多親力親爲的照護，幫助她實現在家中溘然長逝的願望。

# 在「死亡的序幕」這一站的實際任務

## 為你的理解能力做好準備

- 「過熟期」

老樹一直令我著迷，我也知道有些俱樂部只爲了參觀古老樹木而成立。在我自己的鄰里中，有許多全盛期的樹木雄偉而壯觀，其他樹木的節瘤是這麼多、而且腐朽得如此嚴重，我預期下一次風暴就會把它們都吹垮了；儘管如此，就連處於過熟期、疾病叢生的樹木，都能發芽長出一片新的樹冠（儘管極爲稀疏），從周圍的泥土中吸取足夠的養分來度過另一個寒冬。對過熟期的了解，讓我在「死亡的序幕」這一站的工作得到了撫慰，並幫助我領會人類耐力的奇蹟：「持續活下去的生命」這項贈禮，是由一個人內在剩餘的力量所維持，以及他人持久的愛與善意所贈予。

### •在瀕臨生命終點末期時常見的絕症

心臟與肺臟

隨著器官衰竭的發生，你可以預期會有造成各種困難的急性症狀（呼吸困難、焦慮感）、慢性疲勞以及食欲不振的現象出現。對照護者來說，照料快速出現又消退的症狀相當吃力，同時可能需要根據醫生與護士的建議，對藥物進行多次的調整。隨著器官衰竭出現，你也可以預期小型（以及偶爾的大型）反覆發生的危機，會伴隨著難以控制且因更令人恐懼的症狀出現。

罹患心臟衰竭的人，往往會在一連串較小的危機之後，遭遇「突然但預期中」的死亡。但在這一站，仍然可以減輕不適的症狀，這是讓病患、工作人員以及家人們深感安慰的一點。一方面與醫療照護的提供者建立起可提供快速回應的溝通管道；但另一方面，對希望享有舒適照護服務的老年人與家人來說，應盡可能避免送往其他地方進行照護所帶來的壓力與混亂。

中風

中風的情況則與器官衰竭截然不同。雖然小中風的症狀來來去去，對老年人來說（他們往往並未意識到自己的病情），這些症狀通常沒那麼可怕，經驗豐富的照護者也學會不再那麼懼怕並更為容忍反覆發作的現象。但對於較為大型（更具破壞性並持續更久）、反覆發作的中風，你必須去規劃如何支持老年人的過渡時期——不管是在家、在醫院或是在長期照護機構。在「死亡的序幕」這一站，對有中風負擔的老年人所提供的大部分照護都是保守而緩和的治療，也就是專注於減輕或舒緩不適的症狀。

## 癌症

癌症被稱爲是「慢性的消耗疾病」，但疼痛是罹患癌症的人最恐懼的症狀。幸運的是，臨床的疼痛管理已經發展得愈來愈有效率；就跟實際的身體疼痛一樣，一個人對疼痛的恐懼也必須及時處理，因爲急性的危機往往與無法「完全控制」一個人的疼痛有關。預防難以忍受的疼痛（無論是利用藥物、替代或補充療法，或是心理與情感支持），是照護者的必要優先事項；當醫療與照護人員、提供支持的家人朋友們都充分參與其中時，始終有辦法建立起一個適當的計畫，讓老年人獲得舒適的照護。

## 小型危機

在逐步停頓下來的這段期間，其他幾項常見的危機也會反覆發生在身體衰弱、失能殘疾的老年人身上。「她表現得根本不像原來的她。」全天候跟我母親待在一起的照護者這麼說；這種情況可能是某種感染的開始，也可能只是精力的衰退而導致了不順利的一天。即使周全而妥善地關注她的狀況，這類原因往往在一開始時並不清楚。在這一站，爲了幫助老年人度過這些短暫的小危機，我們應該提倡的是負責任的觀察，而非倉促草率的（而且或許是不必要的）醫療干預措施。

發燒是另一項症狀，而且可能預示著危機的到來。讓老年人多喝些液體，且藉著修正一些輕微的脫水狀況或提供對抗輕度感染所需的額外手段，往往就可以解決問題；這項簡單的治療方法也可以讓老年人感覺舒適。雖然許多醫生與養老院遇到這種情況，都會立刻插入針頭、「掛上靜脈輸液」，但不妨採取更耗時、卻也更安全而溫和的做法，勸誘他們喝下液體，不但能讓大多數人感覺舒緩，也不會產生額外的焦慮與不適。

接近死亡時，各種充滿不確定性的狀況紛湧而至。「發生了一些狀況，我們以爲我們就要失去她了，她似乎不省人事了。」她只是昏倒了？還是心律的毛病？或是對某項藥物的反應？在接近人生終點的這一站，老年人有多少次會瀕臨死亡幾分鐘、然後又悄悄地甦醒過來？如果你的父母是安置於醫療照護機構中，那麼風中殘燭搖曳不定的時刻更有可能被親眼目睹，你也必須對這些事件做出回應；在這些情況下，你父母的預立醫囑加上你直接參與的背書，將可引導所有人去進行相關事宜。當狀況發生時，透過電話保持數小時的密切聯繫或是直接過去探視以提供支持，對你的父母以及照護他們的工作人員都很有幫助。你可能必須多次經歷這樣的過程。

## 做好準備

**• 讓母親保持活動**

不久前，我們認知到建立肌力、靈活度以及耐力，對母親來說已不再實際可行；然而，你可以幫忙以簡單的方法來保持她的活動度，譬如，讓她在最喜愛的椅子上坐一會兒、上下輪椅、然後轉移到床上去看一下你想給她看的東西。所有的小動作都可以改善血液循環，並改變在他們薄如紙片般的皮膚上所施加的壓力點，以幫忙避免相關問題的發生，因為問題一旦發生，就會導致不適與疼痛。不妨把此作法視為幫助你父母身體中的「微系統」，保護皮膚並緩解大大小小的關節疼痛。定時在擺位上稍加改變，就能避免皮膚發癢或破皮以及肩膀、臀部、背部的疼痛。**讓你的父母保持活動，塗上舒緩的乳液、做點按摩，當個親力親為的支持者。**

### ‧讓藝術豐富他們的生活

這些日子以來，老年人在日間照護以及住宿照護機構（包括生活協助機構與養老院）所從事的活動相當多樣，像是團體運動、製作小工藝品、音樂與歌唱、玩賓果遊戲（我母親的最愛）。日常慣例的變化通常深具刺激作用，然而，隨著老年人的能量在「死亡的序幕」這一站耗盡，待在床上的單人活動可能就是你父母可以從事的所有活動了；由於時間不足、睡眠時程表無法配合，或者看似不感興趣的種種考量，更大型、更正式的活動可能會被略過。然而，傾聽音樂、口述的簡短故事與詩歌、看看家庭相簿、一起掌握並體驗你們的小小珍藏，都可以在對話變得疲軟或失靈時提供重要的分享經驗。不妨在有限的活動範圍中加入你的參與。

當你選擇想跟父母分享的故事、音樂以及物品時，考慮這些東西在你們一起的歲月中各有何價值與意義。這是個分享你自己生命中重要情感與心理試煉的好時機，別錯過培養親密感的機會，朗誦你喜愛的一首詩或一個故事。找出一個中間的話題範圍，談談午餐內容以外、家庭事務以內的話題，但別拉遠到外在世界所面臨的難題與困境。在做選擇時，把目標放在致力於達成「情感的即時性」。

## • 接受長期的不確定性

身爲正值盛年的成年人，你可以充滿自信地管理家庭、社區以及工作生活。在危機中，你會本能地轉而磨練、試驗你的技能以發揮控制並指揮事件的能力。然而在生命後期的這些站點，老年人問題的長期不確定性與無法彌補的本質，會讓你感覺相當不自在。老年人不知不覺地邁向死亡的過程，與死亡本身一樣屬於未知的領域；你無法消除所有「接近目標的炸彈」或是這類事件所引發的焦慮感（通常對你的影響更甚於對你的父母）。經過這麼久努力去預測並搶先防堵各種難以對付的緊急狀況，現在，你必須面對更強烈的焦慮感——關於接下來可能會發生的事以及何時會發生，全屬未知。在不確定的情況下，許多幹練的人會藉由過度控制的方式來因應。在你與父母的共同旅程即將邁向尾聲的時刻，學會運用更愼重的判斷與有限的行動，會帶來更多的好處。不確定性終究會佔上風。**你現在必須做的是，讓你自己在情感上「回歸平衡的中心」**。除了「保持善意」的堅持，你還可以在控制照護細節上減少精力。

## • 學習在死亡面前放下身段

誰可以教導我們坦然面對自己有限的力量與死亡的想法？在內心深處，我們知道我們正瀕臨失去，母親已經以她自己的方式傳達給我們這樣的訊息。

在我們的社會中，「慢性死亡」的人們會被重新安置於醫院以外的養老院或私人居家照護等所在，奄奄一息地過上數月或數年之後才離開人世。在那些地方，他們只會由少數醫生來照料，或者更常見的情況是由護士來照料，鮮少有醫生的參與。如今愈來愈多的家庭得自行尋找實際指導與情感支持，以度過這段失落的時期。你如何在即將來臨的死亡面前獲得安慰？醫院的牧師、神職人員以及臨終關懷的工作者，都可以為你以及你家中垂危的長者提供支持。詢問他人的故事、關於他們通往山頂的旅程，大部分人都會欣然接受你的關注；你會發現，重述與分享故事可以使你對這項經驗在情感上的容忍度更大、在人性的表現上也更加豐富。

• 改善你的自我照護

數十年以來，臨床觀察與醫學研究證明，在「壓力擊潰」與「支持撐住」之間情感與身體的相互作用，決定了人們在面對長期壓力時會有什麼樣的表現。在你父母的晚年旅程中，你已體驗了此種現象的運作：有時你無法輕易改變你的負擔，但你可以改變你支持自己的方式。照護者很容易陷入一種心態，認為（往往是正確的）他們只要從日常職責中退守一分一毫，這座脆弱的紙牌屋就會因而崩塌；他們的精力完全投注於維持病弱體衰的摯愛之人各項事務的運作，卻未能承認並解決自己的個人健康與情感需求，這往往意味著久而久之，「支持撐住」的照護能力終將減弱，然後一切就會更快分崩離析，沒有人是贏家。在這一站，讓所有參與支持垂危長者的人們提出自我照護的計畫，將此項不可或缺的需求公諸於眾人面前；有些人會用一句簡短的「我要做這麼多事，哪有時間花在自己身上」來駁斥這項建議，別被那些人嚇到。現在就討論出一份自我照護計畫吧，或許可提供某人一個尋求幫助的機會；要知道，現在對自我的忽視，代表日後很可能需要更多緊急的補救與協助。

## • 決定「何時該打電話給家人」

當你母親出現潛在的晚期問題時，不是每個人都能剛好在她的床邊。你想如何指示在場的人適時提醒你，她的病情發生了重大變化？雖然養老院與其他機構必定會根據「何時該打電話給家人」的規定來處理，但難免會有些判斷落在灰色的地帶。她無法被喚醒到什麼程度了？多久了？你希望如何分享這些更細微的判斷？你們都同意這麼做嗎？臨床的不確定性與人爲的錯誤，都可能導致有人會因爲「未被適時通知」而感到氣憤或失望。你可否藉由取得家人們對此事的優先選擇與一致意見，來協助你那負責照護的姐姐或養老院的工作人員？這些臨終的情況可能會發展成兩種極端的現象，一種是老年人突然走了，家屬要求知道「爲什麼沒有人早點打電話通知我們？」另一種是當老年人反覆失去意識的情況在第六次（或是第十次）發生時，家

屬因爲又接到電話通知的提醒而深感苦惱，因爲又一次只是「什麼都沒發生」的情況。

**•建立一棵訊息樹**

我們沒有人能憑直覺即準確地知道，關係多遠的家人與朋友們會想接到一位時日無多的老年人的訊息。所以從現在開始，與你的大家庭以及範圍更廣的關懷圈討論這些問題，做出一份誰負責打給誰以傳遞消息的書面清單，並避免傷感情。我的妻子在一位親愛的阿姨葬禮舉行過後好幾週，才得知她突然生病去世的消息，因爲岳父在充滿緊張壓力的情況下，誤以爲自己已經通知她了。訊息樹有助於展開工作並延伸過程，在傳播訊息、述說故事時也不會遺漏他人，在危機與死亡發生時刻極具實用價值。

**•討論葬禮、墓地以及追思儀式**

在這一站，許多晚年的規劃應該都緊跟在你們身後不遠了。你們可能已經一起努力制定了簡單的預立醫囑，一路走來也學到了這些文件不只是被歸檔於某處的一次性聲明，而是一個需要持續下去、甚至需要愈來愈頻繁關注與修訂的實際過程，才能讓決策眞實反映出老年人不斷改變的環境與價值觀。同樣地，或許在很久之前，有些家庭就已經以較無情感的刻板方式著手進行並完成了財務規劃與遺囑，有些老年人也可能已表達他們對自己的葬禮與追思儀式的喜好方式、購買了自己的墓地或安排了火化儀式，甚至撰寫好自己的訃聞。你或許是那些幸運的家庭之一，已經以平靜而及時的方式提出較情緒化的敏感問題；但你更可能是尚未採取行動的眾多家庭之一，還在揣想該如何打破沉默、開始討論實際至極的重要擔憂。你的家庭準備好面對隨之而來的情緒反應了嗎？哪些家庭成員可以先行提出這個話題？

## 充實你的支持團隊

### • 擁抱慢療的夥伴：安寧照護與臨終關懷

隨著你的父母即將發生的結局逐漸逼近，有些可能帶來極大助益的夥伴可以充實你的支持團隊。誰不希望自己年邁的親人能得到「人性化的照護」？然而，安寧照護與臨終關懷卻成了醫療照護在情感與後勤方面所涉及的某些最尷尬領域。其實，以最直接的形式來說，安寧照護肯定是我們所有人在生病或受傷時最渴望擁有的照護，亦即密切關注於減輕引起疼痛或不適的症狀與痛苦。關注於安寧照護，並非意味著放棄去持續地解決潛在的病症。

如今，有愈來愈多處於生命末期的老年人及其家庭，開始了解轉向安寧治療或臨終關懷的

價值。然而，恐懼與否認仍然使絕大多數的老年人及其家人未能及時地參與這方面的討論；而一個加入更多夥伴的支持團隊，可以幫助你了解臨終關懷可帶來的體貼周全、令人寬慰、有效強化的照護服務。當老年人無法再輕易地自行判斷或做出決策，家人與支持團隊可以藉由團隊的共同方式去提出並認可選擇，以建立起信任與寬慰。選擇安寧照護與臨終關懷的人，幾乎都對照護相當滿意，而且這些照護讓所有人都能在艱難時期過得更好，他們在後來經常表示，希望自己能早點參與這項協助。

## 醫療照護的參與

### ・用藥時，專注於症狀

在晚年旅程的一路上，你已經學到，藉由關注個人需求並且在這些需求與建議的標準療程之間取得平衡，就能爲老年人提供最佳的照護品質；在晚年階段時，更是如此。然而，慢療的這項要素卻因一項事實而大幅地複雜化了：醫院與養老院的部分照護品質，是由標準醫療流程所定義的「適當用藥」來評估（如果情況A存在，則應使用X藥物——作法始終如此）；任何未達該標準之事，都可能造成缺失。正如我之前所說，對於接近生命盡頭、最後進了醫院或是住在養老院的老年人來說，標準醫療流程對於提供生命價值並維繫生命品質所發揮的成效並不明顯（舉例來說，在某些時候對於個人而言，繼續使用「預防性」的血液稀釋藥物，可能比不繼續使用所造成的風險更大）。同時，專注於緩解棘手症狀的藥物上會有幫助的。

老年病學專家知道，老年人的舒適程度與日常生活品質，事實上可以藉由減少若干藥物或至少降低其用量來提升；但倘若缺乏審愼而規律的評估、或者沒能去改變劑量以觀察老年人的反應，這是不可能做到的。隨著身體逐漸衰弱，許多過去身體可以承受的藥物開始會造成慢性的副作用，包括失去食欲、輕微反胃、藥物導致的鎭靜狀態、意識混亂、身體虛弱以及睡眠障礙等等，使生活品質變糟；鼓勵你父母的醫生考慮是否需要進行可能的改變——相對於常規用藥持續使用的常見作法，適當的調整或許可以使你父母的最後幾個月免於不必要藥物所帶來的副作用困擾，讓他或她更能感受、回應生命中所剩不多的樂趣。

而且……，總會有另一種可嘗試的新藥。現代醫學每隔一段時間就會發現某種最後一搏的治療方式，爲罹患重症的人帶來改善的渺茫希望；且在極少數情況下，我們會看到某項不尋常的建議能夠發揮一段時間的作用。在這個「她有沒有嘗試過某種藥物？」的階段，來自朋友們出於善意的建議吸引力著實難以抗拒。在推動新的醫療干預措施時，往往會忽略的是有系統地去利用已知且有效的安寧治療，以緩解慢療與臨終的常見症狀。光是緩解輕微但持續的疼痛、

便秘、焦慮以及皮膚搔癢的問題，就足以大幅地改善衰退中的老年人的日常生活品質。

- **熟悉「維持生命治療醫囑」**（Physician Orders for Life-Sustaining Treatment, POLST）

奧勒岡州在開發系統以改善養老院中預立醫囑的具體明確性、文件記錄以及執行實施等方面，皆處於領先的地位。相關研究與撰寫的全面性推廣，使得「維持生命治療醫囑」的系統，超越了一般專注於「不施行心肺復甦術」指示的預立醫囑範圍，任何進入醫院或養老院的人對此都很熟悉。「維持生命治療醫囑」處理了診斷測試、靜脈輸液、餵食管、抗生素以及轉送醫院的問題，擴大了罹患重症的老年人往往會面對的重大醫療決策討論，而這些醫療干預措施往往是提供給衰退中、身體虛弱、精神錯亂、生病老年人及其家屬的建議。「維持生命治療醫囑」鼓勵在需求發生之前，即先對這些選項進行討論。在需要做出決定之前，先讓自己熟悉這些擴大的決策範圍。

- **飲食：讓病患來指引我們**

我們會自然而然地提供營養給我們摯愛的人，在艱難時期，飲食的供應始終是充滿關愛的回應。我把親手餵食失能、虛弱、孱弱老年人之舉，視為我們所能提供的最重要支持活動與關愛表現之一；藉由協助進食（對許多人來說，這是最後剩下為數不多的樂趣之一）來提供老年人營養，就是比透過餵食管來「傳送」養分更為人道而充滿關愛。在生命末期的這個階段，往往會遇到老年人拒絕進食的時候，因為進食比放棄進食還來得困難。那麼，我們該如何回應呢？很難就此放棄這些最根深柢固以表達愛與支持的方式。在這種情況下，你或許可以從針對生命盡頭這個階段的飲食所進行的研究當中，獲得安慰；這些研究確認了許多臨床醫師早就注意到的事實：**飲食攝取量（先是食物、然後是液體）的逐漸下降，事實上並不會為病患帶來不適的危機**。同時也要仔細注意，別忽略了老年人再次恢復飲食的動力，這必須是我們持續照護的部份工作；我們必須允許他們表達自己的渴望來指引我們，因為在晚年的這一站，卡路里與液體攝取量的下降鮮少會導致劇烈的轉變或迅速地凋逝——就像秋天的枯葉，仍繼續緊緊地依附著枝椏。

**• 誰會對危機做出反應……，並以什麼方式？**

照護者的缺乏經驗、對照護計畫不了解、新來的工作人員、疲勞、恐懼、焦慮、外界的壓力、午夜時產生的恐慌感、漫漫長夜的陰影，以上任何一項的發生，都極有可能引發一連串使你失衡的事件，至少是暫時性的。儘管我們已竭盡全力去確保父母可以人道且和平地「放

手」，但還是會出現許多時候有某個人或者某件事引發恐慌與不確定性，並質疑你好不容易才接受的想法：死亡可能會很快而且自然地到來。

觀察其他臨終長者的照護模式。就跟其他任何的鏈結一樣，當老年人接近生命盡頭時，你為他們制定的支持計畫可說是為最薄弱的一環：可能不熟悉你父母情況的值班醫生，「流浪」（替代）護士、緊張不安的工作人員（才剛處理了一觸即發的家庭危機）——任何一件這樣的事以及更多其他的狀況，全都不受你的家人與你的父母所支配，可能需要你與支持團隊投注以更辛苦的努力與更充分的情感。在這一站，務必要把你父母的預立醫囑隨時放在手邊，並且定期與大家一起審視你的「最後階段」策略。保持警覺仍然是首要之務。

• **情勢評估**

這一站真的是「付諸行動」的一站。現在，你可以透過實行慢療所獲取的信心而行事，因為你已經更加充分而完整地了解你的父母，是在情感上開始放手的時候了。儘管如此，你對於父母最深刻理解的信心與你在此階段對他或她的指引，還是有可能會受到挑戰。衝突可能會發生於家庭成員之間、支持團隊的成員之間，以及新來乍到的醫療專業人員之間。並不是每個人都能辨識出你父母細微的新訊息：想要擺脫每日生命重擔的願望。不確定性一路上始終在挑戰你的理解，而且會以個人化的方式攻城掠地。「我們上個禮拜談話時，我覺得她還沒準備好。」不同的訊息可能會傳達給不同的家庭成員，臨終的父母會以不同的方式來回應不同的孩子。「我好悲傷，因爲我們的關係還是像油跟水一樣互不相容。」一位垂危的九十四歲老人向我吐露她和二女兒相處的心聲。這些照護圈內成員之間的差異，在一段時間之內可能看似不可逾越，你或許必須一再重覆察看預立醫囑，並重新審視你父母與你們所有人一路走來所做的決定，努力釐清並達成共識；你們之中的某人可能會覺得你是（或者被歸類爲）「冷酷無情的一個」。你可能會覺得你從醫療專業人員（他們持續表達希望可將你父母更美好的時光延長到未來），以及某些本身無法坦然面對死亡的人那裡得到相同的訊息。即使對準備最充分的人來說，內心還是可能會生出恐懼與憤怒的情緒。

在此之際，你正努力與你深刻理解的信心搏鬥著，你可能會感到一股日益增長的平靜感，知道你的父母與你正逐漸接近旅程的終點；隨著時間的推移，對你父母的共識也漸漸達成，你或許也愈來愈能接受新的現實。你可以預期，在你前方會有巨大的空虛感在等著你，而當你開始擬定實際的計畫，準備與殯儀館打交道、規劃追思儀式、找到一塊準備好的墓地、討論要在哪裡撒放或是置放骨灰——悲傷也會再度湧現。

心靈的艱鉅任務可能會自行浮現。「我該如何爲自己找到寄託？我該如何重建自我？我有

可以寄託的心靈修行嗎？母親和我一起祈禱是否有助益？我現在是否應該更常把孩子帶來看她？在我自己的家庭裡，我們該如何討論死亡？」

你已經瞥見了不久的將來，但你尚未去到那裡。

將近一千年之前，一位名叫密勒日巴的西藏人說出了每位照護者都應該好好放在心上的話語。

「慢慢來，」他說，「你會很快到達。」

慢慢來，身爲照護者與被照護者，
你們會到達所追尋的目的地，
以你們每個人應得的方式。

慢慢來，學著練習耐心——
對你照護的人有耐心，
對你自己有耐心。

慢慢來，學習寬容的藝術，
當你望向彼此的雙眼，

當你看到自己的臉孔反映在對方的眼眸中。
慢慢來，學習剛毅到足以彎曲、
堅定到足以屈服的紀律。
當你這麼做時，你的照護將會呈現
若非如此則無法成就的力量。

——詹姆斯・E・米勒（James E. Miller）
《照護者之書：照護他人，也照護你自己》
（*The Caregiver's Book: Caring for Another; Caring for Yourself*，二〇〇八年）

## 第七站

# 死亡

「你最好馬上過來。」——臨終關懷的護士

九十二歲高齡的柏莎向我們保證，她已經爲死亡做好了準備，雖然她還沒有辦法毫不畏懼地正視死亡。重大疾病已經使她付出了極大代價，我們擔心最壞的情況會在短期內出現，但護士的最後一通電話還沒打來。我們的母親比我們更能面對自己的死亡，或者說，我一直這麼認爲。直到有天早上我們通電話時，她告訴我，她在半夜醒來時感到「非常害怕」，而且這種感覺一直揮之不去。「你是不是開始害怕死亡了呢？」我問她。「我眞的不這麼認爲，」她回答，「但我深深感到孤獨又害怕。」我們談了很久，幾個小時之後，當我又打電話過去查看她的狀況時，她說那股感覺消失了，而且沒有再出現。雖然經歷了令人懼怕的幾個小時，而在這個事件發生之後的幾個月，情緒的重擔又移轉回我們身上：它何時會發生？在她臨終時，她會怎麼做？同樣重要的是，我們會怎麼做？

我在臨終病人床前的經驗不下數百次，而且其中有幾十次更經歷了他們眞正嚥下最後一口氣的時刻。身爲醫生，這種經驗對我來說再熟悉不過；但身爲人子，要面對自己母親的死亡卻讓我茫然失措。我曾經在我祖父快要嚥氣時陪伴著他；不過才十年前，我發現父親的墳，第一次站在我父親（以及他父親）的墳墓前。就跟任何處於類似境況的家庭一樣，我可以說既像是有準備又像是沒準備。故事尚未結束。

## 晚年的死亡

到了晚年階段，大部分老年人與家人（當然還包括照護他們的專業人士），都認知到生命必定會順其自然地走到終點。活到耄耋之年的任何人，對死亡都不陌生；整體而言，人生的旅程愈長，我們年邁的父母就愈能坦然地與死亡共處。有些家庭成員已經先走一步，朋友也是隔一段時間就不見幾個；雖然有些老年人或許會對於想像中的死亡過程感到害怕，但許多人反而對死亡本身沒那麼懼怕——這並不是說，他們會熱情擁抱死亡；對許多人來說，截至眼前此刻爲止，生命仍然重要得無法讓他們去選擇另一個替代方案，也就是死亡。

但由於絕大多數老年人的晚年旅程，是如此漫長而緩慢地展開，因此，我們毋須感到驚訝的是，對於死亡究竟何時會到來，仍有極大的不確定性。我見證過當老年人準備好要離開人世、卻沒有半個人在身邊的情況。家人老是會聽到老年人說「我活太久了」或是「我過得不好」之類的話，老年人會自然地感受到死亡的逼近；然而在此之際，家人與朋友們則忠誠地抱持著他或她還可以有更多時間的希望，「或許這只是另一次他過去所經歷的類似危機。」親近的照護者與專業工作人員最好還是別與他們爭辯。在以死亡告終的此站，老年人與關心照顧他們的人終究會達成共識：死亡已然迫在眉睫了。

藉由在先前那些晚年站點充分參與的成果，我們已建立起支持自己度過死亡這一站的情感與心靈資本。我們的努力與犧牲，讓我們在「關閉生命的迴圈」上做足了準備。

每次只要小中風發作，喬就會被送進醫院待上一段令人筋疲力竭的時日。隨著每次徒勞無功的循環，愈來愈清楚可見的事實是，沒有什麼治療能阻止他不斷惡化的進程；而且，他自己也知道。最後一次的住院已經使他與妻子不堪負荷，當醫生建議給他插入餵食管並重新安置到一間養老院時，莎莉爲她摯愛的丈夫簽下了「違抗醫療建議自願出院書」（against medical advice, AMA），帶他回家等待死亡的來臨。

## 分歧的觀點

對遠方的家庭成員與朋友來說，他們無疑地會對「放手」這件事有諸多問題與意見。在我們這個住得分散且家庭往往支離破碎的世界，自然會有些成員是直到老年人瀕臨死亡之際才出現，而即便溝通工作定期進行並且徹底周全，後來才到達的人往往沒有照護者所擁有的情感優勢；後者日復一日地參與老年人的照護，使他們對目前情況有更加清楚的定見與理解。在這種情況下，要讓每個人都能達成共識、接受此無可避免之事，著實是一項重大的任務；常見的狀況是，因爲面對即將到來之損失的痛苦是如此巨大，以致於後來的參與者會在老年人臨終時引發混亂與衝突。你無法期望他們會馬上接受並輕易接納龐大的情感運作——那是照護者與陪伴者花了很長一段時間才努力得來的成果。

另一方面，偶爾也會發生的情況是，並未參與第一線照護工作的朋友與家庭成員可對決策提供有助益的觀點，甚至在衝突發生時擔任關心而中立的調停人，發揮仲裁調解的功能。

他們的父親在加護病房待了一週，靠著緊急手術時插入的呼吸器與餵食管維持生命。此時，哥哥與姐妹之間的歧見鴻溝開始擴大：哥哥本身也是醫生，想盡一切醫療可能去幫助父親活下來；姐妹們則希望兌現對父親願望的承諾，亦即，不以「冒險激

進的治療手段」維持生命、從而僅安置父親到養老院中。當情感的衝突加劇而演變成在八十九歲老人病床旁的激烈爭辯，這位父親的心臟病諮詢醫師兼私交長達二十年的好友，召開了一場家庭會議，平靜地總結了兩方所主張的觀點，並詢問他是否正確地陳述了問題之後，這位年邁的醫師透露，他跟妻子（她也是這位父親的老朋友）對於如何處理這類情況也有類似的矛盾觀點。他承認，所有的女人都比較不害怕死亡，也比較容易接受損失；男人一方面會對失敗感到不自在，一方面又受到專業訓練而制約他們必得採取行動，因此在情感上，他們比較沒那麼容易去接受，需要久一點的時間。他成功地協調出兩天的寬限期後，家人們等待並觀察情況；很快的，父親的腎衰竭讓情況明朗化了，餵食管等設備移除了，他在幾個小時之內就離開了人世。

## 信任與「善終」

如果有某項單一元素是構成「善終」（在自行選擇的所在，面對預期中的、受到支持的、多人到場送行的死亡）的基礎，這項元素必然是「信任」以及信任對於心靈的影響。臨終者是否有信任的家人、朋友以及醫療照護專業人士可以正確地解讀他們的情況？而家人、朋友以及醫療照護專業人士們，是否也認為正在發生之事是自然而不可避免的，並且願意提供完全的支持？這是深愛臨終者的人們所能給予寬慰的最後贈禮。但要做到這一點，必須事先完成許多工作——數年、數月來不論在任何情況下都會忠實地陪伴在側，一路上辛苦地爲你父母做出各種安排、說出他們的心聲，以及就近守候、默默地支持著他們。

措手不及地陷入情感如此強烈的境況，還希望能培養出（爲提供適當照護環境所需的）信任感，著實是最爲艱鉅的挑戰；然而，這也是許多毫無準備的家庭與老年人所面對的情況。在信任程度有限的情況下，圍繞著臨終者的所有困難都會被放大，對醫療人員與醫療體系的不熟悉也會使不確定性增加，壓力與焦慮更形加劇，每個人只會愈來愈疲憊……，而對身體、情感、經濟成本的持續擔憂，更使情況雪上加霜。臨終長者生命中最後的數天或數週，可能會因爲圍繞著他們的焦躁不安情緒而更顯著惡化。在充滿慌亂、恐懼氛圍的環境中，很難找出情感空間去致力於「善終」所需的心靈準備工作。

經得起時間證明的協同關係承諾，可爲老年人建立起穩固的身心靈環境，讓臨終者得以放心地安息，這種最終的信任感會圍繞並保護著他們。對家人來說，「圍繞」與「扶持」往往就是：撫觸（最基本而親密的感官感受）、擁抱、一起在床上休息一會兒……，都能帶來無限的寬慰——這就是「善終」的場景，給予即將離去之人良好的身體與情感照護。

瑪麗安拒絕在大庭廣眾之下把氧氣設備帶出來，骨瘦如柴的她掙扎地來到我的辦公室，這是少數幾次她同意來見我的情況。現在，只有兩個題目可以引起她的興趣：她攀登過的山脈故事以及漢拉克協會（Hemlock Society）。她要爲自己所奮鬥之事而死，必要的話，她不惜用自己的手來結束生命。那天我們所做的，就是把她的預立醫囑存檔，這是必須採取的重要步驟，而且完成得正是時候，因爲就在那天晚上，一名新來的伴護驚慌失措地打電話叫來救護車，救護車的工作人員因爲負有把病患送進急診室的法律義務，因而對瑪麗安丈夫的抗議置之不理。

我接到呼叫時，瑪麗安已經在路上了；我深知她的明確願望與正確指示，於是趕緊前往醫院與她和她的丈夫會合。我在急診室中找到正絞擰著雙手的比爾，做丈夫的覺得背棄了畢生對妻子的奉獻——只因爲在這個重要的時刻，另一個人的恐慌推翻了他始終堅定不移的意志。幸運的是，他還能臨危不亂地記得帶上他妻子的「文件」。

麻醉醫師直視著我的雙眼，「你意思是說，你不希望我幫她插管？不這麼做的話，她馬上就會死。」比爾這時被擋在門外，急診室裡沒有一個人知道瑪麗安是什麼樣的女人，也沒有一個人聽過她跟我保證，當死亡來臨時，她「自有規劃」——當然並不包括靠「呼吸器」維持生命。我要求讓她的丈夫加入我們，醫院人員的態度緩和了下來，並遵照她的預立醫囑，讓我們三個獨處；鎮靜藥物緩和了瑪麗安的呼吸，比爾握住她的手，她沒有維持多久。我和比爾兩個落寞地走出了急診室。

## 充分利用醫院

回顧在「危機」那一站時，你逐漸理解對你病弱的父母以及你的家人來說，住院治療是多麼地吃力、艱難又令人迷惘。想像對瀕臨死亡的老年人來說，如果最後不得不接受或是被交付給醫院照護，會是多麼地難以承受。老年人不管是處於生病還是垂危的狀況，醫院忙碌複雜的環境，始終讓他們很吃力；醫院一點也不像家，連養老院的最低程度都搆不上。儘管如此，我們無法預測老年人醫療需求的所有狀況，或許就極難控制的症狀看來（而且別處無法獲得這樣的照護方式），醫院可能是最後唯一的選擇。

許多醫院也都逐漸開始提供安寧照護的服務，由醫師、護士、執業護士以及其他人所組成的專屬團隊，爲罹患重症與瀕臨死亡的人提供諮詢服務。經驗豐富、充滿愛心的專業人員可協助指引衰退中的老年人，從急症的照護過渡到專注於緩解症狀與舒適照護的治療（免除過多的診斷檢測或是以機器進行侵入式的電子監測）。如果老年人的狀況逐漸穩定下來，並可以返回一個更像家的溫馨環境中，那是最好的情況；如果狀況還是不穩定而且很難轉移到別的地方，那

壓或許可以在醫院中供以長期的安寧照護。通常來說，使用醫院提供的照護服務會有時間上的限制，理由很充分，因為與其他照護環境相較之下（包括自家、生活協助機構、養老院或是社區專屬的臨終關懷機構），醫院的環境比較沒有那麼安寧平靜、比較沒有人情味、也比較昂貴。

八十七歲的莎拉．珀金斯醫師沒有任何還活著的親人，所以她在一份極為精確而詳盡的生前遺囑中仔細寫下她的願望，並將一份效力持久的醫療照護授權書指定給她信任的一位社工朋友露易絲。當莎拉因中風被送到醫院的神經科樓層等待評估時，我打電話給露易絲，提醒她可能必須擔任捍衛莎拉權利的發言人；當露易絲去到醫院時，發現莎拉的中風十分嚴重，估計是無法復原了，於是她提出了莎拉的明確意願，讓她的朋友出院並返回養老院，接受審慎的安寧照護。接下來的幾週，在莎拉臨終之前，她的朋友們都來到病榻之前看望她，並跟她道別。

## 充足的資源

自然的死亡（臨終前幾天到幾週的那段時間），往往需要不斷增加的照護需求，然而，完善且可運用的支持服務，卻通常相當不足。老年人的需求可能有一部分是技術性的，例如透過藥物輸送泵以緩解疼痛的較複雜方式；然而，更為常見的需求是親力親為的日常照護以及情感與心靈方面的支持。矛盾的是，在我們高度醫療化的體系中，對一個家庭來說，安排更多的技術性服務可能比簡單的親手照護要來得更加容易。雖然並非每個在老年人支持團隊中的成員都適合擔任臨終照護的實際工作，但光是出現在老年人面前，就足以提供情感與心靈支持，而這正是構成「善終」的基礎。即使在缺乏醫療、護理或是臨終關懷服務的支持下，參與程度極爲廣泛的家庭還是可能達成讓老年人好走的目的；但倘若再加上能獲得醫療支持的好運氣（或許是一位護士或醫生偶爾來家中探視），就能減輕整體的焦慮感並降低不確定性。

我的老同事從他執業以來就持續照顧著這名病患。那天是他女兒四十歲生日的特殊場合，他不得不出城去，於是他請我在那個週末幫他照看幾位特別的病患，有些甚至已經瀕臨死亡，弗萊徹太太是其中之一。

臨終關懷在我們這些小城鎮尚未受到青睞，這類照護仍然是家人的工作。電話在週六晚間大約九點時打來，請求的訊息很簡短：「有人得過來看看弗萊徹太太。」儘管我相較之下算是資淺的執業醫生，還是開車來到路的盡頭，緊張地發現有許多車子停在弗萊徹太太居住的拖車旁。進到拖車裡時，這位老奶奶的床被安置在兩個單位寬的拖車客廳中，大家庭中的眾多成員也都在場；她已經沒有意識，呼吸之間長久的停頓顯示出，她在世的時間只剩下幾個小時了。

當我繼續站在病床邊握著她的手時，我向她的家人們確認，她的時間已經快到了；談話中斷，一些人點著頭。我告訴他們，如果他們需要的話可以再打電話給我，治療她的醫生會在週日晚間回到城裡。一位女士走上前來感謝我來探視，然後我就離開了。

## 緩慢關機

像我們許多曾經照護過瀕死長者的人，還是會對死亡的緩慢過程感到驚訝——即便是在所有的藥物都停用（除了立即緩解症狀所需的藥物會保留使用）、食物與液體的攝取量也保持在最低限度的情況下。對於長期衰弱不堪以及年老體弱者來說，人體中許多重要系統都是在類似汽車引擎近乎閒置的速度下運作，因此即使食物與液體的燃料供應極爲有限，還是可以維持許多天（或者對某些人來說，是許多週的生命）。年老的生命不是突然的結束，而是會出現「最後呼吸」的現象：老年人的呼吸不時被延長的停頓給打斷，然後又回復一種更爲穩定、看似毫無止境的模式。即使藥物（譬如，緩解疼痛與呼吸困難的嗎啡）也鮮少能加速或徹底改變這種邁向死亡的過程。

在緩慢關機的範圍之外，則是一塊爲愈來愈多老年人所佔據的領域，尤其是住在養老院中、罹患失智症或曾經中風的老年人，他們由餵食管維持著生命，邁向「延長的死亡」。不像瀕臨死亡時自然發生的食欲與飲食攝取量下降，以餵食管灌食的方式會讓身體保持較高的營養儲備量，因此照護者可能難以分辨何時是自然死亡確實開始的時候，也常有「無止盡的死亡感」，沒有明確的變化區隔可以讓家人與關懷圈成員有一段時間聚在一起，保持警戒並進行自然死亡的照護。

我在一座遙遠的加勒比海島嶼上行醫時，經常看到這種情況：當醫院無法再多做些什麼，家人們就會盡快將父母帶回家，等待死亡到來。回過頭來看，美國的情況則有些不同。在養老院住了三年、幾乎每天都有家庭成員來探視，老祖母邁向了自然死亡的階段；在臨終關懷服務的支持下，她的家人遵照並實現了她想在家中離世的願望——結果變成了一件為期五天的大事，所有的家人都抽出時間來照料她並彼此陪伴；對他們來說，這是一種正確而且沒那麼困難的作法。

## 頌讚與歡慶

儘管聽起來可能不太尋常，但在經過長期的承諾與適當的努力之後，許多家庭與朋友團體往往會在老年人預期死亡之際，體驗到一股歡慶的感受。一支專屬的家人與支持者團隊，爲臨終者營造出充滿關愛與人道氛圍的環境。老年人帶著完整無缺的身份與尊嚴結束生命，而且是每個人關注的焦點——原諒他或她做錯了什麼或是無法做到什麼，頌讚他或她廣爲人知的公眾生活或較不爲人知的私人生活，了解他或她存在的深度與廣度的人，珍惜他們的回憶。在這些親密的環境中，家庭與朋友提供照護、歡慶彼此的緊密連結，同時分享過去的故事。當老年人的死亡是受到良好支持時，這也正是對他或她生命的一種歡慶。預期並參與死亡，使我們得以連結於全方位的人類情感之中，深刻感受到我們共同的人性，幫助我們接受生命的迴圈終究會關閉的事實——因爲我們每個人都會有這一天。

這個因紐特（Inuit）女人爲她垂死的母親謹愼地準備好雪撬，以便帶著她滑行到遙遠的浮冰之上。傳統上，這項最後的儀式是一件家務事，因此她帶著兩個孩子，四歲的兒子納努克以及七歲的女兒納亞，與裹在溫暖海豹皮中、輕柔綁在雪撬上的老祖母同行。在悲傷的旅程結束時，老祖母平靜地安息於寒冷的雪白荒野之中；而年輕的母親與孩子祈禱完畢、不情願地告別之後，他們轉身走回家。納亞年紀已經大到足以了解所發生的事，看起來心事重重，最後，她問道：「可是媽媽，我們是不是忘了什麼東西？等到我們需要幫你找個雪撬時，我們要用什麼呢？」

——兒時的故事（來自某位年長朋友的敘述）

## 在「死亡」這一站的實際任務

### 在山頂上

**• 討論臨終與死亡的地點**

當我三十多年前開始執業之前，在我們農村地區的大多數老年人都深信，被送進醫院就等於被宣判了死刑；他們都看到了老年人接受醫院照護的結果，於是很快得出了結論：醫院是通往死亡的中途站——不管是在醫院，還是不久之後會被送進去的養老院。在某種程度上來說，這些老年人也並未錯得太離譜；即使是在今天，最後一次進醫院之後，進入養老院的臨終病患愈來愈多。一九八九年時，六十五歲以上的人有百分之十九在養老院死亡；一九九七年時，這個數字上升至百分之二十四；到了二〇二〇年，估計已成長至百分之四十。深知如此趨勢，我往往會建議家庭要開始討論臨終的地點，包括在家中；但有鑑於我們的文化傾向於將醫院視爲

製造最後奇蹟的所在，討論此議題可能會相當困難。

有些人因認可我們文化對於科技與科學醫學奇蹟的崇敬，會把現代醫學中心稱爲「我們的新教堂」。你的家庭或許可以在令人敬畏的大廳中找到安慰，並利用最新的照護奇蹟來幫助自己；然而，當你摯愛之人試過所有的醫療方法都失敗時，又是多麼地令人痛苦。面對他們必須轉移回家或是轉入養老院中相對簡陋環境的事實，你可能會經歷一股迷失與絕望的強烈感受；你能否將新環境視爲一座大小較爲適當的教堂，可以去進行親密且更爲人性化的祈禱式？權衡每個選擇中的地點以及家人必須承擔的工作有何利弊得失，儘早爭取臨終關懷或安寧照護的協助；大部分家庭都會發現安寧照護與臨終關懷的承諾與服務，在所有環境下（不論是家中、養老院以及醫院）都能帶來極大的安慰。

## •自然死亡的延長——慢性死亡的僵局

實際說來，插入餵食管可以被描述爲「一種小程序……，一直都在做的事。」在沒有成本較高、費時費力的人工餵食協助之下，餵食管的確可以幫助許多病患獲取恢復健康所需的營養；醫院、復健中心、養老院的護士也很容易就可以習得管理餵食管的臨床技能，同時，餵食管還可以加快機構照護的效率。而今在某些州，養老院住戶使用餵食管的比例高達百分之四十，但其他州也有比例低至百分之三的情況。

雖然餵食管最初被推廣爲比傳統人工餵食更安全的替代方案，但現在，研究已清楚顯示，這兩種方法的併發症發生率其實不相上下。我想強調的是，以孱弱老年人的角度來考量，我們必須釐清的是對機構來說什麼是方便與有效的方式，對個人來說什麼是人道與個人化的方式。親手餵食、充滿人性溫度的接觸，使我們能與老年人保持人性化的連結，也是實踐慢療的精髓所在。在奉獻心力的工作當中，家人可以協助工作人員準備餐點，觀察老年人進食的興趣與意願是否有任何變化——即便是罹患失智症的老年人。依賴餵食管來維持晚年的生命，等於拒絕給予老年人（以及伴護者）傳達「想放手」這項訊息的機會。在此階段，利用每個可能的機會去觀察老年人的飲食與生存的意向，是相當合情合理的做法。我們愈少這麼做，就愈不了解、愈無法察覺父母偏好哪種適當的照護方式。

## • 鼓勵來訪與來電關心

你可以從此時開始學習：當老年人離開人世之後，你該怎麼回頭去過自己的生活。關心你以及你所經歷之事的人們會向你伸出援手，儘管是試探性的——因爲他們不確定你的情況或你的反應爲何。輕鬆自然地說明你想跟提供支持的朋友們交談與會面的方式，「謝謝你打來，我

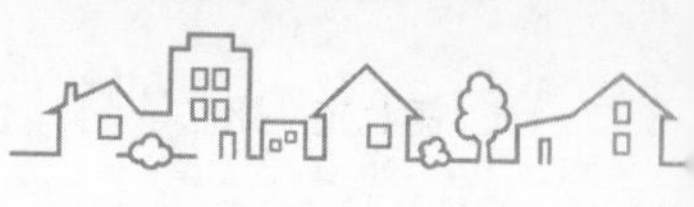

很想再跟你多聊聊，或許明天會比較好，那時我們會比較清楚她還剩下多少時間。」如果你拒絕了支持，而且並未表達願意接受日後的聯繫，那麼你在這一站以及死亡發生之後，都會失去機會；切記，你早上的情緒感受可能跟下午截然不同，你的能量儲備會有增減消長，如同你的父母在此漫長的旅程中、到這一刻為止一樣。

## ‧預期的悲傷

完全而充實的人類生活，當然包括了痛苦與快樂的體驗。我們參與照護長者的時間愈久、頻率愈密集、情感愈親密，我們就愈會感受到他們的損失、愈能看出這樣的影響。隨著時間的推移，再沒有比儘早參與摯愛之人從衰退到死亡的積極照護工作，更能帶來最深刻的悲傷，或是（說來矛盾）更巨大的安慰了。雖然「提早來到長者身邊，並在他們自然死亡的過程中留下來陪伴他或她」的任務，往往並不容易安排或達成，卻可以為家庭成員提供空間與時間以脫離日常生活中極易分散注意力的干擾，並且有充足的機會去反思生命循環中這個特別的轉捩點。回想一下你孩子的出生前後（從分娩的前幾個小時，乃至接下來數天、數週、數年間截然不同的家庭生活），如此非凡經驗帶給你的強烈衝擊；而從那時開始，你生活中的優先順位也已有了顯而易見的改變。如今，在你父母生命的最後階段，對你生命的強烈衝擊可能會再度出現——一個人的死亡不僅僅是離開人世而已，更是他在世代行列中佔有應得的一席之地、將生命傳遞給留在人世的子孫之儀式。對於致敬逝者已矣、反思來者可追，出席儀式去接受這份禮物是至關緊要的一環。

## •死亡的語言

當父母瀕臨死亡時，我們如何找到正確的語言來使用?過去，臨終的語言是一種使人舒適、寬慰的用語；而今，如果是發生在醫院的死亡，主導一切的極有可能是技術性的術語，因爲在醫療體系中，技術性術語被運用得如此純熟，你無法期望在急症照護醫院中的工作人員會改變他們溝通的方式，即使是在臨終老年人的病榻旁。同樣地，不論是在家或是在養老院，對於專業幫手的需求，也意味著某些醫療語言必然成爲照護工作的一部分。有時，你可能會對此感到刺耳而冷漠。在一個人瀕臨死亡的過程中，我發現牽涉到「生命跡象」與疾病的談話，會適時地轉移到隱喩死亡的灰色地帶，像是定量的醫學術語（「血壓」、「脈搏率」、「血氧飽和度」等的數字、比率、級數）逐漸變得無關緊要，並轉往描述細節，亦即由家人坐在床邊觀察到的老年人整體舒適度（「放鬆」、「平靜」、「睡著了」）。除此之外，還有轉向靈性語言的趨勢，用以提醒我們即將到來的轉變；對此，每個家庭都會根據自身的精神與宗教傳統來加以解讀。

### • 學習如何陪伴臨終者

即使對已屆耄耋之年的老人來說，瀕死的時刻仍然極為煎熬：衰退的精力與隨之而來的疲憊感，使每個動作與活動都變得很困難，連呼吸都變得費力（利用小劑量的嗎啡來緩解這種痛苦的掙扎，對每個人來說都是一項福音）；僅僅是在床上移位以降低脆弱皮膚的壓力並舒緩疼痛，也必須用盡氣力。與前一站「死亡的序幕」不同，在這一站，光是保持清醒意識以便與訪客及照護者溝通並回應**他們的**情緒，就會耗盡臨終者的身體、心理以及情感等各方面的能量。身為陪伴照護者的家庭成員或朋友，你可能也必須充當把關者，指導活動並解讀臨終者的反應，知道「多少來訪量就太多了」，阻擋過度活動以免臨終者剩餘時日的品質下降。這並不總是一項簡單的任務。

### • 控制焦慮感

過去十年來，醫學界在控制瀕臨死亡的疼痛方面取得了相當可觀的進展，但還有許多尚待改善的空間，尤其是隨著臨終照護的場景逐漸轉移到醫院之外的環境中。實現這個目標的教育工作正順利地進行。然而，對於處於生命最後幾週的臨終者來說，疼痛只是幾個需要關注的問題之一，其他還包括了疲憊、呼吸短促、方向感的喪失、隨著照護時的移動所產生的不適、皮膚與口腔乾燥以及腸道與膀胱功能的衰退。除此之外，對臨終者、照護的家人以及偶爾負擔過重的工作人員來說（包括病患醫生不在時前來代替的任何醫生），整個環境可能充滿了焦慮的氛圍。多利用撫觸、適度照明的燈光或燭光、柔和的音樂以及溫柔的話語來發揮鎮定的效果。在此期間，找出方法來承認並關照自己與他人的焦慮感，可以大幅改善照護工作的質量。最後，如果需要的話，使用鎮定劑與鎮靜劑（單獨開立處方或是配合止痛藥物）來幫助臨終者。

## 你最後的團隊

- **調適不斷變動的團隊**

臨終的老年人在死亡來臨前幾週所需要的照護服務會愈來愈多，這往往意味著必須與新面孔以及新機構打交道。或許會有一支臨終關懷團隊（主要是處於支持的模式，直到現在）介入，提供更多日常的協助。現在，養老院與臨終關懷服務可能會安排協調出更多病床旁所需要的照護時數；而你父母的醫生與代理該醫生的夥伴，則會更密切地監測藥物的使用以確保你父母感覺舒適——這些工作多由電話與傳真完成，但你可以察覺他們逐漸增加的參與度。群體或單位之間的溝通，可能會專注在正式或技術性的照護上，以致於新的照護者可能不怎麼容易理

解你父母過去的歷史以及現在的狀況。

在這個結束的時刻，老年人的身份認同比以往任何時候都來得重要。以我母親的經驗來說，與在養老院中陪伴她的牧師分享她艱困童年的點點滴滴，大大增加了牧師對她的同情心。所以，你可以在病床旁與走廊上簡短閒聊、傳達資訊給新的照護陪伴者，告訴他們你父母的歷史以及是哪些家庭成員負責照護。你們支持團隊的出現，有助於爲臨終照護建立起更加人性化的環境。你的父母對許多人來說都極爲重要，鼓勵所有到場的親友們都能與臨終關懷護士交談，也可以對順道來探視的醫生簡單自我介紹。

• 聯繫信仰團體

在我們之中，有些人是正式信仰團體的活躍成員，其他人過去則可能有與宗教團體較緊密聯繫或不那麼密切聯繫的時期；還有些人過去既無宗教信仰，現在也沒有依戀情感。然而在面對「臨終」時，極有可能重新對靈性與宗教議題產生微妙的感受，如果你並未如此，那麼你支持團隊中的某些成員以及照護你臨終父母的某些專業人員，肯定有些人是如此。宗教專業人士，包括教士、牧師、拉比、隸屬於照護機構的人，以及其他直接或間接獲悉某個家庭中有人死亡的人，都可以提供巨大的支持。這些充滿愛心的人士經歷過許多圍繞著死亡的親密情況，是你、你的家庭以及支持團隊的絕佳支持者，要求他們參與並運用他們的支持，將幫助你們所有人與宗教專業人士（這些團體支持我們走進死亡與瀕死的領域）分享自己的感受。

## •開始連絡殯儀館

當我還是一名年輕醫生時，我很幸運能住在鎮上殯儀館的正後方。我所接受有關死亡的醫學訓練主要是驗屍，但肯定不包括靈車、停屍間以及葬禮；隨著我逐漸熟悉了殯儀館的作業、也熟識了殯儀館的館長，我發現了這些工作人員是提供個人支持與寬慰的一個來源。有時，老年人與家庭會提前做好死後的計畫；但其他時候，可能根本就沒有得到解決。如果你尚未經歷過家人死亡，你不太可能遇到或者花時間跟殯儀館的人打交道。在臨終者病床邊守候的初期，就有人必須聯繫殯儀館，你可以在護理人員的協助下，透過打電話來完成。當你在守候期間暫歇片刻（但願你有其他家人、朋友，或許還有臨終關懷志願者可以輪流幫忙），不妨親自走一趟你們所挑選的殯儀館，見見在死亡發生後即將幫助你家人的人們。花幾分鐘跟他們交談都好，你會感到非常安心，而且有助於你在摯愛者離世後的幾個難熬小時之間穩定情緒。

## 醫療照護的參與

### •最後時日如何用藥

在生命的最後幾天，尤其是對多年來日益萎縮、衰退的老年人來說，由於疾病以及飲食攝取量下降的影響，藥物不僅攸關緩解疼痛而已，更是關乎爲臨終者（以及病榻旁的家人們）營造一種舒適感。若能審愼使用常規劑量的嗎啡與鎭靜劑，許多死亡便可以成爲「善終」。根據我的經驗，如果家庭成員能夠公開討論，並就照護目標以及他們看到、感受到臨終父母所承受的痛苦程度而達成一致性的看法，進而一起做出決定，那麼使用這類藥物的決定就會是最佳的決定；如果可以不斷（通常是每個小時）檢視藥物的使用狀況，使得舒適度不會因不足或不當的照護而受到影響，那麼，這些決定也會是最優質的決定。讓許多家庭深感驚訝與欣慰的是，定期給予劑量極低的嗎啡竟可以提供臨終者極高的舒適度。如果你的父母仍然感到痛苦不適，詢問醫生與護士以確定你能實現這個目標。你完全有權這麼做。

### •「即時」的臨終關懷

令人遺憾的是，許多老年人及其家人只有在死亡逼近時，才願意接受臨終關懷的想法，而且許多醫生提出臨終關懷建議的時機也晚到令人驚訝。如果你的家人能幸運地事先考慮到這一點，那麼安寧治療方式、臨終關懷教育方案以及自然死亡照護，就已成爲照護工作在最後數週或數月裡令人寬慰的一部分了。然而，對尚未採用上述方案的老年人與家庭來說，在最後階段要求臨終關懷的服務仍然深具實際而重要的價值，因爲對臨終者來說，「信任」在優質照護上扮演了如此重要的角色，在最後的階段，所有人都必須更密切地聯繫與運作，以建立起一條以信任爲基礎的情感紐帶。

- **撤掉機器**

當家中突然停電時，我們才會意識到靜默無聲可以是多麼地深刻而強烈，收音機、電視、冰箱的嗡嗡聲全都消失了。許多人在加護病房陪伴生病的親人時，會發現醫療照護的機器所發出的嗡嗡與卡嗒聲響頗令人感到寬慰；然而，許多人也注意到機器如何宛如催眠般地，讓人把注意力從垂死的人身上移轉開來。當電子監控設備顯然並無任何幫助、甚至可能轉移人性化照護的焦點時，不妨考慮縮減病榻旁或房間裡的機器設備。在人們認爲死亡已經逼近，也常見到移除提供額外氧氣的鼻管（會使口鼻變乾且不舒服，而且並未帶來任何明顯好處）。你可能會先感受到額外的寧靜，雖然到了最後，你會聽到一種陌生的人類聲響：在生命結束之際所發出

的不規律呼吸聲（以及最後所謂的「瀕死呼吸聲」）。寂靜可以使你更清楚意識到自己在「結束時刻」裡的感受。

• 分享護理臨終者的工作

現在，你母親的身體需求已由其他人來完成。有人會固定幫她在床上翻身，以保護她的皮膚並緩解她因無法移動而造成的疼痛；她的口腔已被清潔乾淨，舒緩的溶液減輕了口唇的乾燥；隨著腸道與膀胱停止了運作，她被隨時監看著並在有需要時進行清潔；皮膚也用舒緩的乳霜與軟膏洗淨並潤濕，衣服與床單才剛更換。所有的身體需求都被照顧到了。許多在場陪伴的家人發現，他們在這種護理工作上某些方面的參與深具意義；即使對於長期的家庭照護者來說，這只是忠實遵循的日常慣例之延續。你們有些人可能想參與其中，以表達愛並減輕其他人的工作負擔。透過你親手照護的親密接觸方式所建立起來的記憶，將長久留存在你的心中。臨終者死亡之後，照護者通常會照料亡者的屍體，進行最後的洗浴或清潔，或許重新更衣並將屍體重新擺放成看起來較為舒適的姿勢。當然，傳統上來說，都是由家人來為死去的家人洗滌與穿衣；我認識好些人，在回歸這項古老的傳統時發現了諸多意義與寬慰。照護工作人員應該接受、或者被說服去接受家人的參與。

瀕死與死亡會觸發我們最強烈的情感與心理反應，譬如目睹在意外死亡現場的悲傷父母或兒女的新聞照片，這與老年人緩慢邁向預期的死亡相較之下，或許強度與流露的情感並不盡相同，但蟄伏以待的深刻情感、心智與心靈力量是一樣的。爲損失預做準備或許會改變你悲傷的方式，但潛在的人性力量也不可小覷。

＊＊＊

在醫院與養老院這類經常發生死亡的機構中，你或許會感到措手不及，覺得自己的情感被傷害了——由於工作人員隨意使用「預期死亡」一詞，傳達給你「這項經驗應該會更容易」的訊息；或許這對工作人員來說是一項「例行公事」，他們從自己經常、反覆經歷的失落感中，找到自我調適與自我保護的方法，但對你來說並非如此，即使你已經照護你所愛之人這麼多個月、這麼多年。

留意你自己的行爲舉止是否也是他人認爲合適的作爲。寬慰、平靜、悲傷、憤怒的情感可能會突然爆發，人們的反應是不可預測的。即使身爲家人、醫師、護士以及其他照護者的我們已經把這項工作做得完美而成功，也鮮少能擁有跟做好其他類型工作同樣的勝利感。而即使其他人並未公開表達出情感，但要知道，在某種程度上，他們也跟你一起承擔了你的失去。

第八站

# 悲痛/遺贈

「我們做了對的事……」——兄弟

頃刻之間，我們的長者從「現在式」變成了「過去式」，故事轉移到我們身上——失去親人的家庭。每當悲傷進入我們的生活時，可預期的是，失去的故事常常會被重新記起：我的姐姐和我想起了深植於童年的回憶，哀悼一位缺席而陌生的父親。之後，回憶的道路開始分歧：我的回憶在作爲醫師的生涯裡累積，她的回憶則是較爲私人的部分。我身爲剛開始受訓的醫學系學生，也是病房團隊的一員，被指派的任務是去關閉一位立陶宛老人的呼吸器，他已因心臟衰竭而處於末期的昏迷狀態；怪的是，雖然我從四天前他抵達急診室的那一刻起就開始照料他，當他在沒有機器支持下呼吸最後幾口氣時，我並沒有任何特別激動的感受。一年之後，我成爲實習醫生，卻在我那意外吊死自己的十歲病患被拔掉呼吸器後，獨自在樓梯間痛哭失聲。在我成爲醫生的頭幾年所經歷的死亡，都伴隨著令人痛心不已的淚水與悲傷——就如同爲我的祖父與父親的死亡而哀傷。我的失落累積在一起，匯聚成爲淚水之河。

最後這一站極少短至數月，多半長達數年或甚至餘生，需要時間與空間才能度過。經過早期階段極度強烈的身心衝擊，我們對摯愛之人死亡的悲傷，大多會在更長的一段時間中持續發酵。

**來自《暗影》**（***Shapes***）

長遠來看，無關緊要。
無論如何，曾經活過才重要。
每次經歷的死亡都讓你四分五裂，
你發現自己靠著廚房的門哭泣，
被失去的悲傷淹沒。
當你經過無家可歸的人

雙手抱頭，屈服於水泥台階上，
而輪子上的鐵絲籃就在那裡。
你發現自己在哭泣。

——美國詩人／露絲・史東（Ruth Stone）

## 與遺體共處

對大多數的家庭成員與朋友來說，在親人眞正離世之前，悲傷早已存在很長一段時間了；一旦我們的父母進入晚年，我們就會愈意識到他們的自我逐漸在改變，他們所失去的也愈來愈多。如今，我們面對了截然不同的情況——他們永遠的缺席。

當老年人呼吸最後幾口氣時，身體中的生命隨之消逝，這項轉換是相當突然的：沒了動靜，沒了聲音，皮膚顏色會產生細微的變化。許多在場的人會體驗到像是置身於另一個時空，超越了最後幾分鐘的呼吸之外；隨後就是一片靜默，你會感覺你摯愛之人像是仍然存在、尙未離開，直到片刻過後，你才會感覺他或她眞的離去了。在死亡眞的發生之後，沒有理由急著去移動死者；如果你已安排好一個安靜的環境讓臨終者好好離去，那麼這個地方就可能當成親朋好友來做最後道別並繼續哀悼的所在。根據我的經驗，來送臨終者最後一程的許多家庭成員與至親好友，都會想要跟他們摯愛之人的遺體相處片刻——或許會與他人一起，但更多時候會希望獨處。經歷過如此激烈而堅定的參與過程，許多非家人的照護者也會想在安靜的時刻向死者致意或道別；然而，並不是每個人都想與遺體相處，這是一個高度取決於個人的決定，而且往往要到必須做出選擇的時候，才會眞正做出決定。但不論我們的選擇爲何，在這些靜默的時刻，我們會開始體驗到一種時空感受的轉變，將爲我們的生命帶來影響——至少在不久的將來。

家庭成員、朋友、照護者應可隨其意願看他們想逗留多久，在眞正需要移動遺體之前，應爲他們保留充足的時間來進行哀悼與道別；而即使到了眞正需要移動遺體的時候，也會有更多人可以支持這項得繼續進行的過程。如果你不知爲何有種極爲匆忙的感覺，你應該知道的是，這與照料死者的任何要求無關，而是與後續處理的各項事務有關（舉例來說，更動養老院的輪班班次、把醫院的床位空出來）。要知道，不同的家庭成員會有不同的情感需求，延長與遺體共處的時間或許對某些人有幫助，但或許會使其他人感到苦惱。

正如我們大多數人所知，在緊接著死亡之後的那段時間，我們會有種不可置信、不眞實的感受。由於難以置信的感覺揮之不去，我們一開始的悲傷淚水或許只是緩緩流下，但之後很長一段時間，極度激烈的悲痛巨浪可能會周而復始地衝擊我們。眼下，一連串的活動暫時接管了

一切：通知遠方的親戚與朋友、知會至交好友、聯繫殯儀館、準備葬禮或追思儀式；而對遠方的家庭成員來說，他們得展開「返家」之旅。直到匆忙度過接下來混亂而模糊的數天、完成我們對於死亡的文化習俗與正式禮俗的義務之後，我們才會發現自己孑然一身、無親無依。

## 展開漫長旅程：回歸慢療的基礎

### 生命循環與獨特個體

還有什麼事比我們每個人悲悼的方式更加私密呢？如果你的父母已屆高齡，你或許會看到他們每況愈下的狀態，在某種程度上來說，這也淡化了你的悲傷。對於我姐姐跟我來說，母親就像已經處於過熟期的老樹一樣，終於崩垮了下來；她的生命確實完整充實，但無可避免的是，她對現在的興趣以及與未來的連結已逐漸消逝。難的不是在我們不得不從回憶中搜尋她的身影之前、還想再多記住她一些，而是我們終於能夠不再對她疲憊身體中尚存的各種渺茫可能抱持任何希望。我們雖然悲痛，同時也感到寬慰與感激，因爲她終於可以從萎縮的生命以及更多持續不斷的衰弱與痛苦之中解脫出來。

對於突然到來的死亡，即使是發生在老年人身上，我們也往往會有這種感覺：「如果這件事沒有發生，他們還可以活好久。」當某人的死亡提前到來，我們會對其痛失未來人生的種種可能而深感悲傷，念念不忘於他們無法達成期望的遺憾：「她永遠看不到孫子大學畢業了。」或是「她永遠不知道孫女懷孕了。」以這種方式失去親人宛如經歷過某種暴力的對待，或許會導致另一種極可能使人罹患憂鬱症的劇烈悲痛，截然不同於失去高齡親人的那種既悲傷、又欣慰於其生命已然圓滿的感受。

「我們還有母親」，這是我姐姐和我在母親漫長的一生當中，不斷用來寬慰我們自己的一句話。但直到我們連母親也失去了，我們在情感上逐漸了解到，世代的接力棒已經傳給了我們；上一代最後一個親人的離世，迫使成年子女在截然不同的層面上，開始去面對自己有限的生命。

## 對協同關係表達謝意

當你回顧過去時，你無疑會更加感謝、珍惜前來關心並留下來幫忙的人們。或許你會想要感謝你父母的醫生或是由其他人所忠實扮演之「替代家庭」的協同角色，你的姐妹或妯娌、成年累月照顧你父母的照護者，全都扮演了照護與承諾的角色，甚至超越了單純家庭的情感紐帶或期望。別忘了還有提供照護的團隊，在家人至親無法親力親爲時，他們維繫了滋養你父母

的親密支持；通常，你必須正式地結束這個「臨時的家庭」，照護工作的私密性質往往使人心碎，並且讓人愈發深刻地感受到失去的悲傷。當我們回過頭、繼續往各自的人生道路前進時，對於確保我們從經驗中獲取的成熟度來說，禮貌地認可彼此的貢獻是至關緊要之舉。

隨著你對他人表達謝意，感謝他人的慰唁與服務，完成最後的文書工作，清空一間房子、公寓或是房間，撥付財物，解決遺產問題，你會開始明白在情感上，你要帶走的是什麼；你與往生親人所立下的承諾，還包括了將其生命與認同之本質帶向未來，在決定要把什麼傳遞下去時，你扮演了關鍵性的角色。隨著老年人將珍貴的財物轉讓給家庭成員，這些贈予之舉可能已逐漸進行了數年或甚至數十年之久；現在，你可以運用自己在最後這些年來藉由重新連接、重新評估、寬恕以及關懷的方式，對已故親人性格特質所產生的深刻洞察來貫徹你與他或她所立下的承諾，銘記並稱頌所有值得讚揚之處：他或她的堅忍毅力、和善仁慈、友善接納他人、毫不虛榮、熱愛跳舞。或許你的承諾會以更偉大的形式來體現，譬如實現家族更偉大的願望，或是捍衛你父母所象徵而你也認同的價值——致力於此，將豐富我們的生命歷程；同時，實現此工作也有助於讓我們塑造出個人的承諾，用以支持自己的老化與最終死亡過程的約定。

## 相互依存

「追憶之流」現在主宰了我們的生活。回憶與「對話」會突然浮現，彷彿無所不在；許多事物都會觸動我們的心弦，包括熟悉的場景、留在抽屜裡的物事、清空衣櫃時衣物散發出來的氣味、收音機傳來的一首歌、照片以及單純掠過腦海的念頭。短暫卻鮮明的幻覺，讓我們以爲瞥見了母親；或是父親告訴我們，他「覺得她還在屋子裡頭。」有些夫妻會描述，說自己在床上翻身時，還會感覺到對方也在配合著挪移位置。

同時，這些幽靈般的連結滲進了我們的意識，以致於我們彷彿戴著某種「徽章」在外頭這個世界中穿梭著。我們文化中許多哀悼的正式做法都消失了，我們不再披上表示哀悼的黑色衣服，也不再隱居或是延長守靈，我們往往必須回到遠方的家而無法回應當地朋友與家庭成員的來訪。的確，在離家這麼久之後，我們期望快速回歸自己原來的生活，恢復跟家人、工作、朋友一起的規律生活；「你可以在那裡待到最後眞的很好。」慰悼的同事這麼說，但對你來說，這件事絕對還沒結束。在日程安排如此緊密的社會中，我們會有要去符合社會與工作期望的壓力，畢竟，其他人似乎都很快就可以從親朋好友的死亡中恢復過來，準備好快速地封閉自己的感受領域——除了對直系親屬所流露的情感之外。

爲了處理好我們的悲傷並建立起世代的遺贈，時間與空間仍是不可或缺的。我們是否寧可

以閱讀、禱告、蠟燭來創造自己個人的悼念儀式，還是我們會向自己的宗教團體或只是最親密的朋友尋求慰藉？在加勒比海地區，每個節日或家庭慶典時，都會在屋後一個安靜的臥房中擺置一個飾以「父母牌匾」的祭壇，放上食物、飲料並圍繞以照片和蠟燭，表示對亡者持續的誌念與追思。

經年累月堅毅地背負著照護重擔，並承受親人每況愈下損失的人們，當他們強烈的悲痛情緒無預期地湧現時，是否會較無法受到他人的諒解？男人與女人不同的哀悼方式，是否會使這段時期愈感覺孤寂、情感上愈難熬或是更不和睦？我們是否會因爲無法割捨相互依存的情感，而將自己歸類於「軟弱」者或「失控」者？就像你爲父母所集結的支持團隊，你或許也覺得有必要組成一支你自己的支持團隊。如今，你可能更能深刻理解你朋友的損失，並且感同身受。自始至終，你都在形塑同理心的模式——爲你自己的子女找出那股力量，以完成日後他們必須背負他人上山的終極使命。

## 交流溝通

如果你已盡力做好你的工作，那麼你必然已花了大量時間在建立溝通技巧與關懷網絡，並且學會如何與其他家庭成員以及照護你親人的眾多外來者溝通；你同時運用了言語與非言語的溝通方式，以確保能審愼地來回傳遞必要訊息，使你的父母能從中受益。如今，緊接著死亡之後必須進行的各項活動事務已告一段落，你突然發現自己的周遭頓時沉寂了下來。溝通，逐漸變成一項內心的活動——你自己的獨白，或是你跟你父母之間未完成的對話片段。接受這些「內在談話」的重要性，直到你學會沉澱並與他人分享你的心路歷程。

哀悼者也會藉由活動來進行交流。我們爲子女、孫子女以及對失去至愛至親者更無經驗的人，形塑了悲悼與歡慶的模式：我們會述說重要的故事，或許也會花時間整理收拾，把相簿與其他紀念物按姓名與日期歸類放好，那些物事會讓後代子孫了解我們是什麼樣的人；或許我們也可以共同捐款給我們父母最喜愛的慈善團體，或是製作一本家族食譜作爲傳家寶，甚至爲後代子孫進行一場家族的植樹儀式。

## 與他人保持聯繫

他人的善意支持著我們的悲傷，並耐心地給予我們時間與空間去表達、消化我們的損失，然後逐漸重新融入我們周遭的生活。儘管我們在經歷親人死亡之後，每天的情緒都起伏不定，朋友們卻往往冒險涉入這片不確定的心靈領域，對我們伸出援手。然而由於我們的情感逐漸不再外顯而轉向內心，我們可能會很容易忽視或忽略這些不顯眼的善意之舉，從而打消了他人進

一步表示分享與支持的念頭。雖然在悲傷正熾的時期很難去接受他人的邀請以及應邀出現，但這對我們自身的健康極爲重要。在此時期，我們很容易不知不覺地脫離朋友的生活圈，尤其你剛喪偶的母親或父親更是如此。

在悲痛的時期裡，更顯嚴重的現象是在讚美的謳歌結束時，舊日衝突與艱難回憶又會逐漸、自然地再度浮現。我們之中有許多人的家庭都帶有創傷，有些人的個人創傷可追溯至幾十年前、甚至是童年時期；雖然在照護父母期間，我們已經致力於療癒與寬恕，但我們的內心可能還在哭泣——如此混合著美好與不怎麼美好的禮物，是留給我們的一部分遺贈；然而，我們的個人旅程讓我們認知到，隨著摯愛之人的逝去，唯有寬恕與仁慈，才能帶給我們最後的療癒。

**《安息吧，我的心》**（***Peace, My Heart***）

安息吧，我的心，讓時間把分離變得甜蜜。
讓分離不是死亡，而是完整。
讓愛融入回憶，讓痛苦融入歌聲。

讓穿越天空的飛翔，成爲鳥巢上安歇的翅膀。
讓你的手最後的碰觸，宛如夜晚的花朵般溫柔。
別動，美麗的結束啊，這一刻，沉默地說出你最後的遺言。
我向你欠身致意，舉起我的燈火照亮你的歸途。

——印度詩人／泰戈爾

在漫長而艱難的歲月中，我們經歷了與父母共享的登山旅程，改變並完善了我們理解的深度；來自超越人類經驗高度的觀點，使我們重新排序了人生的優先順位。我們對於臨終親人脆弱與需要的深刻認同，喚醒了我們內心一種新的能力——惻隱之心與悲憫之情，我們日復一日對親人的關懷，深化了我們的人性。將這些變化帶入生活之中，不但豐富了我們的關係，並在我們自身未來福祉賴以生長的土地上播下了承諾的種子。我們父母享有「善終」，意味著我們將享有更美好的一生。

# 後記

——二〇〇七年六月十八日

晚年的旅程肯定是不可預測的……，直到最後。二〇〇七年四月二十四日，我的母親柏莎・麥卡洛（Bertha McCullough）九十二歲時，溘然長逝於歐米茄之家（Omega House，一間位於密西根州霍頓的臨終安養院）。經由家庭工作人員以及基威諾家庭醫療與臨終關懷團隊極為得力的協助，柏莎忠實的醫生們持續照顧她到最後；柏莎的牧師與教會也竭盡全力地支持她與我們（她的家人）。柏莎辭世的地方距離她出生的地方僅有三十二公里，而且距離她所居住過的每個住所都不到八公里遠。

最後出乎預期的轉折是臨終關懷團隊的建議，那不但是一項天賜之禮，而且完全不在我們的計畫之中。他們建議讓柏莎轉出養老院，那是她在放棄老年公寓之後住了十八個月的地方。因為對她來說，養老院的例行作息與工作人員的支持，已經成為讓人迷惘的負擔；顯然待在養老院那麼久（在我母親看來）的這段期間，工作人員把她服侍得「太好了」——太常把她從睡夢中叫醒，提供太多食物，對她期望太高，讓她變得疲憊不堪……。最後，她大聲哭喊：「為什麼死會這麼困難?」

後來,柏莎很幸運地住進了歐米茄之家,一間近期建成、由社區經營的臨終安養院。雖然我們不確定她是否有氣力完成從養老院轉移到歐米茄之家的短程搬遷(有時她會搞不清楚搬家是什麼意思),但她還是做到了。除了讓她舒服而服用的低劑量輕微止痛藥,我們停止了所有的藥物。抵達歐米茄之家後,柏莎隨即沉睡了將近二十四小時,我們擔心她可能醒不過來了;後來她張開雙眼,要了一杯咖啡跟一個「嫩煎的」雞蛋。接下來的五週,柏莎建立起她自己的作息規律:每天睡二十二個小時,醒來兩個小時,在清醒的時候,她會吃一點東西——如果她想吃,以及當她想吃的時候。我們會仔細追蹤她的蛛絲馬跡以滿足她的需求與願望。每天,她都在一個美麗、寧靜、宛如居家般溫馨的新環境醒來,一扇矮窗讓她可以從床上就看到附近的樹林;兩張躺椅讓我們可以在她床邊舒適地休息。她的心智恢復了清晰,開始向我們說起她的夢想、她的死亡以及她的葬禮,她的幽默感也回來了,而且會感謝伴護她的人。我們的家庭一起重溫了一段「優質的時光」。

這段旅程的最後一哩路,為什麼柏莎和我們都可以好好走完?多年來的長途跋涉,往往只為了能短暫地探視、忠實地陪伴在老年人身旁,也讓我們與照護者(於我們不在她身邊時支持她的人)建立起良好關係;因此,柏莎仍可保有完整的身分認同,儘管她必須依賴他人的協

助才能度日，但她還是保有她的尊嚴。經年累月所建立起的信任，終於讓她與我們、其他的伴護者、專業人員以及朋友們覺得，我們全都在共同承擔照護她的工作，並且我們每個人都可預期、可信賴地各司己職。隨著我們逐漸肯定彼此的承諾，我們的相互信任也愈發堅實，而且多透過行動而非言語的交流；這種信任也將如此漫長旅程中經常需要的個人妥協考慮在內。維持著做好日常決定的紀錄，我們不斷在多年來困難重重的情況下，試著把小事做好、做對。

慢療只是放慢腳步、保持耐心、協調照護、保持忠誠到最後的一種照護過程。在克服萬難以便為摯愛之人建立起信任與安全的情感紐帶時，家人必須擔負起最大的責任，必須不斷地確認並詢問自己與父母的需求為何，尋找與專業人士的聯繫。專業人士也想做正確的事，但往往礙於組織、機構以及文化上對醫療照護作法的束縛。然而這些既定的作法無法完全符合我們的長者與我們的需求……，至少目前尚無法做到。

自柏莎死後，誠然悲傷與失落的浪潮日復一日地沖刷著我們，但我們的痛苦已因我們的滿足與自豪而得到了緩解，我們在母親漫長一生的生命盡頭做了正確的事。我們對她無私付出的關愛滿懷感謝，更因我們對她的回憶（她教會我們如何度過美好死亡的恩典和耐心）而更形豐富與濃烈。當我們自己爬上死亡山頂的旅程開始時，希望我們做得有她一半好。

【附錄I】

# 慢療網站

這些關鍵網站將引導你連結至許多其他的網站。

## 國外相關

- www.aafp.org：美國家庭醫師協會。點選「病患」（Patients Care），進入後再點選「老年人」（Geriatric Medicine），獲取相關醫療資訊。
- www.aarp.org：美國退休人員協會（The American Association of Retired Persons）。範圍廣泛的醫療與高齡化資源與連結。
- www.alzheimers.gov：國家老齡研究所（National Institute on Aging）網站。全面而詳盡地涵蓋了阿茲海默症的資訊。
- www.americangeriatrics.org：美國老年病學會（The American Geriatric Society）。
- www.caregiver.org：家庭照護者聯盟與國家照護中心（Family Caregiver Alliance and National

Center on Caregiving）。有關照護議題的實用資訊。

- www.caringinfo.org：國家臨終關懷與安寧照護組織（National Hospice and Palliative Care Organization）網站。家庭與病患的教育與資源。
- www.cms.gov：聯邦醫療保險的官方網站。從簡單易讀的《聯邦醫療保險與您手冊》（*Medicare and You Handbook*）開始了解。
- www.healthinaging.org：美國老年病學會老齡健康醫療基金會（American Geriatric Society Foundation for Health in Aging）網站。
- www.nfcacares.org：全國家庭照護者協會（National Family Caregiver Association）。絕佳的支持資源。
- www.npaonline.org：國家 PACE 協會（National PACE Association）。查找 PACE 整合照護計畫的相關資訊。

**國內相關**

- https://1966.gov.tw/LTC/mp-201.html：衛福部長照專區。了解台灣現今的長照政策面。
- https://repat.sfaa.gov.tw：輔具資源入口網。整合國內輔具資源及相關補助政策。

- http://www.ltcpa.org.tw：社團法人台灣長期照護專業協會。藉由各專業領域人員的攜手合作，提供個案跨專業團隊之關懷照護。
- https://talcasv.com：社團法人長期照顧協會。讓需要被長期照顧的人、與負擔長期照顧的人，有更好的設施設備、服務與其他所需資源可供使用。
- http://www.tltca.com：台灣長期照顧關懷協會。將「智慧型在地安老」的觀念深耕社區生活，並提供失能者更多元、全方位的服務。
- http://www.ilong-termcare.com：愛長照。全台最大長照交流平台。
- http://www.familycare.org.tw：中華民國家庭照顧者關懷總會。全國第一個倡導家庭照顧者權益並提供服務的非營利組織。
- http://www.oldpeople.org.tw：中華民國老人福利推動聯盟。結合全國老人團體，推動老人福利與維護老人權益。

【附錄Ⅱ】

# 慢療讀物

以下是若干推薦的入門讀物，讓你從此展開有關老年主題的閱讀之旅。

- 《直視死亡的勇氣：一位安寧療護醫師教你善終的可能，更教你活著的勇氣》（*Dying Well: The Prospect for Growth at the End of Life*，高寶出版，二〇一八），艾拉·碧阿克醫師（Ira Byock, M.D）著，內容爲關於生命盡頭的故事。
- *Ethical Wills: Putting Your Values on Paper*（Perseus，2002），Barry Baines醫師著，內容爲投入自我反思的實用指南。
- *Healthy Aging: A Lifelong Guide to Your Physical and Spiritual Well-Being*（HarperCollins，2006），Andrew Wiel醫師著，本書是慢療的「老齡前（pre-elder）指南」。
- *Island: The Collected Stories*（Random House，2000），Alistair MacLeod著，內容爲大量世代之間的家庭故事，包括最後關於「堅持」的故事。

- *Now and Then: Poems 1976–1978*（Random House，1978），Robert Penn Warren著，爲關於晚年的詩作，曾經榮獲普立茲獎（Pulitzer Prize）。
- 《老年之書：思我生命之旅》（*The Oxford Book on Aging: Reflections on the Journey of Life*，立緒出版，二〇一一），湯瑪斯·科爾（Thomas Cole）編，是廣泛檢視從古到今關於老年議題的文獻。
- 《有品質的陪伴：失智症病患家屬照護手冊》（*The 36-Hour Day: A Family Guide to Caring for Persons with Alzheimer's Disease, Related Dementing Illnesses, and Memory Loss in Later Life*，遠流出版，二〇一五），南希·麥斯（Nancy Mace）與彼得·羅賓斯醫學博士（Peter Rabins, M.D）著，在多年之後仍然是經典之作。
- 《奇想之年》（*The Year of Magical Thinking*，遠流出版，二〇〇七），瓊·蒂蒂安（Joan Didion）著，本書爲描述深陷悲傷的經典之作。

【附錄Ⅲ】

# 慢療電影

進入老年人世界的簡單方法之一，就是透過電影所傳達的溫柔、深刻情感，以及對老年的有趣寫照。以下是我最喜愛的電影代表作。

- 《風燭淚》（*Umberto D.*，1952），由維托里奧·德西卡（Vittorio De Sica）導演。電影講述了一個老年鰥夫與狗的辛酸故事。
- 《野草莓》（瑞典片名：*Smultronstället*、英文片名：*Wild Strawberries*，1957），由英格瑪·伯格曼（Ingmar Bergman）導演。本片爲柏格曼的經典之作，描述一位年邁的醫生終於與他的一生和解。
- 《金池塘》（*On Golden Pond*，1981），由馬克·賴德爾（Mark Rydell）導演。本片爲美國的代際經典之作，由凱瑟琳·赫本（Katharine Hepburn）、硬漢亨利·方達（Henry Fonda），以及飾演他叛逆女兒的珍·芳達（Jane Fonda）主演。

- 《豐富之旅》（*The Trip to Bountiful*，1985），由彼得・馬斯特森（Peter Masterson）導演。電影裡傑拉丹・佩姫（Geraldine Page）飾演一位「回鄉」尋找快樂回憶的寡婦，她因該角色而榮獲奧斯卡金像獎（Academy Award）。
- 《狐火》（*Foxfire*，1987），由裘德・泰勒（Jud Taylor）導演。本片爲備受讚譽的休姆・克羅寧（Hume Cronyn）與潔西卡・坦迪（Jessica Tandy）夫妻演員團隊，演出一個寡婦「堅守」故居的故事。
- 《八月之鯨》（*The Whales of August*，1987），由林賽・安德森（Lindsay Anderson）導演。在電影中，年邁的貝蒂・戴維斯（Bette Davis）與莉蓮・吉許（Lillian Gish），宛如不受時間影響，一如往常地在新英格蘭的海岸度過了夏天。
- 《天倫之旅》（義大利片名：*Stanno Tutti Bene*，英文片名：*Everybody's Fine*，1990），由朱賽貝・托納多雷（Giuseppe Tornatore）導演。馬切洛・馬斯楚安尼（Marcello Mastroianni）在戲中飾演一位新近喪偶、重新與孩子們展開連繫的父親，而他們所有人都有自己想要保守的秘密。
- 《陌生人爲伴》（*Strangers in Good Company*，1990），由辛西亞・史考特（Cynthia Scott）導演。電影敘述一輛巴士在荒野中拋錨了，而車上一群無依無靠的老年人分享著他們的故事並努力在曠野中求生。

- 《老當益壯》（*Wrestling Ernest Hemingway*，1993），由蘭達・海恩斯（Randa Haines）導演。本片講述了老男人的進化故事。勞勃・杜瓦（Robert Duvall）飾演一位短小精幹的牙醫，跟飾演滿口粗話的水手李察・哈里斯（Richard Harris）交上了朋友，還有珊卓・布拉克（Sandra Bullock）在劇中飾演了一個迷人的配角。
- 《共舞人生路》（*To Dance with the White Dog*，1993），由格倫・喬丹（Glenn Jordan）導演。休姆・克羅寧與潔西卡・坦迪再一次探索悲傷的世界。
- 《樂士浮生錄》（*Buena Vista Social Club*，1999），由文・溫德斯（Wim Wenders）導演。描述的是音樂、老年人以及純粹的喜悅，亦是雷庫德（Ry Cooder）對尚在歡快演奏的古巴音樂傳奇致敬之作。
- 《史崔特先生的故事》（*The Straight Story*，1999），由大衛・林區（David Lynch）導演之不尋常的「平鋪直述」（straight）故事。沒有駕駛執照卻又必須前往某處修補一段家庭關係的李察・範斯禾夫（Richard Farnsworth），決定開著他的除草機上路，展開穿越中西部的漫長旅程。
- 《回首念眞情》（*Innocence*，2000），由保羅・考克斯（Paul Cox）導演。人們說眞愛是永恆的，此部動人的愛情故事述說的，正是老年人探索這項眞理的結果。

- 《長路將盡》（*Iris*，2001），由李察・艾爾（Richard Eyre）導演。描述茱蒂・丹契（Judi Dench）與吉姆・布勞德本特（Jim Broadbent）共同探索的豐富人生，在艾瑞絲・梅鐸（Iris Murdoch）罹患阿茲海默症並每況愈下時步入了尾聲。
- 《心的方向》（*About Schmidt*，2002），由亞歷山大・潘恩（Alexander Payne）導演。傑克・尼克遜（Jack Nicholson）在電影中飾演一位悲傷的鰥夫，以令人驚訝的方式重新出發。探討美國男性的老年問題。
- 《盛夏獅王》（*Secondhand Lions*，2003），由提姆・麥坎利斯（Tim McCanlies）導演。有時候，你那古怪的「叔叔」說的故事是眞的——由勞勃・杜瓦與米高・肯恩（Michael Caine）指導一個男孩成爲成人的故事。
- 《愛在夕陽下》（*Mrs. Palfrey at the Claremont*，2005），由丹・愛爾蘭（Dan Ireland）導演。戲中飾演寡婦的瓊安・普洛萊特（Joan Plowright）在一間「老人」旅館中發展出新的友誼，她在這部喜劇片中表現出色。
- 《北極光下》（*Aurora Borealis*，2005），由詹姆斯・柏克（James C. E. Burke）導演。唐納・蘇德蘭（Donald Sutherland）在電影中飾演與病魔奮戰的老年人，表現亮眼。

# 謝辭

一個由家人與朋友組成的核心小組，幫助我將「談話」變成了文字。首先是我親愛的朋友戴明．霍勒蘭（Deming Holleran），多年前在進行一項教育專案計畫時曾經取笑我的一些想法；但自其時至今，她協助我將想法與經驗帶給大眾的承諾，從未止歇。我的女兒凱特是位偉大的溝通者，她不但透過電話與電子郵件定期提供精神支持，更在祖母發生危機時毅然投入照護她的工作。親密的朋友與小說家芭芭拉．迪姆米克（Barbara Dimmick）是我穩定的支持與指引者，鼓勵我透過文字來發現自己。我的醫學界同僚戴爾．吉法特（Dale Gephart）醫師與老年病學執業護士喬安．桑德伯格—庫克（Joanne Sandberg-Cook）對老年人照護世界的了解，完全不亞於我所認識的任何人；跟他們的對話讓我產生了信心，得以講述這個晚年旅程的故事。一位與我分享了數十年的朋友南西．柏金（Nancy Perkin）認識到早期手稿的價值，並發揮其點石成金的神奇力量，讓出版界注意到它。我的經紀人，來自墨水池管理與窩蛋金製作公司（Inkwell Management and Nestegg Productions）的李察．派恩（Richard Pine）與嘉莉．庫克（Carrie Cook），幫助我認識我的讀者群，並重新調整我的寫作重點。最後，我的編輯蓋兒・溫斯頓（Gail Winston）以對主題的精準直覺，挖掘出我更深入的人文內涵與理解，並且一再極爲仔細而徹底地對本文進行編輯。她那能幹的助理莎拉・惠特曼－薩爾金（Sarah Whitman-Salkin），則迅速而細心地回應我經常提出的疑問與疑慮。

在撰寫本書的多年期間，我的母親柏莎敞開心房，述說她以前從未說過的個人故事，並且總是問我：「書進行得如何了？」甚至在失智症奪走她的方向感時也不例外。在我的一生當中，她始終是我最堅定的支持者，「不論是在場上還是場外」——我的朋友總會補上這一句。過去十年間，我的姐姐莫琳與我一起，爲提供我母親極爲忠實可靠且協調一致的照護而攜手努力。

曾經爲我母親的福祉提供協助的人，簡直多不勝數。老年住宅社區綠亭（Arbor Green）讓柏莎住了將近二十年，從來不曾暗示過她因爲過於孱弱而不能繼續待下去。狄瓦德、艾恩、許布斯基等醫師們保持著對她的約定承諾；她的朋友法蘭・哈馬拉（Fran Harmala）與黑茲爾・泰普莎（Hazel Tepsa）介入她的照護工作將近兩年時間，透過每天的探視與照護來扶持她。波蒂奇景觀醫院（Portage View Hospital）、靜水生活協助中心（Stillwaters Assisted Living Center）、佛蒙特與新罕布夏探訪護士協會（Visiting Nurse Association of Vermont and New Hampshire）、基威諾家庭護理與臨終關懷（Keweenaw Home Nursing and Hospice）、霍頓郡醫療照護機構（Houghton County Medical Care Facility）以及歐米茄之家臨終安養院，都是在她這趟旅程中的正式幫手，他們的工作人員寬慰了她，也寬慰了我們家人。吉馬莉・瓊斯（Jimalee Jones）牧師、蘇珊・奧德加德（Susan Odegard）牧師以及光榮路德教會（Gloria Dei Lutheran Church）的會眾，都堅定地支持我們家庭到最後。

撰寫本書時，在許多方面，我覺得自己只是這幾十年中我有幸照料過的眾多病患與家庭的喉舌；就像許多醫師一樣，我從他們共同的生活與問題中獲益匪淺——包括了在佛蒙特與新罕布夏上谷（Upper Valley）地區的許多小社區中與我一起合作的人；而卡里亞庫、格瑞那達（Grenada）、西印度群島（West Indies）等貧困小島上的人們所教導我關於人類與生俱來的韌性，遠比我一輩子在美國執業學到的還多。在我擔任醫療主任的漢諾威肯德爾，那裡的居民與工作人員給了我機會去創造出一種醫療服務，不但是基於我對人類韌性與老化智慧的信念，更試圖將兩者結合並融入良好的醫療照護與關懷當中。來自肯德爾的幾位同事與朋友，他們的協助與鼓舞人心的靈感尤其值得一提：包括醫療界夥伴沃爾特・弗雷醫師（Drs. Walter Frey）與茱莉・法戈醫師（Dr. Julie Fago）「在第一線」幫助我；喬安・桑德伯格—庫克的臨床敏銳度以及強調建立與病患及家屬之間的互信，正是我們共同事業的基礎；肯德爾的居民湯姆・阿爾米（Tom Almy）、吉姆・阿姆斯壯（Jim Armstrong）與凱羅・阿姆斯壯（Carol Armstrong）、弗雷德・貝特霍爾德教授（Professor Fred Berthold）、沃爾特・法蘭克（Walter

Frank）、伊迪・蓋吉（Edie Gieg）、芭芭拉・吉爾伯特醫師（Dr. Barbara Gilbert）、康妮・蘭德曼醫師（Dr. Connie Landmann）與弗雷德・蘭德曼（Fred Landmann）、傑克・摩爾黑德（Jack Moorhead）等等，都是多年來的好友與明智的顧問。

每當我感到氣餒時，一群作家朋友向來會鼓勵並教導我何謂「寫作生命」，包括弗雷德・迪隆（Fred Dillon）、布萊恩・菲茨派崔克（Brian Fitzpatrick）、宋佳・哈卡拉（Sonja Hakala）、亨利・洪邁爾（Henry Homeyer）、辛西亞・亨廷頓（Cynthia Huntington）、蓋瑞・倫哈特（Gary Lenhart）、克利奧帕特拉・馬西斯（Cleopatra Mathis）、羅勃・尼可斯（Robert Nichols）、葛蕾思・佩利（Grace Paley）、比爾・菲利普（Bill Phillips）、克萊德・華生（Clyde Watson）、凱羅・韋斯特伯格（Carol Westberg）以及芭芭拉・約德（Barbara Yoder）。還有許多其他人讀了本書部分或全部的不同手稿並提供了極有助益的回饋意見：南西・貝克（Nancy Baker）、史蒂芬・巴爾特斯醫師（Dr. Steve Bartels）、伊拉・拜克醫師（Dr. Ira Byock）、愛德華・坎皮恩醫師（Dr. Edward Campion）、凱蒂・肯恩牧師（Rev. Katie Crane）、琳達・伊曼紐爾醫師（Dr. Linda Emanuel）、丹尼爾・費德曼醫師、派崔克・夫拉德（Patrick Flood）、雷・霍爾教授（Professor Ray Hall）、布萊恩・亨能醫師（Dr. Brian Hennen）、道格・摩爾牧師（Rev. Doug Moore）、丹尼爾・佩里（Daniel Perry）、彼得・

理察森（Peter Richardson）與基妮・理察森（Keenie Richardson）夫婦、鮑勃・里森（Bob Riessen）、麗莎・泰勒（Lisa Taylor）、丹・托賓醫師（Dr. Dan Tobin）、莫里斯・伍茲醫師（Dr. Maurice Woods）以及朵莉絲・耶茨（Doris Yates）。

達特茅斯醫學院的社區與家庭醫學系始終全力支持我以及這項計畫：我的朋友與系主任麥可・祖布科夫（Michael Zubkoff），同僚們羅利・哈汀（Laurie Harding）、咪咪・辛普森（Mimi Simpson）、克里斯・艾倫醫師（Drs. Chris Allen）、南・科克倫醫師（Dr. Nan Cochran）、艾略特・費雪醫師、唐・科利施醫師（Dr. Don Kollisch）、湯姆・派羅醫師（Dr. Tom Parrot）、吉姆・斯特里克勒醫師（Dr. Jim Strickler）、菲利浦・韋德醫師（Dr. Phillip Wade），以及職員們珊蒂・克拉金（Sandi Cragin）與達琳・豪伊（Darlene Howe）。除此之外，我也要感謝社區老年病學小組（Community Geriatric Group），這個由各式各樣教學醫師、護士、執業護士與管理人員所組成的團體，參與了多次關於老年照護的晨間討論會，爲本書提供了許多故事與內容。達特茅斯希區考克醫學中心的統計專家查克・湯森（Chuck Townsend）與克雷格・韋斯特林（Craig Westling）幫助我了解醫療體系如何服務老年人。還要特別感謝夏威夷大學（University of Hawaii）老年病學系（Geriatrics Department）的派翠夏・布蘭切特醫師（Dr. Patricia Blanchette）與她的員工，願意支持我的短暫訪問以及這項計畫的相關工作。更要感謝溫莎郡醫療補助豁免小組（Windsor County Medicaid Waiver Team）不吝讓我參與他們的小組會議。

本書的部分篇章完成於得以隔絕日常雜務瑣事的寧靜所在，爲此我要感謝迪尼·亞當斯（Dinny Adams）、羅默·霍勒蘭（Romer Holleran）、吉姆·摩爾（Jim Moore）與安·摩爾（Ann Moore）夫婦、鮑勃·莫蘭（Bob Moran）、麗莎·泰勒與埃塞爾·沃爾夫頓（Ethel Woolverton）。

撰寫本書所需的時間與工作之財務支持，部分來自上谷社區基金會（Upper Valley Community Foundation），亦即新罕布夏慈善基金會（New Hampshire Charitable Foundation）與佛蒙特社區基金會（Vermont Community Foundation）的地區性部門，基金會的多索利斯基金（Dosoris Fund）提供了最慷慨的補助金。還要特別感謝麗莎·卡什丹（Lisa Cashdan）與凱文·彼得森（Kevin Peterson）對我的工作深感興趣。

計畫初期，我在恢復自己的健康時得到了許多人的鼓勵，爲此我要特別感謝我的物理治療師比爾·休爾弗雷迪（Bill Ciofreddi）以及我在普拉亞德爾卡曼（Playa del Carmen）的私人教練李奧納多（Leonardo）、高登·鮑爾（Gordon Bower）和許多普拉亞的朋友們。

還有許多尚未提及的其他朋友，並不是因爲他們對我的支持較少，而是因爲他們無法被歸屬於上述提及的任何類別，但他們亦貢獻了許多軼聞趣事；誠然並非所有的故事都能被囊括在本書之中，但這些故事著實加深了我對這些家庭的理解。雖然我一定會無可避免地漏掉感謝某人，但讓我試著在此感謝瓊安．安吉利斯（Joan Angelis）、約翰．阿拉塔（John Arata）、約翰．比米斯（John Bemis）與詹美．比米斯（Jamie Bemis）夫婦、揚．賓格（Jan Binger）、布魯斯．巴金醫師（Dr. Bruce Bocking）、莎莉．鮑爾（Sally Bower）、達比．布萊德利（Darby Bradley）與麗莎．布萊德利（Liisa Bradley）夫婦、艾姆斯．伯德（Ames Byrd）、琳達．吉諾維斯（Linda Genovese）、路易絲．哈姆林（Louise Hamlin）、珊蒂．哈里斯（Sandy Harris）、賴利．凱利（Larry Kelly）與瑞妮．凱利（Rainie Kelly）夫婦、湯姆．肯特納（Tom Keltner）與寶拉．肯特納（Paula Keltner）夫婦、貝絲．克魯西（Beth Krusi）、諾曼．列維（Norman Levy）、茱蒂．繆立克（Judy Music）、蘿斯瑪麗．奧格倫（Rosemary Orgren）、沃斯．帕克醫師（Dr. Worth Parker）、法蘭西．普羅瑟（Francie Prosser）、南西．泰漢（Nancy Tehan）與約翰．沃格爾（John Vogel）。

過去的導師對我日後醫師生涯的影響至鉅，在此我要感謝的人有我已故的朋友兼哈佛醫學院前院長赫爾曼．里斯科博士（Dr. Herman Lisco），我最初的執業夥伴休．鮑爾醫師（Dr. Hugh Bower），以及家庭醫師教育者約翰．弗雷醫師（Drs. John Frey）、喬．莫里斯醫師

（Dr. Joe Morrissy）、迪克・沃爾頓醫師（Dr. Dick Walton）與伊恩・麥克萬尼醫師（Dr. Ian MacWhinney）。

最後，倘若沒有我的妻子與寫作夥伴潘蜜拉・哈里森關愛的支持，本書不可能有付梓的一天；她一開始便鼓勵我以寫作來療癒自己，其後更以比我更了解我自己的深入洞察，不斷幫助我表達出內心的想法與感受。本書中許多風格元素皆要歸功於她充滿詩意的敏感性與鑑賞力，將我的想法與經驗轉化爲更具可讀性的敘述與故事。所有認識我們兩人的朋友，應不難在書中辨識出她優美的風格特色。

# 參考文獻


Abramson, J. *Overdosed America: The Broken Promise of American Medicine.* New York: HarperCollins, 2004.

Adams, J., and L. Gerson. "A New Model for Emergency Care of Geriatric Patients." *Academic Emergency Medicine* 10 (2003): 271–274.

Ahmed, A., and R. Sims. "Demographic Characteristics of U.S. Nursing Homes and Their Residents: Highlights of the National Nursing Home Survey, 1995." *Annals of Long-Term Care* 8 (2000): 62–67.

American Geriatrics Society and Association of Directors of Geriatric Academic Programs. *Geriatric Medicine: A Clinical Imperative for an Aging Population.* New York: American Geriatrics Society, 2004.

American Geriatrics Society Health Care Systems Committee. "Assisted Living Facilities: American Geriatrics Society Position Paper." *Journal of the American Geriatrics Society* 53:3 (2005): 536–537.

Angelelli, J. "Promising Models for Transforming Long-Term Care." *The Gerontologist* 46 (2006): 428–430.

Back, A., and R. Arnold. "Dealing with Conflict in Caring for the Seriously Ill: 'It Was Just Out of the Question,' " *Journal of the American Medical Association* 293 (2005): 1374–1381.

Baines, B. *Ethical Wills: Putting Your Values on Paper.* New York: Perseus, 2002.

Beers, M. "Explicit Criteria for Determining Potentially Inappropriate Medication Use by the Elderly: An Update." *Archives of Internal Medicine* 48 (1997): 1289–1296.

Belluck, P. "As Minds Age, What's Next? Brain Calisthenics Surge." *New York Times*, Dec. 27, 2006.

Benefield, L. E. "Long-Distance Family Caregiving for Frail Elders." *Gerontological Society of America Annual Meeting 2005 Paper Abstracts*, 89.

Bergmann, M., et al. "Delerium Persistence in Patients Admitted to Post-Acute Skilled Nursing Facilities." *American Geriatrics Society Annual Meeting 2003 Paper Abstracts*, S29.

Boling, P. "Using Home Care to Improve Outcomes and Lower Costs." *Clinical Geriatrics* 12 (2004): 30–35.

Boockvar, K., and D. Meier. "Palliative Care for Frail Older Adults: 'There Are Things I Can't Do Anymore That I Wish I Could . . . ' " *Journal of the American Medical Association* 29 (2006): 2245–2253.

Boult, C., and J. Pacala. "Integrating Healthcare for Older Populations." *American Journal of Managed Care* 5 (1999): 45–52.

Boyd, C., et al. "Clinical Practice Guidelines and Quality of Care for Older Patients with Multiple Comorbid Diseases: Implications of Pay for Performance." *Journal of the American Medical Association* 294 (2005): 716–724.

Brach, J., et al. "The Association Between Physical Function and Lifestyle Activity and Exercise in the Health, Aging, and Body Composition Study." *Journal of the American Geriatrics Society* 52 (2004): 502–509.

Branch, Laurence G., ed. "Integration of Care in a Changing Environment." Special issue, *Generations* 23:2 (1999).

Brody, J. "Medical Due Diligence: A Living Will Should Spell Out Specifics." *New York Times,* Nov. 28, 2006.

Brummel-Smith, K. "A Gastrostomy in Every Stomach?" *Journal of the American Board of Family Practice* 11 (1998): 242–243.

Buettner, Dan. "The Secrets of Living Longer." *National Geographic Magazine,* Nov. 2005.

Burton, A., et al. "Bereavement After Caregiving or Unexpected Death: Effects on Elderly Spouses." *Gerontological Society of America Annual Meeting 2005 Paper Abstracts,* 207.

Butcher, H., and M. McGoigal-Kenney. "Living in the Doldrums: Experiencing Dispiritedness in Later Life." *Gerontological Society of America Annual Meeting 2005 Paper Abstracts,* 358.

Carpenter, G. I. "Aging in the United Kingdom and Europe—A Snapshot of the Future?" *Journal of the American Geriatrics Society* 53 (2005): S309–S313.

Cassel, C. *Medicare Matters: What Geriatric Medicine Can Teach American Health Care.* Berkeley: University of California Press, 2005.

Center for the Evaluative Clinical Sciences. *The Dartmouth Atlas of Health Care 2005.* Chicago: American Hospital Publishing Company, 2006.

Cesari, M., et al. "Prevalence and Risk Factors for Falls in an Older Community-Dwelling Population." *Journals of Gerontology Series A: Biological Sciences and Medical Sciences* 57 (2002): 722–726.

Charette, S. "The Next Step: Palliative Care for Advanced Heart Failure." *Journal of the American Medical Directors Association* 6 (2005): 63–64.

Chaudhry, S., et al. "Systolic Hypertension in Older Persons." *Journal of the American Medical Association* 292 (2004): 1074–1080.

Chodosh, J., et al. "Cognitive Decline in High-Functioning Older Persons Is Associated with an Increased Risk of Hospitalization." *Journal of the American Geriatrics Society* 52 (2004): 1456–1462.

Chuang, Tzu. "Dialogues." In *The Oxford Book of Aging,* ed. Thomas R. Cole and Mary G. Winkler, 80–81. New York: Oxford University Press, 1994.

Clarfield, A. "Paying with Interest for a High Interest in Screening." *Journal of the American Geriatrics Society* 54 (2006): 1465–1466.

Cora, V. "Helping Family Caregivers of Older Adults with Dementia." *ElderCare* 6 (2006): 1–4.

Corbet, B. "Embedded: Nursing Home Undercover." *AARP Magazine,* Jan.–Feb. 2007, 82–100.

Corrigan, B. "Therese Schroeder-Shaker—Music Thanatology and Spiritual Care for the Dying." *Alternative Therapies* 7 (2001): 69–77.

Crecelius, C., and S. Levenson. "Cholinesterase Inhibitors: Appropriate Uses in Long-Term Care." *Caring for the Ages* 5 (2004): 28–29.

Creditor, M. "Hazards of Hospitalization of the Elderly." *Annals of Internal Medicine* 118 (1993): 219–223.

Davis, J., et al. "Improving Transition and Communication Between Acute Care and Long-Term Care: A System for Better Continuity of Care." *Annals of Long-Term Care* 13 (2005): 25–32.

DeJonge, E., et al. "How Does a Medical House Call Program Affect Health Care Utilization?" *American Geriatric Society Annual Meeting 2003 Paper Abstracts,* S225.

Division of Geriatric Medicine, Saint Louis University School of Medicine. "End-of-Life Care: Moving Towards the Ideal." *Aging Successfully* 16:1 (2006): 12–13.

——. "Taking Medications: Benefits and Risks." *Aging Successfully* 13:3 (2003): 2.

Dolara, A. "Invito ad una 'slow medicine.' " *Italian Heart Journal* 30 (2003): 100–101.

Dosa, D. "Should I Hospitalize My Resident with Nursing Home-Acquired Pneumonia." *Journal of the American Medical Directors Association* 6 (2005): 327–333.

Dossey, L. "Forgetting." *Alternative Therapies* 8 (2002): 12–16, 103–107.

Doukas, D., and J. Hardwig. "Using the Family Covenant in Planning End-of-Life Care: Obligations and Promises of Patients, Families, and Physicians." *Journal of the American Geriatrics Society* 51 (2003): 1155–1158.

Doust, J., and C. Del Mar. "Why Do Doctors Use Treatments That Do Not Work? For Many Reasons—Including Their Inability to Stand Idle and Do Nothing." *British Medical Journal–USA* 4 (2004): 209–210.

Drane, J. *Becoming a Good Doctor: The Place of Virtue and Character in Medical Ethics.* Lanham, MD: Sheed and Ward, 1988.

Drinka, P., and C. Crnich. "Pneumonia in the Nursing Home." *Journal of the American Medical Directors Association* 6 (2005): 342–350.

Eastman, P. "Forecast: More Long-Term Care Options for Low-Income Americans." *Caring for the Ages* 4 (July 2003): 1.

Flaherty, J., et al. "The Development of Outpatient Clinical Guidepaths." *Journal of the American Geriatrics Society* 50 (2002): 1886–1901.

Franco, O., et al. "The Polymeal: A More Natural, Safer, and Probably Tastier (Than the Polypill) Strategy to Reduce Cardiovascular Disease by More Than 75%." *British Medical Journal–USA* 5 (2005): 71–74.

Freedman, V., et al. "Recent Trends in Disability and Functioning Among Older Adults in the United States." *Journal of the American Medical Association* 288 (2002): 3137–3146.

Freund, B., and F. Segal-Gidan. "The Older Adult Driver: Issues and Concerns for the Geriatric Physician." *Annals of Long-Term Care* 9 (2003): 37–39.

Fries, J. "Reducing Disability in Older Age." *Journal of the American Medical Association* 288 (2002): 3164–3166.

Galanos, A., and K. Elbert-Avila. "Palliative Care in Long-Term Care: Communicating with Families." *Annals of Long-Term Care* 12 (2004): 26–32.

Gessert, C., et al. "Dying of Old Age: An Examination of Death Certificates of Minnesota Centenarians." *Journal of the American Geriatrics Society* 50 (2002): 1561–1565.

Gill, T., et al. "Hospitalization, Restricted Activity, and the Development of Disability Among Older Persons." *Journal of the American Medical Association* 292 (2004): 2115–2124.

Goldstein, N., and S. Morrison. "The Intersection Between Geriatrics and Palliative Care: A Call for a New Research Agenda." *Journal of the American Geriatrics Society* 53 (2005): 1593–1598.

Gordon, M. "CPR in Long-Term Care: Mythical Benefits or Necessary Ritual?" *Annals of Long-Term Care* 11 (2003): 41–49.

Greene, K. "Aging Well: To Get a Parent to the Doctor, Watch Your Bedside Manner." *Wall Street Journal,* Dec. 9, 2003.

——. "Is There a Doctor in the House: It's Becoming Tougher to Find—and Keep—the Medical Providers You Need in Later Life, Particularly in Retirement Hot Spots." *Wall Street Journal,* Aug. 21, 2006.

Greene, M., et al. "Concordance Between Physicians and Their Older and Younger Patients in the Primary Care Medical Encounter." *The Gerontologist* 29 (1989): 808–813.

Greene, R. "And Then It Happens to You: When Professional and Personal Roles Intersect." *Gerontological Society of America Annual Meeting 2005 Paper Abstracts,* 303–304.

Gross, J. "As Parents Age, Baby Boomers and Business Struggle to Cope." *New York Times,* Mar. 25, 2006.

———. "Geriatrics Lags in the Age of High-Tech Medicine." *New York Times,* Oct. 18, 2006.

Grumbach, K. "Chronic Illness, Comorbidities, and the Need for Medical Generalism." *Annals of Family Medicine* 1:1 (2003): 4–7.

Halpern, S., and J. Hansen-Flaschen. "Terminal Withdrawal of Life-Sustaining Supplemental Oxygen." *Journal of the American Medical Association* 296 (2006): 1397–1400.

Hampton, T. "Urinary Catheter Use Often 'Inappropriate' in Hospitalized Elderly Patients." *Journal of the American Medical Association* 295 (2006): 2838.

Hansen, L., and M. Ersek. "Meeting Palliative Care Needs in Post-Acute Care Settings: 'To Help Them Live Until They Die.' " *Journal of the American Medical Association* 295 (2006): 681–686.

Hardy, S., and T. Gill. "Recovery from Disability Among Community-Dwelling Older Persons." *Journal of the American Medical Association* 291 (2004): 1596–1602.

Harris, R. "Screening for Glaucoma: Waiting Until Our Vision Clears." *British Medical Journal–USA* 5 (2005): 381–382.

Herring, H. "Boomers Hit 60, Supporting Both Young and Old." *New York Times,* Jan. 8, 2006.

Hickman, S., et al. "Use of the Physician Orders for Life-Sustaining Treatment Program in Oregon Nursing Facilities: Beyond Resuscitation Status." *Journal of the American Geriatrics Society* 52 (2004): 1424–1429.

Hirschman, K., et al. "Hospice in Long-Term Care," *Annals of Long-Term Care* 13:10 (2005): 25–29.

Hoffman, J. "The Last Word on the Last Breath." *New York Times,* Oct. 10, 2006.

Honore, C. *In Praise of Slowness: How a Worldwide Movement Is Challenging the Cult of Speed.* New York: HarperCollins, 2004.

Hussey, J. "Creating Lasting Legacies Through Life Story Writing." *Journal on Active Aging* 5 (2006): 58–64.

Inouye, S., et al. "The Hospital Elder Life Program: A Model of Care to Prevent Cognitive and Functional Decline in Older Hospitalized Patients." *Journal of the American Geriatrics Society* 48 (2000): 1697–1706.

Intrator, O., et al. "Nursing Home Characteristics and Potentially Preventable Hospitalization of Long-Stay Residents." *Journal of the American Geriatrics Society* 52 (2004): 1730–1736.

Johansson, J., et al. "Natural History of Early, Localized Prostate Cancer." *Journal of the American Medical Association* 291 (2004): 2713–2719.

Jones, J. "Assessments for Older Adults." *IDEA Health and Fitness Source,* Jan. 2000, 75–81.

Journal of the American Medical Association. "Executive Summary of the Third Report of the National Cholesterol Education Program Expert Panel on Detection, Evaluation, and Treatment of High Blood Cholesterol in Adults." *Journal of the American Medical Association* 285 (2001): 2486–2497.

Kaduszkiewicz, H., et al. "Cholinesterase Inhibitors for Patients with Alzheimer's Disease: Systematic Review of Randomized Clinical Trials." *British Medical Journal–USA* 5 (2005): 459–462.

Kane, R. "Losing Neverland: Creating a Better World to Age In." *Journal of the American Medical Directors Association* 6 (2005): 353–356.

Kane, R., and J. West. *It Shouldn't Have to Be This Way.* Nashville, TN: Vanderbilt University Press, 2005.

Kapo, J., and D. Casarett. "Prognosis in Chronic Diseases." *Annals of Long-Term Care* 14:2 (2006): 18–23.

Kapp, M. "Medical Mistakes and Older Patients: Admitting Errors and Improving Care." *Journal of the American Geriatrics Society* 49 (2001): 1361–1365.

Karch, B., et al. "Social Factors in Health Promotion." *Health Promotion: Global Perspectives,* 3 (2000): 1–8.

Katz, P., and J. Karuza. "Physician Practice in Nursing Homes." *Journal of the American Medical Directors Association* 7 (2006): 393–398.

Kübler-Ross, E. *On Death and Dying.* New York: Macmillan, 1969.

Kumar, P. "Study Highlights the Most Effective Treatments of NPS (Neuropsychiatric Symptoms) of Dementia: Teaching Caregivers How to Interact with Patients Tops the List of Psychological Therapies." *Caring for the Ages* 7 (2006): 12.

Lamont, E., and N. Christakis. "Complexities in Prognosis in Advanced Cancer: 'To Help Them Live Their Lives the Way They Want To.' " *Journal of the American Medical Association* 290 (2003): 98–104.

LaRosa, J., et al. "Unanswered Questions: The Use of Statins in Older People to Prevent Cardiovascular Event—Effects of Statins on Risk of Coronary Disease: A Meta-Analysis of Randomized Controlled Trials." *Journal of the American Geriatrics Society* 50 (2002): 391–393.

Leutz, W., M. Greenlick, and L. Nonnenkamp. *Linking Medical Care and Community Services: Practical Models for Bridging the Gap*. New York: Springer, 2003.

Levenson, S., and F. Feinsod. "Determining Decision-Making Capacity and Selecting a Primary Decision-Maker." *Annals of Long-Term Care* 6 (1998): 370–374.

Levine, C. "The Loneliness of the Long-Term Caregiver." *New England Journal of Medicine* 340 (1999): 1587–1590.

Levine, I., and B. Rubiner. "Caring Across the Miles." *Better Homes and Gardens*, Apr. 2005, 194–199.

Levine, S., et al. "Home Care." *Journal of the American Medical Association* 290 (2003): 1203–1207.

Levinsky, N., et al. "Patterns of Use of Common Major Procedures in Medical Care in Older Adults." *Journal of the American Geriatrics Society* 47 (1999): 553–558.

Lewis, T. "Using the NO TEARS Tool for Medication Review." *British Medical Journal–USA* 4 (2004): 520–521.

Liao, Y., et al. "Recent Changes in the Health Status of the Older U.S. Population: Findings from the 1984 and 1994 Supplement on Aging." *Journal of the American Geriatrics Society* 49 (2001): 443–449.

Lin, O., et al. "Screening Colonoscopy in Very Elderly Patient: Prevalence of Neoplasia and Estimated Impact on Life Expectancy." *Journal of the American Medical Association* 295 (2006): 2357–2365.

Lunney, J., et al. "Patterns of Functional Decline at the End of Life." *Journal of the American Medical Association* 289 (2003): 2387–2392.

Lunney, J., et al. "Profiles of Older Medicare Decedents." *Journal of the American Geriatrics Society* 50 (2002): 1108–1112.

Lyons, W. "Delerium in Postacute and Long-Term Care." *Journal of the American Medical Directors Association* 7 (2006): 254–261.

MacLean, D. "Unhappy Families: A Closer Look and How to Help." *Caring for the Ages* 2 (2001): 6–8.

Mahady, M. "Help Wanted: Is the LTC (Long-Term Care) Nursing Shortage Improving or Getting Worse?" *Caring for the Ages* 5:1 (2004): 1.

Marziali, E., et al. "Persistent Family Concerns in Long-Term Care Settings: Meaning and Management." *Journal of the American Medical Directors Association* 7 (2006): 154–162.

Mausbach, B., et al. "Ethnicity and Time to Institutionalization of Dementia Patients: A Comparison of Latina and Caucasian Female Family Caregivers." *Journal of the American Geriatrics Society* 52 (2004): 1077–1084.

May, W. *The Physician's Covenant.* Santa Ana, CA: Westminster Press, 1983.

McCaffrey, M. "Yours, Mine, and Heirs." *New York Times*, Dec. 8, 2005.

McCormick, W., and P. Boling. "Multimorbidity and a Comprehensive Medicare Care-Coordination Benefit." *Journal of the American Geriatrics Society* 53 (2005): 2227–2228.

McNicoll, L., et al. "One-Year Outcomes Following Delirium in Older ICU Patients." *American Geriatrics Society Annual Meeting 2004 Paper Abstracts*, S2.

Miller, J. *The Caregiver's Book: Caring for Another; Caring for Yourself.* Minneapolis, MN: Augsberg, 1993.

Miller, K., et al. "The Geriatric Patient: A Systematic Approach to Maintaining Health." *American Family Physician* 61 (2000): 1089–1104.

Min, L., et al. "Predictors of Overall Quality of Care Provided to Vulnerable Older People." *Journal of the American Geriatrics Society* 53 (2005): 1705–1711.

Mitchell, S. "Financial Incentives for Placing Feeding Tubes in Nursing Home Residents with Advanced Dementia." *Journal of the American Geriatrics Society* 51 (2003): 129–131.

Mitchell, S., et al. "Clinical and Organizational Factors Associated with Feeding Tube Use Among Nursing Home Residents with Advanced Cognitive Impairment." *Journal of the American Medical Association* 290 (2003): 73–80.

Murray, S., et al. "Illness Trajectories and Palliative Care." *British Medical Journal–USA* 5 (2005): 287–292.

Narayanan, S., et al. "Change in Disease Prevalence Documented in Minimum Data Set (MDS): Four-Year Trends in Nursing Home Admissions." *Gerontological Society of America Annual Meeting 2005 Paper Abstracts*, 657.

National Alliance for Caregiving and AARP. *Caregiving in the U.S.* Washington, DC, 2004.

O'Connor, P. "Adding Value to Evidence-Based Clinical Guidelines." *Journal of the American Medical Association* 294 (2005): 741–743.

Oliver, D., et al. "End-of-Life Care in U.S. Nursing Homes: Review of the Evidence." *Journal of the American Medical Directors Association* 6 (2005): S21–S30.

Parrish, J. "An Unquiet Death." *Journal of the American Medical Association* 296 (2006): 2531–2532.

Penrod, J., and J. Hupcey. "Family Caregiving at the End-of-Life." *Gerontological Society of American Annual Meeting 2004 Paper Abstracts,* 302.

Pettey, S. "Report Recommends Standards for Assisted Living." *Caring for the Ages* 4:6 (2003).

Post, S., et al. "The Real-World Ethics of Dementia." Special issue, *Annals of Long-Term Care* 7 (1999): 7–11.

Pronovost, P., et al. "Medication Reconciliation: A Practical Tool to Reduce the Risk of Medication Errors." *Journal of Critical Care* 18 (2003): 201–205.

Pynoos, J. "The Future of Housing and Residential Care for Older Persons." *Annals of Long-Term Care* 7 (1999): 144–148.

Rabow, M., et al. "Supporting Family Caregivers at the End of Life: 'They Don't Know What They Don't Know.' " *Journal of the American Medical Association* 291 (2004): 483–491.

Rastas, S., et al. "Association Between Blood Pressure and Survival over 9 Years in a General Population Aged 85 and Older." *Journal of the American Geriatrics Society* 54 (2006): 912–918.

Rector, T., et al. "Pneumonia in Nursing Home Residents: Factors Associated with In-Home Care of EverCare Enrollees." *Journal of the American Geriatrics Society* 53 (2005): 472–477.

Ricauda, N., et al. "Home Hospitalization Service for Acute Uncomplicated First Ischemic Stroke in Elderly Patients: A Randomized Trial." *Journal of the American Geriatrics Society* 52 (2004): 278–283.

Rice, B. "Should You See Nursing Home Patients?" *Medical Economics,* May 6, 2005.

Roger, V., et al. "Trends in Heart Failure Incidence and Survival in a Community-Based Population." *Journal of the American Medical Association* 292 (2004): 344–350.

Rosen, S., and N. Weintraub. "The Efficacy of Performing Screening Mammograms in the Frail Elderly Population." *Journal of the American Medical Directors Association* 7 (2006): 230–233.

Sassoon, S. "When I'm Alone." In *The Heart's Journey,* London: Heinemann, 1928.

Satish, S., et al. "The Relationship Between Blood Pressure and Mortality in the Oldest Old." *Journal of the American Geriatrics Society* 49 (2001): 367–374.

Schols, J., and A. de Veer. "Information Exchange Between General Practitioner and Nursing Home Physician in the Netherlands." *Journal of the American Medical Directors Association* 6 (2005): 219–225.

Schumacher, J. "Examining the Physician's Role with Assisted Living Residents." *Journal of the American Medical Directors Association* 6 (2006): 377–382.

Schumacher, J., et al. "Physician Care in Assisted Living: A Qualitative Study." *Journal of the American Medical Directors Association* 6 (2005): 34–41.

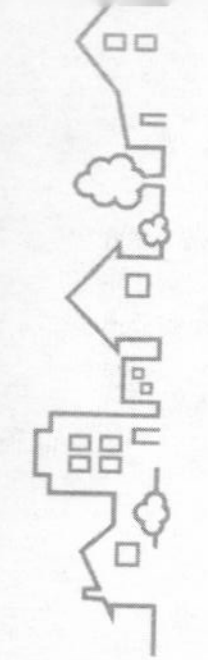



Shakespeare, W. *As You Like It*. Pelican edition. Ed. Frances E. Dolan. New York: Penguin, 2000.

Shield, R., et al. "Physicians Missing in Action: Family Perspectives on Physician and Staffing Problems in End-of-Life Care in the Nursing Home." *Journal of the American Geriatrics Society* 53 (2005): 1651–1657.

Somogyi-Zalud, E., et al. "The Use of Life-Sustaining Treatments in Hospitalized Persons Aged 80 and Older." *Journal of the American Geriatrics Society* 50 (2002): 930–934.

Steel, K., and T. F. Williams. "It's Time to March." *Journal of the American Geriatrics Society* 54 (2006): 1142–1143.

Stone, D. *Reframing Home Health Care Policy*. Cambridge, MA: Radcliffe Public Policy Center, 2000.

———. "Physician Involvement in Long-Term Care: Bridging the Medical and Social Models." *Journal of the American Medical Directors Association* 7 (2006): 460–466.

———. *Long-Term Care for the Elderly with Disabilities: Current Policy, Emerging Trends, and Implications for the Twenty-First Century*. New York: Milbank Memorial Fund, 2000.

Stone, R. *In the Next Galaxy*. Port Townsend, WA: Copper Canyon Press, 2002.

Supiano, K., et al. "Mobilizing Frail Nursing Facility Residents, Families, and Resources to Facilitate Return to Community Living." *Gerontological Society of America Annual Meeting 2005 Paper Abstracts*, 101.

Tanaka, K., T. Takahashi, Y. Mochizuki, D. Ichikawa, and K. Ogasawara. *The Ballad of Narayama*. VHS. Directed by Keisuke Kinoshita. New York: Kino Video, 2000.

Tagore, R. *The Gardener.* New York: Macmillan: 1913.

____. *The Gardener.* Whitefish, MT: Kessinger Publishing Company, 2004.

Teri, L. "Improving Care for Older Adults with Depression and Cognitive Impairment: Advance in Nonpharmacological Treatments." Presentation, Forum on Aging, University of Vermont, Burlington, VT, May 26, 2005.

Thomas, E., and T. Brennan. "Incidence and Type of Preventable Adverse Events in Elderly Patients: Population-Based Review of Medical Records." *British Medical Journal* 320 (2000): 741–744.

Thomas, L. "Effective Dyspnea Management Strategies Identified by Elders with End-Stage COPD (Chronic Obstructive Pulmonary Disease)." *Gerontological Society of America Annual Meeting 2005 Paper Abstracts,* 123.

Tilden, V., et al. "Out-of-Hospital Death: Advance Care Planning, Decedent Symptoms, and Caregiver Burden." *Journal of the American Geriatrics Society* 52 (2004): 532–539.

Tulsky, J. "Beyond Advance Directives: Importance of Communication Skills at the End of Life." *Journal of the American Medical Association* 294 (2005): 359–365.

Twersky, J., and H. Hoenig. "Rehabilitation." *Clinical Geriatrics* 9 (2001): 20–33.

U.S. Dept. of Health and Human Services. Agency for Healthcare Research and Quality and the Centers for Disease Control. "Physical Activity and Older Americans: Benefits and Strategies." 2002. http://www.ahrq.gov/ppip/activity.htm.

U.S. Dept. of Health and Human Services. National Institute on Aging. *So Far Away: Twenty Questions for Long-Distance Caregivers.* Bethesda, MD: U.S. Government Printing Office, 2006.

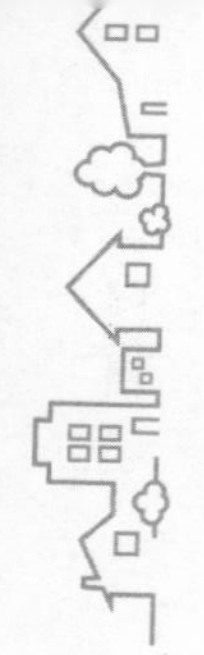


——. *Talking with Your Doctor: A Guide for Older People.* NIH Publication No. 05-3452. Bethesda, MD: U.S. Government Printing Office, 2005.

U.S. Dept. of Health and Human Services. National Vital Statistics System. *United States Life Tables, 2002.* National Vital Statistics Reports 53:6. Hyattsville, MD: National Center for Health Statistics, 2004.

Walston, J., et al. "Research Agenda for Frailty in Older Adults: Towards a Better Understanding of Physiology and Etiology: Summary from the American Geriatrics Society/National Institute on Aging Research Conference on Frailty in Older Adults." *Journal of the American Geriatrics Society* 54 (2006): 991–1001.

Wasserman, J. *Shaping the Future of Long-Term Care and Independent Living—2005–2015.* Waterbury: Vermont Dept. of Aging and Independent Living, 2006.

Weisbart, E. "Safer Prescribing for Older Adults: Clinical and Business Imperatives Aligned." *Clinical Geriatrics* 14 (2006): 18–24.

Welch, H., et al. "What's Making Us Sick Is an Epidemic of Diagnoses." *New York Times,* Jan. 2, 2007.

Whalen, J. "Britain Stirs Outcry by Weighing Benefits of Drugs Versus Price." *Wall Street Journal,* Nov. 22, 2005.

White, V. "Old Age Is a Disease of Inactivity: A Statistical Interpretation of the Senior Olympics." *Geezerjock,* Aug.–Sept. 2006.

Williams, M., et al. "The Short-Term Effect of Interdisciplinary Medication Review on Function and Cost in Ambulatory Elderly People." *Journal of the American Geriatrics Society* 52 (2004): 93–98.

Winakur, J. "What Are We Going to Do with Dad?" *Health Affairs* 24 (2005): 1064–1072.

Winn, P., and A. Dentino. "Quality Palliative Care in Long-Term Care Settings." *Journal of the American Medical Directors Association* 5 (2004): 197–206.

Winzelberg, G., et al. "Beyond Autonomy: Diversifying End-of-Life Decision-Making Approaches to Serve Patients and Families." *Journal of the American Geriatrics Society* 53 (2005): 1046–1050.

Woolf, S. "Pseudodisease." *British Medical Journal–USA* 3 (2003): 178.

Zarowitz, B., et al. "The Application of Evidence-Based Principles of Care in Older Persons (Issue 3): Management of Diabetes Mellitus." *Journal of the American Medical Directors Association* 7 (2006): 234–240.

# 橡樹林文化 ❖❖ 眾生系列 ❖❖ 書目

| | | | |
|---|---|---|---|
| JP0013 | 師父笑呵呵 | 麻生佳花◎著 | 220 元 |
| JP0014 | 菜鳥沙彌變高僧 | 盛宗永興◎著 | 220 元 |
| JP0015 | 不要綁架自己 | 雪倫・薩爾茲堡◎著 | 240 元 |
| JP0016 | 佛法帶著走 | 佛朗茲・梅蓋弗◎著 | 220 元 |
| JP0018C | 西藏心瑜伽 | 麥可・羅區格西◎著 | 250 元 |
| JP0019 | 五智喇嘛彌伴傳奇 | 亞歷珊卓・大衛一尼爾◎著 | 280 元 |
| JP0020 | 禪　兩刃相交 | 林谷芳◎著 | 260 元 |
| JP0021 | 正念瑜伽 | 法蘭克・裘德・巴奇歐◎著 | 399 元 |
| JP0022 | 原諒的禪修 | 傑克・康菲爾德◎著 | 250 元 |
| JP0023 | 佛經語言初探 | 竺家寧◎著 | 280 元 |
| JP0024 | 達賴喇嘛禪思 365 | 達賴喇嘛◎著 | 330 元 |
| JP0025 | 佛教一本通 | 蓋瑞・賈許◎著 | 499 元 |
| JP0026 | 星際大戰・佛部曲 | 馬修・波特林◎著 | 250 元 |
| JP0027 | 全然接受這樣的我 | 塔拉・布萊克◎著 | 330 元 |
| JP0028 | 寫給媽媽的佛法書 | 莎拉・娜塔莉◎著 | 300 元 |
| JP0029 | 史上最大佛教護法——阿育王傳 | 德千汪莫◎著 | 230 元 |
| JP0030 | 我想知道什麼是佛法 | 圖丹・卻淮◎著 | 280 元 |
| JP0031 | 優雅的離去 | 蘇希拉・布萊克曼◎著 | 240 元 |
| JP0032 | 另一種關係 | 滿亞法師◎著 | 250 元 |
| JP0033 | 當禪師變成企業主 | 馬可・雷瑟◎著 | 320 元 |
| JP0034 | 智慧 81 | 偉恩・戴爾博士◎著 | 380 元 |
| JP0035 | 覺悟之眼看起落人生 | 金菩提禪師◎著 | 260 元 |
| JP0036 | 貓咪塔羅算自己 | 陳念萱◎著 | 520 元 |
| JP0037 | 聲音的治療力量 | 詹姆斯・唐傑婁◎著 | 280 元 |
| JP0038 | 手術刀與靈魂 | 艾倫・翰彌頓◎著 | 320 元 |
| JP0039 | 作為上師的妻子 | 黛安娜・J・木克坡◎著 | 450 元 |
| JP0040 | 狐狸與白兔道晚安之處 | 庫特・約斯特勒◎著 | 280 元 |
| JP0041 | 從心靈到細胞的療癒 | 喬思・慧麗・赫克◎著 | 260 元 |
| JP0042 | 27% 的獲利奇蹟 | 蓋瑞・賀許伯格◎著 | 320 元 |
| JP0043 | 你用對專注力了嗎？ | 萊斯・斐米博士◎著 | 280 元 |
| JP0044 | 我心是金佛 | 大行大禪師◎著 | 280 元 |
| JP0045 | 當和尚遇到鑽石 2 | 麥可・羅區格西◎等著 | 280 元 |
| JP0046 | 雪域求法記 | 邢肅芝（洛桑珍珠）◎口述 | 420 元 |
| JP0047 | 你的心是否也住著一隻黑狗？ | 馬修・約翰史東◎著 | 260 元 |
| JP0048 | 西藏禪修書 | 克莉絲蒂・麥娜麗喇嘛◎著 | 300 元 |

| | | | |
|---|---|---|---|
| JP0049 | 西藏心瑜伽 2 | 克莉絲蒂・麥娜麗喇嘛◎等著 | 300 元 |
| JP0050 | 創作，是心靈療癒的旅程 | 茱莉亞・卡麥隆◎著 | 350 元 |
| JP0051 | 擁抱黑狗 | 馬修・約翰史東◎著 | 280 元 |
| JP0052 | 還在找藉口嗎？ | 偉恩・戴爾博士◎著 | 320 元 |
| JP0053 | 愛情的吸引力法則 | 艾莉兒・福特◎著 | 280 元 |
| JP0054 | 幸福的雪域宅男 | 原人◎著 | 350 元 |
| JP0055 | 貓馬麻 | 阿義◎著 | 350 元 |
| JP0056 | 看不見的人 | 中沢新一◎著 | 300 元 |
| JP0057 | 內觀瑜伽 | 莎拉・鮑爾斯◎著 | 380 元 |
| JP0058 | 29 個禮物 | 卡蜜・沃克◎著 | 300 元 |
| JP0059 | 花仙療癒占卜卡 | 張元貞◎著 | 799 元 |
| JP0060 | 與靈共存 | 詹姆斯・范普拉◎著 | 300 元 |
| JP0061 | 我的巧克力人生 | 吳佩容◎著 | 300 元 |
| JP0062 | 這樣玩，讓孩子更專注、更靈性 | 蘇珊・凱瑟・葛凌蘭◎著 | 350 元 |
| JP0063 | 達賴喇嘛送給父母的幸福教養書 | 安娜・芭蓓蔻爾・史蒂文・李斯◎著 | 280 元 |
| JP0064 | 我還沒準備說再見 | 布蕾克・諾爾＆帕蜜拉・D・布萊爾◎著 | 380 元 |
| JP0065 | 記憶人人 hold 得住 | 喬許・佛爾◎著 | 360 元 |
| JP0066 | 菩曼仁波切 | 林建成◎著 | 320 元 |
| JP0067 | 下面那裡怎麼了？ | 莉莎・瑞金◎著 | 400 元 |
| JP0068 | 極密聖境・仰桑貝瑪貴 | 邱常梵◎著 | 450 元 |
| JP0069 | 停心 | 釋心道◎著 | 380 元 |
| JP0070 | 聞盡 | 釋心道◎著 | 380 元 |
| JP0071 | 如果你對現況感到倦怠…… | 威廉・懷克羅◎著 | 300 元 |
| JP0072 | 希望之翼：<br>倖存的奇蹟，以及雨林與我的故事 | 茱莉安・柯普科◎著 | 380 元 |
| JP0073 | 我的人生療癒旅程 | 鄧嚴◎著 | 260 元 |
| JP0074 | 因果，怎麼一回事？ | 釋見介◎著 | 240 元 |
| JP0075 | 皮克斯動畫師之紙上動畫《羅摩衍那》 | 桑傑・帕特爾◎著 | 720 元 |
| JP0076 | 寫，就對了！ | 茱莉亞・卡麥隆◎著 | 380 元 |
| JP0077 | 願力的財富 | 釋心道◎著 | 380 元 |
| JP0078 | 當佛陀走進酒吧 | 羅卓・林茲勒◎著 | 350 元 |
| JP0079 | 人聲，奇蹟的治癒力 | 伊凡・德・布奧恩◎著 | 380 元 |
| JP0080 | 當和尚遇到鑽石 3 | 麥可・羅區格西◎著 | 400 元 |
| JP0081 | AKASH 阿喀許靜心 100 | AKASH 阿喀許◎著 | 400 元 |
| JP0082 | 世上是不是有神仙：生命與疾病的真相 | 樊馨蔓◎著 | 300 元 |
| JP0083 | 生命不僅僅如此—辟穀記（上） | 樊馨蔓◎著 | 320 元 |
| JP0084 | 生命可以如此—辟穀記（下） | 樊馨蔓◎著 | 420 元 |
| JP0085 | 讓情緒自由 | 茱迪斯・歐洛芙◎著 | 420 元 |

| | | | |
|---|---|---|---|
| JP0086 | 別癌無恙 | 李九如◎著 | 360 元 |
| JP0087 | 什麼樣的業力輪迴，造就現在的你 | 芭芭拉．馬丁&狄米崔．莫瑞提斯◎著 | 420 元 |
| JP0088 | 我也有聰明數學腦：15堂課激發被隱藏的競爭力 | 盧采嫻◎著 | 280 元 |
| JP0089 | 與動物朋友心傳心 | 羅西娜．瑪利亞．阿爾克蒂◎著 | 320 元 |
| JP0090 | 法國清新舒壓著色畫 50：繽紛花園 | 伊莎貝爾．熱志－梅納&紀絲蘭．史朵哈&克萊兒．摩荷爾－法帝歐◎著 | 350 元 |
| JP0091 | 法國清新舒壓著色畫 50：療癒曼陀羅 | 伊莎貝爾．熱志－梅納&紀絲蘭．史朵哈&克萊兒．摩荷爾－法帝歐◎著 | 350 元 |
| JP0092 | 風是我的母親 | 熊心、茉莉．拉肯◎著 | 350 元 |
| JP0093 | 法國清新舒壓著色畫 50：幸福懷舊 | 伊莎貝爾．熱志－梅納&紀絲蘭．史朵哈&克萊兒．摩荷爾－法帝歐◎著 | 350 元 |
| JP0094 | 走過倉央嘉措的傳奇：尋訪六世達賴喇嘛的童年和晚年，解開情詩活佛的生死之謎 | 邱常梵◎著 | 450 元 |
| JP0095 | 【當和尚遇到鑽石4】愛的業力法則：西藏的古老智慧，讓愛情心想事成 | 麥可．羅區格西◎著 | 450 元 |
| JP0096 | 媽媽的公主病：活在母親陰影中的女兒，如何走出自我？ | 凱莉爾．麥克布萊德博士◎著 | 380 元 |
| JP0097 | 法國清新舒壓著色畫 50：璀璨伊斯蘭 | 伊莎貝爾．熱志－梅納&紀絲蘭．史朵哈&克萊兒．摩荷爾－法帝歐◎著 | 350 元 |
| JP0098 | 最美好的都在此刻：53 個創意、幽默、找回微笑生活的正念練習 | 珍．邱禪．貝斯醫生◎著 | 350 元 |
| JP0099 | 愛，從呼吸開始吧！回到當下、讓心輕安的禪修之道 | 釋果峻◎著 | 300 元 |
| JP0100 | 能量曼陀羅：彩繪內在寧靜小宇宙 | 保羅．霍伊斯坦、狄蒂．羅恩◎著 | 380 元 |
| JP0101 | 爸媽何必太正經！幽默溝通，讓孩子正向、積極、有力量 | 南琦◎著 | 300 元 |
| JP0102 | 舍利子，是什麼？ | 洪宏◎著 | 320 元 |
| JP0103 | 我隨上師轉山：蓮師聖地溯源朝聖 | 邱常梵◎著 | 460 元 |
| JP0104 | 光之手：人體能量場療癒全書 | 芭芭拉．安．布藍能◎著 | 899 元 |
| JP0105 | 在悲傷中還有光：失去珍愛的人事物，找回重新聯結的希望 | 尾角光美◎著 | 300 元 |
| JP0106 | 法國清新舒壓著色畫 45：海底嘉年華 | 小姐們◎著 | 360 元 |
| JP0108 | 用「自主學習」來翻轉教育！沒有課表、沒有分數的瑟谷學校 | 丹尼爾．格林伯格◎著 | 300 元 |
| JP0109 | Soppy 愛賴在一起 | 菲莉帕．賴斯◎著 | 300 元 |
| JP0110 | 我嫁到不丹的幸福生活：一段愛與冒險的故事 | 琳達．黎明◎著 | 350 元 |
| JP0111 | TTouch® 神奇的毛小孩按摩術——狗狗篇 | 琳達．泰林頓瓊斯博士◎著 | 320 元 |
| JP0112 | 戀瑜伽．愛素食：覺醒，從愛與不傷害開始 | 莎朗．嘉儂◎著 | 320 元 |

| | | | |
|---|---|---|---|
| JP0113 | TTouch® 神奇的毛小孩按摩術——貓貓篇 | 琳達・泰林頓瓊斯博士◎著 | 320 元 |
| JP0114 | 給禪修者與久坐者的痠痛舒緩瑜伽 | 琴恩・厄爾邦◎著 | 380 元 |
| JP0115 | 純植物・全食物：超過百道零壓力蔬食食譜，找回美好食物真滋味，心情、氣色閃亮亮 | 安潔拉・立頓◎著 | 680 元 |
| JP0116 | 一碗粥的修行：從禪宗的飲食精神，體悟生命智慧的豐盛美好 | 吉村昇洋◎著 | 300 元 |
| JP0117 | 綻放如花——巴哈花精靈性成長的教導 | 史岱方・波爾◎著 | 380 元 |
| JP0118 | 貓星人的華麗狂想 | 馬喬・莎娜◎著 | 350 元 |
| JP0119 | 直面生死的告白——一位曹洞宗禪師的出家緣由與說法 | 南直哉◎著 | 350 元 |
| JP0120 | OPEN MIND！房樹人繪畫心理學 | 一沙◎著 | 300 元 |
| JP0121 | 不安的智慧 | 艾倫・W・沃茨◎著 | 280 元 |
| JP0122 | 寫給媽媽的佛法書：不煩不憂照顧好自己與孩子 | 莎拉・娜塔莉◎著 | 320 元 |
| JP0123 | 當和尚遇到鑽石 5：修行者的祕密花園 | 麥可・羅區格西◎著 | 320 元 |
| JP0124 | 貓熊好療癒：這些年我們一起追的圓仔 ~~ 頭號「圓粉」私密日記大公開！ | 周咪咪◎著 | 340 元 |
| JP0125 | 用血清素與眼淚消解壓力 | 有田秀穗◎著 | 300 元 |
| JP0126 | 當勵志不再有效 | 金木水◎著 | 320 元 |
| JP0127 | 特殊兒童瑜伽 | 索妮亞・蘇瑪◎著 | 380 元 |
| JP0128 | 108 大拜式 | JOYCE（翁憶珍）◎著 | 380 元 |
| JP0129 | 修道士與商人的傳奇故事：經商中的每件事都是神聖之事 | 特里・費爾伯◎著 | 320 元 |
| JP0130 | 靈氣實用手位法——西式靈氣系統創始者林忠次郎的療癒技術 | 林忠次郎、山口忠夫、法蘭克・阿加伐・彼得◎著 | 450 元 |
| JP0131 | 你所不知道的養生迷思——治其病要先明其因，破解那些你還在信以為真的健康偏見！ | 曾培傑、陳創濤◎著 | 450 元 |
| JP0132 | 貓僧人：有什麼好煩惱的喵～ | 御誕生寺（ごたんじょうじ）◎著 | 320 元 |
| JP0133 | 昆達里尼瑜伽——永恆的力量之流 | 莎克蒂・帕瓦・考爾・卡爾薩◎著 | 599 元 |
| JP0134 | 尋找第二佛陀・良美大師——探訪西藏象雄文化之旅 | 寧艷娟◎著 | 450 元 |
| JP0135 | 聲音的治療力量：修復身心健康的咒語、唱誦與種子音 | 詹姆斯・唐傑婁◎著 | 300 元 |
| JP0136 | 一大事因緣：韓國頂峰無無禪師的不二慈悲與智慧開示（特別收錄禪師台灣行腳對談） | 頂峰無無禪師、天真法師、玄玄法師◎著 | 380 元 |
| JP0137 | 運勢決定人生——執業 50 年、見識上萬客戶資深律師告訴你翻轉命運的智慧心法 | 西中　務◎著 | 350 元 |
| JP0138 | 心靈花園：祝福、療癒、能量——七十二幅滋養靈性的神聖藝術 | 費絲・諾頓◎著 | 450 元 |

| | | | |
|---|---|---|---|
| JP0139 | 我還記得前世 | 凱西・伯德◎著 | 360 元 |
| JP0140 | 我走過一趟地獄 | 山姆・博秋茲◎著<br>貝瑪・南卓・泰耶◎繪 | 699 元 |
| JP0141 | 寇斯的修行故事 | 莉迪・布格◎著 | 300 元 |
| JP0142 | 全然接受這樣的我：<br>18 個放下憂慮的禪修練習 | 塔拉・布萊克◎著 | 360 元 |
| JP0143 | 如果用心去愛，必然經歷悲傷 | 喬安・凱恰托蕊◎著 | 380 元 |
| JP0144 | 媽媽的公主病：<br>活在母親陰影中的女兒，如何走出自我？ | 凱莉爾・麥克布萊德博士◎著 | 380 元 |
| JP0145 | 創作，是心靈療癒的旅程 | 茱莉亞・卡麥隆◎著 | 380 元 |
| JP0146 | 一行禪師　與孩子一起做的正念練習：<br>灌溉生命的智慧種子 | 一行禪師◎著 | 450 元 |
| JP0147 | 達賴喇嘛的御醫，告訴你治病在心的<br>藏醫學智慧 | 益西・東登◎著 | 380 元 |
| JP0148 | 39 本戶口名簿：從「命運」到「運命」・<br>用生命彩筆畫出不凡人生 | 謝秀英◎著 | 320 元 |
| JP0149 | 禪心禪意 | 釋果峻◎著 | 300 元 |
| JP0150 | 當孩子長大卻不「成人」……接受孩子不<br>如期望的事實、放下身為父母的自責與內<br>疚，重拾自己的中老後人生！ | 珍・亞當斯博士◎著 | 380 元 |
| JP0151 | 不只小確幸，還要小確「善」！每天做一<br>點點好事，溫暖別人，更為自己帶來 365<br>天全年無休的好運！ | 奧莉・瓦巴◎著 | 460 元 |
| JP0154 | 祖先療癒：連結先人的愛與智慧，解決個人、<br>家庭的生命困境，活出無數世代的美好富足！ | 丹尼爾・佛爾◎著 | 550 元 |
| JP0155 | 母愛的傷也有痊癒力量：說出台灣女兒們<br>的心裡話，讓母女關係可以有解！ | 南琦◎著 | 350 元 |
| JP0156 | 24 節氣　供花禮佛 | 齊云◎著 | 550 元 |
| JP0157 | 用瑜伽療癒創傷：<br>以身體的動靜，拯救無聲哭泣的心 | 大衛・艾默森<br>伊麗莎白・賀伯　◎著 | 380 元 |
| JP0158 | 命案現場清潔師：跨越生與死的斷捨離・<br>清掃死亡最前線的真實記錄 | 盧拉拉◎著 | 330 元 |
| JP0159 | 我很瞎，我是小米酒：<br>台灣第一隻全盲狗醫生的勵志犬生 | 杜韻如◎著 | 350 元 |
| JP0160 | 日本神諭占卜卡：<br>來自眾神、精靈、生命與大地的訊息 | 大野百合子◎著 | 799 元 |
| JP0161 | 宇宙靈訊之神展開 | 王育惠、張景雯◎著繪 | 380 元 |

# 橡樹林文化 ❖❖ 善知識系列 ❖❖ 書目

| | | | |
|---|---|---|---|
| JB0001 | 狂喜之後 | 傑克・康菲爾德◎著 | 380元 |
| JB0002 | 抉擇未來 | 達賴喇嘛◎著 | 250元 |
| JB0003 | 佛性的遊戲 | 舒亞・達斯喇嘛◎著 | 300元 |
| JB0004 | 東方大日 | 邱陽・創巴仁波切◎著 | 300元 |
| JB0005 | 幸福的修煉 | 達賴喇嘛◎著 | 230元 |
| JB0006 | 與生命相約 | 一行禪師◎著 | 240元 |
| JB0007 | 森林中的法語 | 阿姜查◎著 | 320元 |
| JB0008 | 重讀釋迦牟尼 | 陳兵◎著 | 320元 |
| JB0009 | 你可以不生氣 | 一行禪師◎著 | 230元 |
| JB0010 | 禪修地圖 | 達賴喇嘛◎著 | 280元 |
| JB0011 | 你可以不怕死 | 一行禪師◎著 | 250元 |
| JB0012 | 平靜的第一堂課——觀呼吸 | 德寶法師 ◎著 | 260元 |
| JB0013X | 正念的奇蹟 | 一行禪師◎著 | 220元 |
| JB0014X | 觀照的奇蹟 | 一行禪師◎著 | 220元 |
| JB0015 | 阿姜查的禪修世界——戒 | 阿姜查◎著 | 220元 |
| JB0016 | 阿姜查的禪修世界——定 | 阿姜查◎著 | 250元 |
| JB0017 | 阿姜查的禪修世界——慧 | 阿姜查◎著 | 230元 |
| JB0018X | 遠離四種執著 | 究給・企千仁波切◎著 | 280元 |
| JB0019X | 禪者的初心 | 鈴木俊隆◎著 | 220元 |
| JB0020X | 心的導引 | 薩姜・米龐仁波切◎著 | 240元 |
| JB0021X | 佛陀的聖弟子傳 1 | 向智長老◎著 | 240元 |
| JB0022 | 佛陀的聖弟子傳 2 | 向智長老◎著 | 200元 |
| JB0023 | 佛陀的聖弟子傳 3 | 向智長老◎著 | 200元 |
| JB0024 | 佛陀的聖弟子傳 4 | 向智長老◎著 | 260元 |
| JB0025 | 正念的四個練習 | 喜戒禪師◎著 | 260元 |
| JB0026 | 遇見藥師佛 | 堪千創古仁波切◎著 | 270元 |
| JB0027 | 見佛殺佛 | 一行禪師◎著 | 220元 |
| JB0028 | 無常 | 阿姜查◎著 | 220元 |
| JB0029 | 覺悟勇士 | 邱陽・創巴仁波切◎著 | 230元 |
| JB0030 | 正念之道 | 向智長老◎著 | 280元 |
| JB0031 | 師父——與阿姜查共處的歲月 | 保羅・布里特◎著 | 260元 |

| | | | |
|---|---|---|---|
| JB0032 | 統御你的世界 | 薩姜・米龐仁波切◎著 | 240元 |
| JB0033 | 親近釋迦牟尼佛 | 髻智比丘◎著 | 430元 |
| JB0034 | 藏傳佛教的第一堂課 | 卡盧仁波切◎著 | 300元 |
| JB0035 | 拙火之樂 | 圖敦・耶喜喇嘛◎著 | 280元 |
| JB0036 | 心與科學的交會 | 亞瑟・札炯克◎著 | 330元 |
| JB0037 | 你可以，愛 | 一行禪師◎著 | 220元 |
| JB0038 | 專注力 | B・艾倫・華勒士◎著 | 250元 |
| JB0039X | 輪迴的故事 | 堪欽慈誠羅珠◎著 | 270元 |
| JB0040 | 成佛的藍圖 | 堪千創古仁波切◎著 | 270元 |
| JB0041 | 事情並非總是如此 | 鈴木俊隆禪師◎著 | 240元 |
| JB0042 | 祈禱的力量 | 一行禪師◎著 | 250元 |
| JB0043 | 培養慈悲心 | 圖丹・卻准◎著 | 320元 |
| JB0044 | 當光亮照破黑暗 | 達賴喇嘛◎著 | 300元 |
| JB0045 | 覺照在當下 | 優婆夷　紀・那那蓉◎著 | 300元 |
| JB0046 | 大手印暨觀音儀軌修法 | 卡盧仁波切◎著 | 340元 |
| JB0047X | 蔣貢康楚閉關手冊 | 蔣貢康楚羅卓泰耶◎著 | 260元 |
| JB0048 | 開始學習禪修 | 凱薩琳・麥唐諾◎著 | 300元 |
| JB0049 | 我可以這樣改變人生 | 堪布慈囊仁波切◎著 | 250元 |
| JB0050 | 不生氣的生活 | W. 伐札梅諦◎著 | 250元 |
| JB0051 | 智慧明光：《心經》 | 堪布慈囊仁波切◎著 | 250元 |
| JB0052 | 一心走路 | 一行禪師◎著 | 280元 |
| JB0054 | 觀世音菩薩妙明教示 | 堪布慈囊仁波切◎著 | 350元 |
| JB0055 | 世界心精華寶 | 貝瑪仁增仁波切◎著 | 280元 |
| JB0056 | 到達心靈的彼岸 | 堪千・阿貝仁波切◎著 | 220元 |
| JB0057 | 慈心禪 | 慈濟瓦法師◎著 | 230元 |
| JB0058 | 慈悲與智見 | 達賴喇嘛◎著 | 320元 |
| JB0059 | 親愛的喇嘛梭巴 | 喇嘛梭巴仁波切◎著 | 320元 |
| JB0060 | 轉心 | 蔣康祖古仁波切◎著 | 260元 |
| JB0061 | 遇見上師之後 | 詹杜固仁波切◎著 | 320元 |
| JB0062 | 白話《菩提道次第廣論》 | 宗喀巴大師◎著 | 500元 |
| JB0063 | 離死之心 | 竹慶本樂仁波切◎著 | 400元 |
| JB0064 | 生命真正的力量 | 一行禪師◎著 | 280元 |
| JB0065 | 夢瑜伽與自然光的修習 | 南開諾布仁波切◎著 | 280元 |
| JB0066 | 實證佛教導論 | 呂真觀◎著 | 500元 |

| | | | |
|---|---|---|---|
| JB0067 | 最勇敢的女性菩薩——綠度母 | 堪布慈囊仁波切◎著 | 350元 |
| JB0068 | 建設淨土——《阿彌陀經》禪解 | 一行禪師◎著 | 240元 |
| JB0069 | 接觸大地—與佛陀的親密對話 | 一行禪師◎著 | 220元 |
| JB0070 | 安住於清淨自性中 | 達賴喇嘛◎著 | 480元 |
| JB0071/72 | 菩薩行的祕密【上下冊】 | 佛子希瓦拉◎著 | 799元 |
| JB0073 | 穿越六道輪迴之旅 | 德洛達娃多瑪◎著 | 280元 |
| JB0074 | 突破修道上的唯物 | 邱陽·創巴仁波切◎著 | 320元 |
| JB0075 | 生死的幻覺 | 白瑪格桑仁波切◎著 | 380元 |
| JB0076 | 如何修觀音 | 堪布慈囊仁波切◎著 | 260元 |
| JB0077 | 死亡的藝術 | 波卡仁波切◎著 | 250元 |
| JB0078 | 見之道 | 根松仁波切◎著 | 330元 |
| JB0079 | 彩虹丹青 | 祖古·烏金仁波切◎著 | 340元 |
| JB0080 | 我的極樂大願 | 卓千拉貢仁波切◎著 | 260元 |
| JB0081 | 再捻佛語妙花 | 祖古·烏金仁波切◎著 | 250元 |
| JB0082 | 進入禪定的第一堂課 | 德寶法師◎著 | 300元 |
| JB0083 | 藏傳密續的真相 | 圖敦·耶喜喇嘛◎著 | 300元 |
| JB0084 | 鮮活的覺性 | 堪千創古仁波切◎著 | 350元 |
| JB0085 | 本智光照 | 遍智　吉美林巴◎著 | 380元 |
| JB0086 | 普賢王如來祈願文 | 竹慶本樂仁波切◎著 | 320元 |
| JB0087 | 禪林風雨 | 果煜法師◎著 | 360元 |
| JB0088 | 不依執修之佛果 | 敦珠林巴◎著 | 320元 |
| JB0089 | 本智光照—功德寶藏論　密宗分講記 | 遍智　吉美林巴◎著 | 340元 |
| JB0090 | 三主要道論 | 堪布慈囊仁波切◎講解 | 280元 |
| JB0091 | 千手千眼觀音齋戒—紐涅的修持法 | 汪遷仁波切◎著 | 400元 |
| JB0092 | 回到家，我看見真心 | 一行禪師◎著 | 220元 |
| JB0093 | 愛對了 | 一行禪師◎著 | 260元 |
| JB0094 | 追求幸福的開始：薩迦法王教你如何修行 | 尊勝的薩迦法王◎著 | 300元 |
| JB0095 | 次第花開 | 希阿榮博堪布◎著 | 350元 |
| JB0096 | 楞嚴貫心 | 果煜法師◎著 | 380元 |
| JB0097 | 心安了，路就開了：<br>讓《佛說四十二章經》成為你人生的指引 | 釋悟因◎著 | 320元 |
| JB0098 | 修行不入迷宮 | 札丘傑仁波切◎著 | 320元 |
| JB0099 | 看自己的心，比看電影精彩 | 圖敦·耶喜喇嘛◎著 | 280元 |
| JB0100 | 自性光明——法界寶庫論 | 大遍智　龍欽巴尊者◎著 | 480元 |

| | | | |
|---|---|---|---|
| JB0101 | 穿透《心經》：原來，你以為的只是假象 | 柳道成法師◎著 | 380 元 |
| JB0102 | 直顯心之奧秘：大圓滿無二性的殊勝口訣 | 祖古貝瑪．里沙仁波切◎著 | 500 元 |
| JB0103 | 一行禪師講《金剛經》 | 一行禪師◎著 | 320 元 |
| JB0104 | 金錢與權力能帶給你什麼？<br>一行禪師談生命真正的快樂 | 一行禪師◎著 | 300 元 |
| JB0105 | 一行禪師談正念工作的奇蹟 | 一行禪師◎著 | 280 元 |
| JB0106 | 大圓滿如幻休息論 | 大遍智　龍欽巴尊者◎著 | 320 元 |
| JB0107 | 覺悟者的臨終贈言：《定日百法》 | 帕當巴桑傑大師◎著<br>堪布慈囊仁波切◎講述 | 300 元 |
| JB0108 | 放過自己：揭開我執的騙局，找回心的自在 | 圖敦．耶喜喇嘛◎著 | 280 元 |
| JB0109 | 快樂來自心 | 喇嘛梭巴仁波切◎著 | 280 元 |
| JB0110 | 正覺之道．佛子行廣釋 | 根讓仁波切◎著 | 550 元 |
| JB0111 | 中觀勝義諦 | 果煜法師◎著 | 500 元 |
| JB0112 | 觀修藥師佛──祈請藥師佛，能解決你的<br>困頓不安，感受身心療癒的奇蹟 | 堪千創古仁波切◎著 | 450 元 |
| JB0113 | 與阿姜查共處的歲月 | 保羅．布里特◎著 | 300 元 |
| JB0114 | 正念的四個練習 | 喜戒禪師◎著 | 300 元 |
| JB0115 | 揭開身心的奧秘：阿毗達摩怎麼說？ | 善戒禪師◎著 | 420 元 |
| JB0116 | 一行禪師講《阿彌陀經》 | 一行禪師◎著 | 260 元 |
| JB0117 | 一生吉祥的三十八個祕訣 | 四明智廣◎著 | 350 元 |
| JB0118 | 狂智 | 邱陽創巴仁波切◎著 | 380 元 |
| JB0119 | 療癒身心的十種想──兼行「止禪」與「觀禪」<br>的實用指引，醫治無明、洞見無常的妙方 | 德寶法師◎著 | 320 元 |
| JB0120 | 覺醒的明光 | 堪祖蘇南給稱仁波切◎著 | 350 元 |
| JB0122 | 正念的奇蹟（電影封面紀念版） | 一行禪師◎著 | 250 元 |
| JB0123 | 一行禪師　心如一畝田：唯識 50 頌 | 一行禪師◎著 | 360 元 |
| JB0124 | 一行禪師　你可以不生氣：佛陀的情緒處方 | 一行禪師◎著 | 250 元 |
| JB0125 | 三句擊要：<br>以三句口訣直指大圓滿見地、觀修與行持 | 巴珠仁波切◎著 | 300 元 |
| JB0126 | 六妙門：禪修入門與進階 | 果煜法師◎著 | 360 元 |
| JB0127 | 生死的幻覺 | 白瑪桑格仁波切◎著 | 380 元 |
| JB0128 | 狂野的覺醒 | 竹慶本樂仁波切◎著 | 400 元 |
| JB0129 | 禪修心經──萬物顯現，卻不真實存在 | 堪祖蘇南給稱仁波切◎著 | 350 元 |
| JB0130 | 頂果欽哲法王：《上師相應法》 | 頂果欽哲法王◎著 | 320 元 |

眾生系列 JP0162

# 哈佛醫學專家的老年慢療八階段：

## 用三十年照顧老大人的經驗告訴你，如何以個人化的照護與支持，陪伴父母長者的晚年旅程。

My Mother, Your Mother: Embracing "Slow Medicine," the Compassionate Approach to Caring for Your Aging Loved Ones

作　　者／丹尼斯・麥卡洛（Dennis McCullough, M.D.）
譯　　者／林資香
責任編輯／游璧如
業　　務／顏宏紋

總 編 輯／張嘉芳
出　　版／橡樹林文化
城邦文化事業股份有限公司
104 台北市民生東路二段 141 號 5 樓
電話：(02)2500-7696　傳眞：(02)2500-1951
發　　行／英屬蓋曼群島商家庭傳媒股份有限公司城邦分公司
104 台北市中山區民生東路二段 141 號 2 樓
客服服務專線：(02)25007718；25001991
24 小時傳眞專線：(02)25001990；25001991
服務時間：週一至週五上午 09:30 ～ 12:00；下午 13:30 ～ 17:00
劃撥帳號：19863813　戶名：書虫股份有限公司
讀者服務信箱：service@readingclub.com.tw
香港發行所／城邦（香港）出版集團有限公司
香港灣仔駱克道 193 號東超商業中心 1 樓
電話：(852)25086231　傳眞：(852)25789337
Email: hkcite@biznetvigator.com
馬新發行所／城邦（馬新）出版集團【Cité (M) Sdn.Bhd. (458372 U)】
41, Jalan Radin Anum, Bandar Baru Sri Petaling,
57000 Kuala Lumpur, Malaysia.
電話：(603) 90578822　傳眞：(603) 90576622
Email：cite@cite.com.my

內頁排版／歐陽碧智
封面設計／兩棵酸梅
印　　刷／韋懋實業有限公司

初版一刷／ 2019 年 8 月
ISBN ／ 978-986-97998-2-9
定價／ 450 元

城邦讀書花園
www.cite.com.tw



國家圖書館出版品預行編目（CIP）資料

哈佛醫學專家的老年慢療八階段：用三十年照顧老大人的經驗告訴你，如何以個人化的照護與支持，陪伴父母長者的晚年旅程。/ 丹尼斯・麥卡洛（Dennis McCullough）著；林資香譯. -- 初版. -- 臺北市：橡樹林文化，城邦文化出版：家庭傳媒城邦分公司發行，2019.08
面；　公分. --（眾生系列；JP0162）
譯自：My mother, your mother : embracing "slow medicine" - the compassionate approach to caring for your aging loved ones
ISBN 978-986-97998-2-9（平裝）

1. 老人養護　2. 長期照護　3. 家庭關係

544.85　　108012985

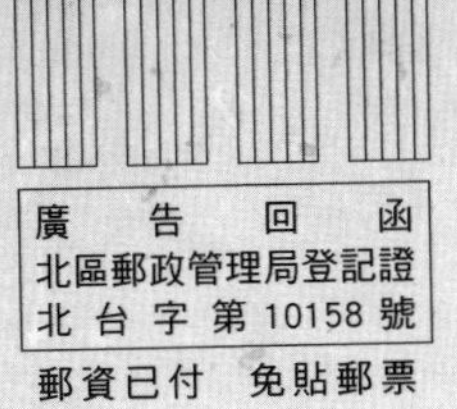


郵資已付　免貼郵票

104 台北市中山區民生東路二段 141 號 5 樓

城邦文化事業股分有限公司

橡樹林出版事業部　收

請沿虛線剪下對折裝訂寄回，謝謝！

|橡|樹|林|

書名：哈佛醫學專家的老年慢療八階段：用三十年照顧老大人的經驗告訴你，如何以個人化的照護與支持，陪伴父母長者的晚年旅程。

書號：JP0162

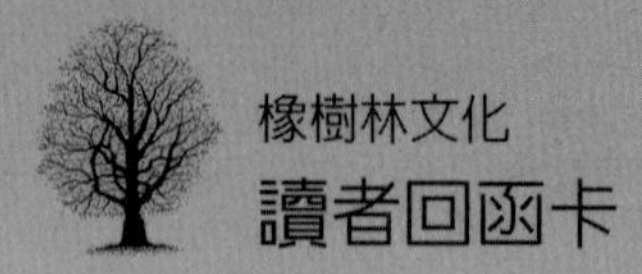


# 讀者回函卡

感謝您對橡樹林出版社之支持，請將您的建議提供給我們參考與改進；請別忘了給我們一些鼓勵，我們會更加努力，出版好書與您結緣。

姓名：＿＿＿＿＿＿＿＿＿＿ □女 □男 生日：西元＿＿＿＿＿年

Email：＿＿＿＿＿＿＿＿＿＿＿＿＿＿＿＿＿＿＿＿

●您從何處知道此書？

□書店 □書訊 □書評 □報紙 □廣播 □網路 □廣告 DM □親友介紹

□橡樹林電子報 □其他＿＿＿＿＿＿＿＿

●您以何種方式購買本書？

□誠品書店 □誠品網路書店 □金石堂書店 □金石堂網路書店

□博客來網路書店 □其他＿＿＿＿＿＿＿

●您希望我們未來出版哪一種主題的書？（可複選）

□佛法生活應用 □教理 □實修法門介紹 □大師開示 □大師傳記

□佛教圖解百科 □其他＿＿＿＿＿＿＿＿

●您對本書的建議：

＿＿＿＿＿＿＿＿＿＿＿＿＿＿＿＿＿＿＿＿＿＿＿＿＿＿＿＿＿＿

＿＿＿＿＿＿＿＿＿＿＿＿＿＿＿＿＿＿＿＿＿＿＿＿＿＿＿＿＿＿

＿＿＿＿＿＿＿＿＿＿＿＿＿＿＿＿＿＿＿＿＿＿＿＿＿＿＿＿＿＿

＿＿＿＿＿＿＿＿＿＿＿＿＿＿＿＿＿＿＿＿＿＿＿＿＿＿＿＿＿＿

＿＿＿＿＿＿＿＿＿＿＿＿＿＿＿＿＿＿＿＿＿＿＿＿＿＿＿＿＿＿

非常感謝您提供基本資料，基於行銷及客戶管理或其他合於營業登記項目或章程所定業務需要之目的，家庭傳媒集團（即英屬蓋曼群商家庭傳媒股份有限公司城邦分公司、城邦文化事業股分有限公司、書虫股分有限公司、墨刻出版股分有限公司、城邦原創股分有限公司）於本集團之營運期間及地區內，將不定期以 MAIL 訊息發送方式，利用您的個人資料於提供讀者產品相關之消費與活動訊息，如您有依照個資法第三條或其他需服務之業務，得致電本公司客服。

我已經完全瞭解左述內容，並同意本人資料依上述範圍內使用。

＿＿＿＿＿＿＿＿＿＿＿＿（簽名）